# Novos Investimentos em Contratos de Parceria

# Novos Investimentos em Contratos de Parceria

2021

Gabriela Miniussi Engler Pinto Portugal Ribeiro

ALMEDINA

**NOVOS INVESTIMENTOS EM CONTRATOS DE PARCERIA**

AUTOR: Gabriela Miniussi Engler Pinto Portugal Ribeiro

DIRETOR ALMEDINA BRASIL: Rodrigo Mentz
EDITORA JURÍDICA: Manuella Santos de Castro
EDITOR DE DESENVOLVIMENTO: Aurélio Cesar Nogueira
ASSISTENTES EDITORIAIS: Isabela Leite e Larissa Nogueira

PREPARAÇÃO E REVISÃO: Lyvia Felix e Paula Brito Araújo
DIAGRAMAÇÃO: Almedina
DESIGN DE CAPA: Roberta Bassanetto

ISBN: 9786556273280
Outubro, 2021

Dados Internacionais de Catalogação na Publicação (CIP)
(Câmara Brasileira do Livro, SP, Brasil)

Ribeiro, Gabriela Miniussi Engler Pinto Portugal
Novos investimentos em contratos de parceria /
Gabriela Miniussi Engler Pinto Portugal Ribeiro. --
1. ed. -- São Paulo : Almedina, 2021.

ISBN 978-65-5627-328-0

1. Contratos 2. Contratos (Direito civil) 3.
Contratos (Direito comercial) 4. Investimentos 5. Lei
n.º 13.448 de 5 de junho de 2017 I. Título.

21-73374 CDU-347.44

Índices para catálogo sistemático:

1. Contratos : Direito comercial : Direito civil 347.44

Aline Graziele Benitez - Bibliotecária - CRB-1/3129



EDITORA: Almedina Brasil
Rua José Maria Lisboa, 860, Conj.131 e 132, Jardim Paulista | 01423-001 São Paulo | Brasil
editora@almedina.com.br
www.almedina.com.br

A Jalba, Mario, Mauricio e Alice, por tudo.

## AGRADECIMENTOS

Agradeço à Escola de Direito de São Paulo da Fundação Getulio Vargas (FGV DIREITO SP) pelo aprendizado ao longo do Mestrado Profissional e pela oportunidade de elaborar a dissertação que se transformou nesta obra. Registro meu agradecimento a todos os professores do curso, particularmente à Vera Monteiro e à Juliana Palma, pelas discussões sobre as versões preliminares e, em especial, pelas contribuições da Vera como integrante da banca. Agradeço aos demais integrantes da banca examinadora – Marçal Justen Filho e Guilherme Penin – pelas inestimáveis contribuições que levaram este trabalho a um novo patamar. Sobretudo, agradeço ao meu orientador, Caio Mario, que, com empenho e dedicação, me provocou até "pegar o touro pela unha". Ainda, deixo meu muito obrigada a todos os colegas de mestrado que proporcionaram ricas trocas e muitas risadas.

Agradeço ao Governo do Estado de São Paulo e à Portugal Ribeiro Advogados por terem me proporcionado vivenciar todos os casos que serviram de base a este trabalho. Nada disso seria possível sem essas experiências. Obrigada aos colegas da Subsecretaria de Parcerias pelas trocas, guerras, conquistas e pelos aprendizados. Registro um apreço especial ao projeto de concessão das Linhas 8 e 9 da Companhia Paulista de Transporte Metropolitano (CPTM), no qual pude aplicar, no processo de modelagem, algumas das ideias desenvolvidas aqui.

Aos amigos de alma expandida que se dedicaram a ler e a carinhosamente fazer comentários, Tarcila Reis e Thiago Araújo, registro minha dívida e gratidão. Sorte a minha ter vocês tão perto. Agradeço, também, à Renata

Dantas, que, entre tantas conversas, me mostrou os dilemas entre mundo ideal e vida real. À Luiza Levy, Fernanda Frascá e Mariana Porto pelas décadas de amizade e parceria de vida.

Agradeço aos meus pais, Jalba e Mario, por me ensinarem a discernir o importante do irrelevante e me ater ao que é perene: a educação. Ao meu pai, obrigada pelos debates intermináveis, pela leitura atenta desta obra, pelas sugestões e pela generosidade. À Mara e à Eliene pelo carinho, apesar da distância. À Roxy e à Juliana por serem as irmãs que não tive. À Alice, mesmo ainda tão pequena, pela tolerância diante das minhas ausências e pelo amor incondicional.

Por fim, agradeço ao Mauricio, por ser a melhor parte de minha vida.

# LISTA DE ABREVIATURAS E SIGLAS

| | |
|---|---|
| ABCR | Associação Brasileira de Concessionárias Rodoviárias |
| Agepan | Agência Estadual de Regulação de Serviços Públicos de Mato Grosso do Sul |
| Anac | Agência Nacional de Aviação Civil |
| Antaq | Agência Nacional de Transportes Aquaviários |
| ANTT | Agência Nacional de Transportes Terrestres |
| Artesp | Agência Reguladora de Serviços Públicos Delegados de Transporte do Estado de São Paulo |
| CEJ/CJF | Centro de Estudos Judiciários do Conselho da Justiça Federal |
| CF | Constituição Federal |
| CGDF | Controladoria-Geral do Distrito Federal |
| CGU | Controladoria-Geral da União |
| Coapp | Coordenação de Aposentadorias e Pensões |
| Cofins | Contribuição Social para o Financiamento da Seguridade Social |
| Copasa | Companhia de Saneamento de Minas Gerais |
| Covid-19 | Coronavirus Disease 2019 |
| CPTM | Companhia Paulista de Transporte Metropolitano |
| DER | Departamento de Estradas e Rodagens |

| | |
|---|---|
| DNER | Departamento Nacional de Estradas de Rodagem |
| DNIT | Departamento Nacional de Infraestrutura de Transportes |
| ETA | Estação de Tratamento de Água |
| Fipe | Fundação Instituto de Pesquisas Econômicas |
| Geinv | Gerência de Investimentos |
| HCM | *Highway Capacity Manual* |
| ICSD | Índice de Cobertura do Serviço da Dívida |
| Igam | Instituto Mineiro de Gestão das Águas |
| IPCA | Índice de Preços ao Consumidor Amplo |
| IRI | *International Roughness Index* |
| ISS | Imposto sobre Serviços |
| NTN-B | Notas do Tesouro Nacional série B |
| PER | Programa de Exploração Rodoviária |
| PGF | Procuradoria-Geral Federal |
| PIS/Pasep | Programas de Integração Social e de Formação do Patrimônio do Servidor Público |
| PPI | Programa de Parcerias de Investimentos |
| PPP | Parcerias Público-Privadas |
| Procofe | Programa de Concessão de Rodovias Federais |
| PSTs | Posto de Serviços de Telecomunicações |
| RDC | Regime Diferenciado de Contratação |
| RIS | Rodovias de Integração do Sul |
| Selic | Sistema Especial de Liquidação e de Custódia |
| Sesab | Secretaria de Saúde do Estado da Bahia |
| Sicro | Sistema de Custos Rodoviários |
| Sinapi | Sistema Nacional de Pesquisa de Custos e Índices da Construção Civil |
| STFC | Serviço Telefônico Fixo Comutado |
| Suinf | Superintendência de Exploração de Infraestrutura Rodoviária |

| | |
|---|---|
| TAMs | Termos Aditivos e Modificativos |
| TCU | Tribunal de Contas da União |
| TIR | Taxa Interna de Retorno |
| VPL | Valor Presente Líquido |

# PREFÁCIO

Nesta obra, Gabriela Miniussi Engler Pinto Portugal Ribeiro aborda tema de enorme relevância e interesse para as parcerias entre Estado e particulares nos mais diversos setores de infraestrutura: a disciplina de investimentos realizados pelos parceiros privados, seus requisitos, garantias e limitações. Trata-se de um aspecto central na estruturação e implementação de projetos de grande porte, em relação ao qual ainda paira grande insegurança jurídica.

Com a ampliação do investimento privado em setores de infraestrutura, por meio de contratos de parceria de longo prazo (incluindo os diversos tipos de contratos de concessão e permissão de serviço público, arrendamento de bem público, concessão de direito real, entre outros), é natural que a disciplina dos investimentos a serem feitos pelo parceiro privado desperte diversas dúvidas: como lidar com novos investimentos que se façam necessários ao longo do contrato, mas que não foram previstos originalmente? Em que circunstâncias os novos investimentos podem ser incluídos em um contrato em andamento? Quando esses investimentos exigem nova contratação, precedida de licitação, nos termos do art. 175 da Constituição Federal? Quais as garantias e as proteções do parceiro privado diante da possibilidade de imposição de novos investimentos pelo Poder Público? Essas e outras questões são abordadas com maestria por Gabriela.

A obra parte de uma taxonomia dos investimentos em contratos de parceria, diferenciando os investimentos contratualizados dos não contratualizados (também identificados como "novos investimentos"). No caso de investimentos previstos diretamente no contrato original, já há um leque de ferramentas razoavelmente consolidado (*e.g.* previsão de gatilhos para investimentos ou a figura de "estoques de melhorias"). No caso de novos investimentos não contratualizados, que venham a se fazer necessários ou oportunos ao longo de contratos de parceria, a insegurança ainda é grande, havendo várias divergências doutrinárias e jurisprudenciais, inclusive nos órgãos de controle da Administração Pública.

Esse é o touro que a autora pega pela unha, enfrentando temas espinhosos sem tergiversar. O núcleo do trabalho, nos Capítulos 3 a 5, mapeia os diferentes tipos de novos investimentos nos contratos de parceria, incluindo investimentos para atualização dos serviços, investimentos emergenciais e investimentos para a expansão de infraestrutura (*e.g.* ampliação de um terminal portuário, inclusão de um novo ramal ferroviário). Esses últimos são especialmente desafiadores, uma vez que implicam volumes de recursos vultosos e, em certas circunstâncias, podem levar a uma ampliação ou mesmo alteração qualitativa do objeto original do contrato.

Ao abordar novos investimentos, a autora defende que os limites quantitativos estabelecidos pela lei de licitações (i.e., o limite de 25% previsto no art. 65 da antiga Lei n. 8.666/1993 e mantido no art. 125 da recente Lei n. 14.133/2021) não são aplicáveis aos contratos de parceria. Não havendo limites quantitativos à inclusão de novos investimentos, o desafio passa a ser o estabelecimento de uma metodologia para avaliar os limites qualitativos às alterações de contratos em curso. Aqui está a principal contribuição desta obra, que propõe uma abordagem estruturada, com passos sequenciais de análise, a depender do tipo de novo investimento proposto. Essa metodologia tenta separar o joio do trigo, indicando as condições para que determinado investimento adicional possa ser incluído em um contrato em curso e estabelecendo limites às alterações contratuais.

O trabalho ainda destaca a preservação do equilíbrio econômico e financeiro como uma condição central para a inclusão dos novos investimentos. Caso não haja reequilíbrio ou este seja incompleto, o particular pode se opor à inclusão de novos investimentos no contrato, sendo esta uma garantia relevante a todos que assumem o risco de entrar em projetos de longo prazo.

No melhor espírito dos trabalhos do Programa de Mestrado Profissional da Escola de Direito de São Paulo da Fundação Getulio Vargas (FGV DIREITO SP), a presente obra é um exemplo claro de pesquisa aplicada: enfrenta um problema concreto, avalia casos de alta complexidade e propõe uma metodologia para enfrentar esse problema. O livro toma posições sobre temas polêmicos e coloca novas ideias na mesa, contribuindo de forma substantiva para um debate contemporâneo. Baseando-se em sua ampla experiência profissional nos setores público e privado, Gabriela junta o conhecimento jurídico com a compreensão técnica e econômica de projetos de infraestrutura, lançando mão de inúmeros exemplos importantes das últimas duas décadas. O resultado é uma visão moderna e pragmática dos contratos de parceria, que compreende a flexibilidade necessária ao Poder Público na gestão contratual, sem esquecer os limites da legalidade nem as garantias e as proteções aos empreendedores privados. Trata-se de leitura essencial para acadêmicos, profissionais e gestores públicos que se dedicam ao estudo de contratos de parceria.

*Caio Mário da Silva Pereira Neto*
Professor de Direito Econômico da Escola de Direito de São Paulo da Fundação Getulio Vargas (FGV DIREITO SP). Mestre (LL.M.) e Doutor (JSD) pela Universidade de Yale.

## SUMÁRIO

# INTRODUÇÃO

Esta obra aborda o tema dos novos investimentos em contratos de parceria (assim entendidos os contratos de concessão comum, concessão patrocinada, concessão administrativa, concessão de serviços regida por legislação setorial, permissão de serviço público, arrendamento de bem público, concessão de direito real e outros)[1] sob diversos ângulos. O objetivo é cobrir as discussões mais relevantes em torno do assunto e ser insumo para discussão de tema ainda incipiente no debate jurídico e que urge aprofundamento.

São duas as principais contribuições: (i) discutir a modelagem contratual de investimentos nas parcerias, analisando as alternativas e os arranjos mais adequados, conforme o caso; e (ii) propor sistemática que, a partir do enquadramento de situações concretas em determinadas categorias e depois da aplicação de um conjunto de testes, ofereça diretrizes objetivas para estipular os limites qualitativos à mutabilidade contratual para inclusão de novos investimentos em parcerias, sobretudo naquelas sujeitas à regulação contratual.[2,3]

1 Por "outros", deve-se entender outros negócios público-privados que, em função de seu caráter estratégico e de sua complexidade, especificidade, volume de investimentos, longo prazo, riscos ou incertezas envolvidos, adotem estrutura jurídica semelhante. O conceito de contrato de parceria utilizado foi extraído do art. 1º, § 2º, da Lei n. 13.334/2016. Ressalta-se, contudo, que as reflexões elaboradas nesta obra não se limitam aos empreendimentos desenvolvidos no âmbito do Programa de Parcerias de Investimentos (PPI).

2 Sobre a diferença entre regulação contratual e regulação discricionária, ver o tópico 5.1.1.

3 Isso não significa que o raciocínio desenvolvido e as proposições elaboradas não sejam aplicáveis às parcerias sujeitas à regulação discricionária. Inclusive, a obra explora exemplos de contratos que são de setores tradicionalmente sujeitos, preponderantemente, à regulação

As contribuições são pertinentes diante da necessidade de reflexão sistemática acerca da modelagem de investimentos em parcerias e da constatação de certo vácuo normativo e contratual na regulamentação das possibilidades, dos limites e das consequências da inclusão de novos investimentos em parcerias.[4] Embora a prática de inserir novos investimentos em contratos de parceria seja recorrente (ainda que, muitas vezes, nem sequer se reconheça que se está diante de alteração contratual para adição de novos investimentos), há escasso pensamento organizado sobre o tema. O resultado prático dessa dinâmica é que muitas decisões sobre novos investimentos são casuísticas, desprovidas de método e desenvolvidas de modo a se alcançar objetivo previamente definido em detrimento de eventual conclusão decorrente de raciocínio estruturado. Isso significa que há muitos casos nos quais a inserção de novos investimentos ocorre de forma injustificada, apenas como medida para prorrogar indefinidamente os contratos, ou deixa de ocorrer, embora o novo investimento seja a resposta mais adequada à situação concreta.

Nesse contexto, a obra tem potencial de inovação, na medida em que oferece propostas concretas tanto de modelagem de investimentos em parcerias quanto de metodologia no trato dos novos investimentos.

Diante desses objetivos, este livro está estruturado de forma que, além desta introdução, os Capítulos 1, 2 e 3 apresentam premissas e insumos para a discussão em torno dos limites e contornos à alteração dos contratos de parceria para inserção de novos investimentos, desenvolvida no Capítulo 4. Os Capítulos 5 e 6 tratam dos desdobramentos da inclusão de novos investimentos nos contratos de parceria, e o Capítulo 7 traz abordagem analítica e propositiva acerca da modelagem contratual de investimentos e de novos investimentos.

O primeiro ângulo explorado, no Capítulo 1, é o da dicotomia entre investimentos contratualizados – que podem assumir diferentes formatos, inclusive quanto ao modo e momento de sua exigibilidade e à forma de sua

discricionária. Contudo, como corte metodológico para pesquisa, é preciso reconhecer que, em certos casos sujeitos à regulação discricionária, as soluções aqui propostas para o tratamento das questões atinentes a novos investimentos não seriam, necessariamente, as mais adequadas diante da amplitude discricionária do regulador.

[4] Definidos mais adiante no tópico 1.3.

precificação – e investimentos não contratualizados, que correspondem à acepção de novos investimentos.

A relevância dessas distinções, como premissas para as discussões subsequentes, é que somente deverá haver debate sobre limitação à mutabilidade contratual quando se estiver diante, rigorosamente, de um *novo investimento*. Nos demais casos, a questão não se coloca, na medida em que já houve decisão do gestor acerca da amplitude do objeto contratual quando da estruturação do projeto.

Circunscrita a temática – novos investimentos em contratos de parceria –, a obra se dedica, nos capítulos subsequentes, a responder às seguintes questões: como estabelecer os limites à mutabilidade contratual para inserção de novos investimentos? Se não houver nenhum contorno contratual para definir a legitimidade da inclusão de determinado investimento adicional, como definir a possibilidade jurídica do novo investimento?

As respostas a essas indagações têm duas dimensões: uma quantitativa – quais os limites quantitativos à inclusão de novos investimentos em parcerias? – e outra qualitativa – quais os contornos qualitativos para a legítima inserção de investimentos adicionais nas parcerias?

A dimensão quantitativa é tratada no Capítulo 3, sobretudo para debater a (in)aplicabilidade, aos contratos de parceria, dos limites quantitativos de alteração contratual previstos nos §§ 1º e 2º do art. 65 da Lei Federal n. 8.666/1993.[5] O capítulo explora o referencial normativo para a inserção de

[5] "Art. 65 [...] § 1º O contratado fica obrigado a aceitar, nas mesmas condições contratuais, os acréscimos ou supressões que se fizerem nas obras, serviços ou compras, até 25% (vinte e cinco por cento) do valor inicial atualizado do contrato, e, no caso particular de reforma de edifício ou de equipamento, até o limite de 50% (cinquenta por cento) para os seus acréscimos. § 2º Nenhum acréscimo ou supressão poderá exceder os limites estabelecidos no parágrafo anterior, salvo: I – (Vetado); II – as supressões resultantes de acordo celebrado entre os contratantes." (BRASIL. *Lei n. 8.666, de 21 de junho de 1993*. Regulamenta o art. 37, inciso XXI, da Constituição Federal, institui normas para licitações e contratos da Administração Pública e dá outras providências. Brasília, DF: Presidência da República, [1993]. Disponível em: http://www.planalto.gov.br/ccivil_03/leis/l8666cons.htm. Acesso em: 18 set. 2020).
Com o advento da nova Lei de Licitações, a redação do Art. 65, § 1º foi reproduzida nos seguintes termos: "Art. 125. Nas alterações unilaterais a que se refere o inciso I do caput do art. 124 desta Lei, o contratado será obrigado a aceitar, nas mesmas condições contratuais, acréscimos ou supressões de até 25% (vinte e cinco por cento) do valor inicial atualizado do contrato que se fizerem nas obras, nos serviços ou nas compras, e, no caso de reforma de

novos investimentos em contratos de parceria e tem o objetivo de explicitar as diferenças entre os regimes jurídicos das contratações públicas tradicionais e os das parcerias, e aborda também o papel desempenhado pelo art. 22 da Lei Federal n. 13.448/2017,[6] que expressamente afastou a incidência dos §§ 1º e 2º do art. 65 da Lei Federal n. 8.666/1993 aos contratos de parceria.

Já a dimensão qualitativa é explorada a partir de proposição metodológica dividida em duas etapas. A primeira, de caráter classificatório, baseada na experiência anedótica[7] da autora e discutida no Capítulo 2, trata do enquadramento dos novos investimentos em contratos de parcerias nas seguintes categorias: (i) para atualização dos serviços que requerem modernização; (ii) para execução de investimentos prementes, emergenciais ou necessários à prestação dos serviços; e (iii) para expansão da infraestrutura.

A segunda etapa, de caráter eliminatório, inspirada no modelo de *legal tests* do direito norte-americano e desenvolvida no Capítulo 4, propõe um conjunto de requisitos que precisam ser atendidos pelo novo investimento, conforme a categoria na qual se enquadra, para atestar a legitimidade da sua inclusão no contrato de parceria.

edifício ou de equipamento, o limite para os acréscimos será de 50% (cinquenta por cento)." Desse modo, as colocações feitas nessa obra referenciadas no Art. 65, § 1º da Lei 8.666/93 mantem-se inalteradas sob a nova legislação. (BRASIL. *Lei n. 14.133, de 1º de abril de 2021*. Lei de Licitações e Contratos Administrativos. Brasília, DF: Presidência da República, [2021]. Disponível em: http://www.planalto.gov.br/ccivil_03/_ato2019-2022/2021/lei/L14133.htm . Acesso em: 25 jun. 2121)

6 "Art. 22. As alterações dos contratos de parceria decorrentes da modernização, da adequação, do aprimoramento ou da ampliação dos serviços não estão condicionadas aos limites fixados nos §§ 1º e 2º do art. 65 da Lei Federal n. 8.666, de 21 de junho de 1993" (BRASIL. *Lei n. 13.448, de 5 de junho de 2017*. Estabelece diretrizes gerais para prorrogação e relicitação dos contratos de parceria definidos nos termos da Lei n. 13.334, de 13 de setembro de 2016, nos setores rodoviário, ferroviário e aeroportuário da administração pública federal, e altera a Lei n. 10.233, de 5 de junho de 2001, e a Lei n. 8.987, de 13 de fevereiro de 1995. Brasília, DF: Presidência da República, [2017]. Disponível em: http://www.planalto.gov.br/ccivil_03/_ato2015-2018/2017/lei/l13448.htm#:~:text=1%C2%BA%20Esta%20Lei%20estabelece%20diretrizes,e%20a%20Lei%20n%C2%BA%208.987%2C. Acesso em: 18 set. 2020).

7 A expressão "experiência anedótica" ou "evidência anedótica", tal como utilizada em algumas passagens desta obra, corresponde à expressão em língua inglesa "*anecdotal evidence*" comumente empregada na academia para designar a evidência percebida pela experiência individual e recorrente na prática profissional.

Na sequência, o Capítulo 5 discorre sobre o reequilíbrio contratual em decorrência da inclusão de novos investimentos no contrato de parceria. O capítulo percorre as questões mais polêmicas sobre o tema, em especial no tocante à metodologia para o cálculo do reequilíbrio resultante da alteração, incluindo debates em torno da definição da taxa de desconto do fluxo marginal, dos critérios para determinação dos fluxos de dispêndios marginais e dos fluxos de receita marginal. Ainda, o capítulo aborda algumas discussões atuais sobre o tema do reequilíbrio contratual pela inserção de novos investimentos no âmbito do Tribunal de Contas da União (TCU), e como entes e órgãos da União, em suas modelagens, têm respondido aos questionamentos do controlador. Ao final, discorre-se sobre as formas de recomposição do equilíbrio econômico-financeiro do contrato em decorrência da inclusão de novos investimentos.

Esse último ponto dialoga com o Capítulo 6, que aprofunda a discussão sobre a possibilidade de a concessionária resistir à inclusão de novos investimentos nos contratos de parceria e em quais circunstâncias isso se afigura possível, o que é feito a partir da análise de completude do reequilíbrio proposto sob as perspectivas econômica e financeira.

Contemplando toda a temática desenvolvida ao longo da obra, o Capítulo 7 analisa o que existe atualmente na modelagem contratual sobre novos investimentos em diversos setores e propõe algumas abordagens inspiradas nas lições extraídas dos capítulos precedentes. Por fim, há a conclusão.

Como se vê, o livro segue modelo de pesquisa híbrido, baseado tanto na resolução de problema quanto na proposição de melhores práticas, com o objetivo de, ao final, responder à seguinte questão: como estabelecer os limites à mutabilidade contratual para inclusão de novos investimentos em parcerias? A metodologia predominante baseia-se na análise dos documentos relativos a diversos casos reais com os quais a autora teve contato ao longo de mais de dez anos de carreira profissional no setor de infraestrutura, o que permitiu deles extrair padrões tanto para construir tipologias quanto para elaborar propostas regulatórias. Não obstante, também houve avaliação de trabalhos doutrinários que enfrentam o assunto, o que apontou para a necessidade de proposição de soluções inovadoras e ainda não testadas.

# 1. INVESTIMENTOS CONTRATUALIZADOS E NÃO CONTRATUALIZADOS: POR QUE CLASSIFICÁ-LOS É RELEVANTE

## 1.1. Contornos semânticos

Como premissa das reflexões que serão desenvolvidas nesta obra, é importante apontar o recorte conceitual que destaque o exato objeto de suas considerações e esclareça os contornos semânticos utilizados.

Assim é que, de início, cumpre distinguir entre (i) investimento contratualizado: aquele previsto originalmente no contrato de parceria (detalhado no tópico 1.2), ainda que em caráter contingente, isto é, sujeito a algum tipo de gatilho para que se verifique a sua exigibilidade (conforme explicado no tópico 1.2.2); e (ii) investimento não contratualizado: aquele não previsto originalmente no contrato, que corresponde, efetivamente, ao novo investimento, objeto da obra (objetivamente definido no tópico 1.3). Como se verá, embora aparentemente estanques, essas categorias por vezes se misturam em zonas cinzentas, sobretudo no tocante à precificação desses investimentos.

A distinção é relevante na medida em que, se o investimento sob análise for um investimento contratualizado, mesmo que contingente, carecerá de sentido qualquer juízo sobre os limites à mutabilidade contratual para sua execução, visto que a avaliação de interesse público quanto à inclusão desses investimentos no contrato – e, portanto, de pertinência ao objeto contratual e aderência à sua finalidade – já foi feita à época da estruturação do projeto. Ou seja, somente haverá discussão acerca dos limites à mutabilidade contratual quando se estiver diante, rigorosamente, de um investimento não contratualizado: um novo investimento.

Além disso, a correta compreensão dos distintos conceitos e da forma como são manejados na estruturação contratual se mostrará valiosa para avançar na modelagem de investimentos em geral nas parcerias, como ficará claro neste capítulo e no Capítulo 7.

## 1.2. Investimentos contratualizados

Investimentos contratualizados são todos aqueles de alguma forma previstos no instrumento de parceria original celebrado entre as partes. Isto é, são os investimentos que o concedente poderá exigir e que a concessionária se obriga a executar sem negociação adicional quanto ao cabimento dos investimentos no objeto contratual.

Compreendem os investimentos contratualizados tanto aqueles precificados na modelagem econômico-financeira do projeto e, por conseguinte, pelas proponentes na formulação de suas propostas, quanto aqueles porventura não precificados ao tempo da licitação, seja porque não havia informações suficientes para tanto, seja porque a sua execução, apesar de prevista contratualmente, era incerta ou sujeita à ocorrência de determinadas condições.

### *1.2.1. Obrigação de investimento e obrigação de desempenho*

Os investimentos contratualizados são geralmente previstos no contrato de parceria ou como obrigação de investimento específica – como a construção de uma passarela de pedestres no bojo de uma concessão rodoviária – ou para atendimento aos indicadores de desempenho mínimos determinados contratualmente – por exemplo, ainda no caso de uma concessão rodoviária, os investimentos em recuperação de pavimento para que a rodovia alcance determinado patamar de *International Roughness Index* (IRI), que se traduz em português como "Índice de Irregularidade Longitudinal".[8] São os investimentos sem os quais a concessionária não conseguirá desempenhar suas obrigações contratuais a contento.

Idealmente, um contrato de parceria deveria buscar definir, ao máximo, suas obrigações a partir de parâmetros de desempenho, de modo a, de um lado, conferir à concessionária o máximo de liberdade para definição das soluções de engenharia e operacionais mais eficientes para atendimento aos requisitos mínimos estabelecidos contratualmente e, de outro, alinhar o desempenho privado às expectativas da administração pública quanto à qualidade e à quantidade da prestação do serviço contratado.[9]

Por exemplo, no caso de uma concessão metroviária, a partir do estabelecimento, no contrato, de um indicador de intervalo de tempo mínimo entre trens (conhecido como *headway*), a concessionária deverá avaliar a quantidade mínima de trens para fazer frente a tal obrigação, que se combina também com outras decisões, como a de qual sistema de sinalização implantar. A depender da tecnologia selecionada para sinalização, por exemplo, é possível atender ao *headway* com mais ou menos trens. Como se vê, trata-se de escolha complexa, que envolve diversos fatores combinantes e que certamente fica mais adequadamente alocada à concessionária.

Ainda, centrar as obrigações contratuais nos indicadores de desempenho tem a vantagem de simplificar o processo de penalização da concessionária em caso de descumprimento dos indicadores definidos contratualmente, hipótese em que há descontos em sua remuneração. Trata-se de procedimento

[8] O IRI é um indicador que afere os desvios da superfície do pavimento em relação a um plano de referência, o quanto estes afetam a dinâmica dos veículos, a qualidade de rolamento e o conforto do usuário.

[9] "Os indicadores de desempenho devem estar vinculados aos resultados esperados pelo poder concedente e pelos usuários (características intrínsecas do serviço prestado), e não nos meios empregados pelo concessionário para executar a prestação (natureza dos insumos, equipamentos, tecnologias, etc.). Tanto quanto possível, a decisão sobre a forma de prestação e execução dos investimentos necessários ao atingimento dos índices de desempenho deve ser deixada a cargo do concessionário, de modo permitir a geração de ganhos de eficiência. O ideal é que todas as obrigações do concessionário sejam caracterizadas como de desempenho, vale dizer, definidas no contrato por meio de indicadores de qualidade e quantidade de serviço" (PINTO, Gabriela Miniussi Engler. O advogado e a estruturação de projetos de concessão e PPP. *In*: MARCATO, Fernando S.; PINTO JR., Mario Engler [org.]. *Direito da infraestrutura 1* [Série GVlaw]. São Paulo: Saraiva, 2017, v. 1, p. 196-251).

estruturado que muitas vezes conta com a participação de verificador independente, mais simples (e potencialmente mais automatizado) que o processo de aplicação de penalidades, que, invariavelmente, se arrasta por longo período de contraditório administrativo e questionamento judicial, conferindo baixa efetividade ao mecanismo como incentivo à concessionária para o adequado desempenho de suas obrigações.

Não obstante, reconhece-se que nem todas as obrigações, pela sua natureza, podem ser estabelecidas via indicadores de desempenho, como obras de acessibilidade (como elevadores e escadas rolantes) nas estações de uma linha metroviária concedida. Nesses casos, é necessário manter contratualmente a obrigação de investimento desatrelada de um indicador de desempenho.

Em resumo, os investimentos contratualizados, modelados seja sob a forma de indicador de desempenho, seja como obrigação de investimento, são aqueles que a concessionária está obrigada a executar como atividade necessária ao cumprimento do escopo contratual.

### *1.2.2. Investimentos contratualizados contingentes: a lógica do gatilho de investimento*

Os investimentos contratualizados podem assumir caráter contingente na medida em que, embora previstos no contrato de parceria como encargo da concessionária, têm sua exigibilidade condicionada à ocorrência de determinado gatilho, que pode ou não ser a termo definido, ou mesmo estar sujeito à decisão discricionária do concedente, independentemente de qualquer ocorrência. Em tese, em certos casos é possível, inclusive, que o gatilho não ocorra durante o lapso contratual ou que o concedente opte por não demandar o investimento, casos em que o investimento contingente nem sequer será executado.

Na prática, os investimentos contratualizados contingentes mais comuns são aqueles sujeitos a gatilho contratual associado à demanda por determinada infraestrutura, a exemplo de novas obras de aumento de capacidade quando as infraestruturas atingirem certos níveis de serviço. A presença desse mecanismo é recorrente no setor rodoviário em relação à duplicação de rodovias quando a trafegabilidade atinge níveis definidos nos contratos.[10,11]

[10] A exemplo da concessão federal da BR-101/290/448/386/RS e das concessões rodoviárias do estado de São Paulo (2ª fase). Os contratos de concessão estão disponíveis em: SÃO PAULO (Estado). Agência de Transporte do Estado de São Paulo. Contratos de concessão. Disponível

Outro exemplo de investimento contratualizado contingente por gatilho associado à demanda por determinada infraestrutura são as concessões aeroportuárias, no tocante à construção de nova pista de pousos e decolagens quando o aeroporto atinge determinada demanda de passageiros.

Por exemplo, a concessão do aeroporto do Galeão, no Rio de Janeiro, tem previsão para construção de nova pista de 3 mil metros antes de o aeroporto atingir a marca de 262.900 movimentos anuais.[12] Embora estruturada na

em: http://www.artesp.sp.gov.br/Style%20Library/extranet/transparencia/contratos-de-concessao.aspx. Acesso em: 19 maio 2019. Ademais, os níveis de serviço em rodovias são geralmente avaliados e definidos pelo *Highway Capacity Manual* (HCM).

[11] Contudo, é preciso registrar que, historicamente, no setor rodoviário, as agências reguladoras têm enfrentado dificuldades em exigir que as concessionárias executem investimentos correspondentes ao atingimento de níveis de serviço, sobretudo em razão de controvérsias quanto à origem do excesso de tráfego verificado: se decorrente do fluxo da própria rodovia ou se oriundo de trânsito local dos municípios lindeiros à rodovia. Sendo o excesso de tráfego (que atinge o gatilho de investimento) fruto de trânsito local (e não rodoviário), então as obras de equacionamento dessa situação beneficiariam aquela localidade e não o usuário da rodovia, que paga pelo investimento, de modo que não poderia ser responsabilidade da concessionária executá-lo. Por outro lado, sendo o excesso de tráfego originado da própria rodovia, é responsabilidade da concessionária executar os investimentos de expansão de capacidade pertinentes. Estabelecer essa divisão quanto à origem do tráfego, contudo, é o grande desafio para o funcionamento dos gatilhos de investimento nas rodovias.
Além disso, concessionárias e agências travam inúmeras discussões sobre a forma e metodologia de avaliação do tráfego para fins de mensuração dos níveis de serviço ou volume diário médio de veículos trafegando em determinado segmento homogêneo da via. A discussão é complexa e, particularmente no estado de São Paulo, tem levado à percepção de que mais vale tratar todos os investimentos como obrigatórios do que trabalhar com a lógica de gatilhos de investimento por nível de serviço.
O lote Piracicaba-Panorama, integrante da 4ª rodada de concessões rodoviárias do estado de São Paulo, com previsão de 14 bilhões de investimento, foi a leilão em 8 de janeiro de 2020 exatamente com essa lógica de tratar todos os investimentos contratuais como não contingentes (isto é, independentes de qualquer gatilho), em razão das dificuldades que existem para exigência das obras sujeitas a gatilhos de nível de serviço. Do ponto de vista teórico, não parece ser a melhor solução na medida em que pode haver eventual descolamento entre o momento em que o investimento é contratualmente exigido e a sua real necessidade (da perspectiva da rodovia e do usuário). Por outro lado, quando a prática desnuda os desafios de implantar a melhor teoria, tendem a prevalecer soluções de viés mais pragmático. Resta, então, o desafio de avançar na tecnologia contratual para algum ponto de convergência entre teoria e prática. Agradeço à Renata Perez Dantas pelas contribuições sobre essa reflexão.

[12] Conforme cláusula 8.4.1 do Plano de Exploração Aeroportuária – Anexo 2: "8.4. A Concessionária deverá prever no PGI investimentos no sistema de pistas, a fim de atender a Demanda Prevista, de acordo com os gatilhos de investimento: 8.4.1 Quando a demanda do sistema

mesma época, a concessão do aeroporto de Confins, em Minas Gerais, conta com modelagem ligeiramente diferente ao tratar da obrigação contingente de construção de nova pista de pousos e decolagens, combinando gatilho contratual associado à demanda (198 mil movimentos anuais) e prazo certo (até 31.12.2020), o que ocorrer primeiro.[13] Do ponto de vista da modelagem, esse arranjo não parece fazer muito sentido, na medida em que estabelece gatilhos com lógicas distintas a orientar uma mesma obrigação. Não à toa, já no princípio de 2019, a Agência Nacional de Aviação Civil (Anac) autorizou a celebração de aditivo para postergação do investimento de construção da segunda pista no aeroporto de Confins, indicando a prevalência do critério de demanda em detrimento do gatilho a termo definido.[14]

de pistas atingir 215.100 movimentos anuais, a Concessionária deverá apresentar à Anac o anteprojeto e o cronograma detalhado da construção de pelo menos uma pista de pouso e decolagem, com comprimento mínimo de 3.000 metros, projetada para aeronaves Código F, paralela à pista 10/28 existente quando da assinatura do contrato, de modo a implantar um sistema de pistas 10/28 para aproximações paralelas e independentes em operação IFR. A(s) pista(s) deve(m) ser construída(s) e estar(em) plenamente operacional(is) antes da demanda atingir 262.900 movimentos anuais" (BRASIL. Agência Nacional de Aviação Civil. *Contrato. Anexo 02 – Plano de Exportação Aeroportuária [atualizado até decisão n. 162.219]*. Brasília, [2020]. Disponível em: https://www.anac.gov.br/assuntos/paginas-tematicas/concessoes/aeroportos-concedidos/galeao/documentos-relacionados/01contrato-de-concessao/anexo-02-plano-de-exploracao-aeroportuaria-pea.pdf/view. Acesso em: 10 set. 2020).

[13] Conforme redação original do item 8.4.1 do Plano de Exploração Aeroportuária – Anexo 2: "Quando a demanda do sistema de pistas atingir 144.000 movimentos anuais, a Concessionária deverá apresentar à Anac o anteprojeto e o cronograma detalhado de construção de uma pista de pouso e decolagem, com comprimento mínimo de 2.500 metros, projetada para aeronaves Código E, paralela à pista 16/34 existente quando da assinatura do contrato, de modo a implantar um sistema de pistas 16/34 para aproximações paralelas e independentes em operação IFR. A pista deve ser construída e estar plenamente operacional antes de a demanda atingir 198.000 movimentos anuais ou até 31 de dezembro de 2020, o que ocorrer primeiro" (BRASIL. Agência Nacional de Aviação Civil. *Contrato. Anexo 02 – Plano de Exportação Aeroportuária [atualizado até Termo Aditivo n. 004.2020]*. Brasília, [2020]. Disponível em: https://www.anac.gov.br/assuntos/paginas-tematicas/concessoes/aeroportos-concedidos/Confins/documentos-relacionados/01contrato-de-concessao/anexo-02-confins-plano-de-exploracao-aeroportuaria-pea.pdf/view. Acesso em: 10 set. 2020).

[14] BRASIL. Agência Nacional de Aviação Civil. *Processo 00065.050525/2018-79*. Interessado: BH Airport – Concessionária do Aeroporto Internacional de Confins/SA – Belo Horizonte. Relator: Ricardo Bezerra. Julgado em: 13.02.2019. Disponível em: https://www.anac.gov.br/acesso-a-informacao/reunioes-da-diretoria-colegiada/reunioes-deliberativas-da-diretoria/2019/2o-reuniao-deliberativa-da-diretoria/00065-050525-2018-79/voto. Acesso em: 19 maio 2019.

Ainda, no setor de mobilidade, a concessão das Linhas 8 e 9 da CPTM em São Paulo previu como investimento contratualizado contingente a implantação de novo sistema de sinalização caso a demanda de passageiros supere ao longo da concessão, em uma das linhas ou em ambas, 40 mil passageiros no intervalo de uma hora, em qualquer sentido.[15]

É comum que os gatilhos para investimentos contratualizados contingentes guardem relação com indicadores de desempenho contratualmente estabelecidos na parceria. Isto é, quando verificado o gatilho, muitas vezes

Com a celebração do Termo Aditivo n. 003, de 6 de março de 2019, o item 8.4.1 do Plano de Exploração Aeroportuária – Anexo 2 – passou a ter a seguinte redação: "Quando a demanda do sistema de pistas atingir 144.000 movimentos anuais, a Concessionária deverá apresentar à Anac o anteprojeto e o cronograma detalhado de construção de uma pista de pouso e decolagem, com comprimento mínimo de 2.500 metros, projetada para aeronaves Código E, paralela à pista 16/34 existente quando da assinatura do contrato, de modo a implantar um sistema de pistas 16/34 para aproximações paralelas e independentes em operação IFR. A pista deve ser construída e estar plenamente operacional antes de a demanda atingir 198.000 movimentos anuais" (BRASIL. Agência Nacional de Aviação Civil. *Contrato. Anexo 02 – Plano de Exportação Aeroportuária [atualizado até Termo Aditivo n. 004.2020]*. Brasília, [2020]. Disponível em: https://www.anac.gov.br/assuntos/paginas-tematicas/concessoes/aeroportos-concedidos/Confins/documentos-relacionados/01contrato-de-concessao/anexo-02-confins-plano-de--exploracao-aeroportuaria-pea.pdf/view. Acesso em: 10 set. 2020).

15 Conforme cláusula 39.1 do contrato de concessão: "39.1 Consideram-se INVESTIMENTOS CONTINGENTES passíveis de incorporação ao CONTRATO, como encargo da CONCESSIONÁRIA, os investimentos descritos abaixo, que deverão ser realizados mediante atingimento de gatilho específico, no caso do inciso (i) ou a critério do PODER CONCEDENTE, no caso dos incisos (ii) e (iii): (i) investimentos necessários para recapacitação do sistema de sinalização, a serem realizados somente quando o carregamento, em uma das LINHAS ou ambas, superar o número de 40.000 (quarenta mil) PASSAGEIROS no intervalo de uma hora, em qualquer sentido, mediante as seguintes exigências de comprovação: a. apresentação do histórico de demanda das estações dos últimos 6 (seis) meses, por hora e sentido, contemplando os números de embarque e desembarque, em cada LINHA; e b. demonstração de recorrência, constatada quando o carregamento hora/sentido for superior a 40.000 (quarenta mil) PASSAGEIROS, em cada uma das LINHAS, em no mínimo 50% dos dias úteis compreendidos nos 6 meses anteriores, excluídos dias atípicos (eventos geradores de demandas características, tais como falhas que comprometeram a OPERAÇÃO, festas, shows, jogos de futebol, dentre outros eventos); (ii) readequação e posterior operação da Estação Água Branca; e (iii) construção de até 03 (três) passarelas e transposições de acesso ao longo das LINHAS, a serem implementadas como expansão do SERVIÇO CONCEDIDO" (SÃO PAULO [Estado]. Secretaria de Transportes Metropolitanos. *Concorrência Internacional n. 01/2020*. São Paulo, [2020]. Disponível em: https://sis.cptm.sp.gov.br/DataRoom/. Acesso em: 22 dez. 2020). Foi a primeira vez, aliás, que se viu um contrato adotar a nomenclatura proposta nesta obra.

se está próximo ou diante também de um descumprimento dos parâmetros mínimos de desempenho, hipótese em que investimentos são necessários para que o contrato de parceria volte a operar em observância aos indicadores de desempenho determinados.

Exemplo disso são os investimentos para cumprimento de obrigações de universalização de serviços – como é corriqueiro nos setores de telecomunicações, distribuição de energia e de saneamento básico – previstas originalmente no contrato. Esses são casos em que é comum o ritmo de execução dos investimentos contingentes se descolar das previsões originais (tanto do concedente quanto da concessionária), como ocorre, por exemplo, em concessões de saneamento que têm a obrigação de atender a determinada população cuja taxa de crescimento extrapola as projeções iniciais.

Existe ainda a hipótese de investimentos contratualizados contingentes cujo gatilho, porventura, jamais se verifica, caso em que o investimento correspondente não será exigível durante a vigência do contrato. Isso pode ocorrer, por exemplo, em um caso no qual o investimento está atrelado a determinado patamar de demanda projetada que não é atingido, seja porque surgiu a concorrência de outra modal (por exemplo, no caso de concessão rodoviária paralela à qual é construída uma linha ferroviária), seja porque o contrato foi impactado por uma crise de consequências insuperáveis – ou mesmo porque as estimativas originais de demanda estavam equivocadas ou se basearam em premissas posteriormente não verificadas.

Nessa hipótese, se o investimento contratualizado contingente tiver sido considerado na modelagem originária do projeto e, por consequência, a concessionária tiver sido por ele remunerada ao longo da execução contratual, porém, sem que o tenha realizado, então, o contrato deverá ser reequilibrado em favor do concedente em virtude do investimento pago e não executado pela concessionária.

Embora seja o mais comum, o gatilho para execução de investimentos contratualizados contingentes nem sempre está, necessariamente, atrelado ao nível de demanda pela infraestrutura. Ele pode tomar a forma do advento de um termo temporal certo, a exemplo da modelagem para construção da segunda pista do aeroporto de Confins (mencionado anteriormente) e da nova subida da serra de Petrópolis (discutido a seguir). Em outros casos, o gatilho pode assumir a forma de uma decisão discricionária do concedente, isto é, ser acionado se e quando convier, a seu exclusivo critério.

Exemplo disso é o contrato de concessão metroviária do estado do Rio de Janeiro que prevê que determinados investimentos em prolongamento das linhas "terão sua construção condicionada aos interesses do ESTADO e à disponibilidade de recursos para investimento, não constituindo, assim, direito ou obrigação da CONCESSIONÁRIA ou obrigação do ESTADO, a conclusão dos trechos".[16] Outro exemplo é a concessão das Linhas 8 e 9 da CPTM em São Paulo, que prevê tanto a construção, readequação e posterior operação da Estação Água Branca quanto a construção de até três passarelas e transposições de acesso ao longo das linhas como investimentos contratualizados contingentes, que serão executados "mediante solicitação a ser realizada pelo PODER CONCEDENTE, a seu critério, podendo ter sua realização determinada a qualquer momento [...]".[17]

[16] Contrato de concessão metroviária do estado do Rio de Janeiro, consolidado pelo Sexto Termo Aditivo: "Cláusula Primeira – Objeto do Aditivo [...] § 6º – Os trechos da Linha 1 indicados nas alíneas (d), (e) e (f) do § 2º, com exceção da Estação Uruguai, bem como os trechos da Linha 2 indicados nas alíneas (b) e (c) do § 3º, todos desta Cláusula, terão sua construção condicionada aos interesses do ESTADO e à disponibilidade de recursos para investimento, não constituindo, assim, direito ou obrigação da CONCESSIONÁRIA ou obrigação do ESTADO, a conclusão dos trechos de que trata este parágrafo, no todo ou em parte, durante a vigência do presente ADITIVO. § 7º – Incluem-se ainda no objeto dos SERVIÇOS, outros trechos decorrentes de expansões, que venham a ser feitos no período da concessão, em continuidade às Linhas 1 e 2, entendendo-se como tal aquelas expansões que caracterizem o prolongamento dos atuais trechos em operação já concedidos e que, desta forma, requerem uniformidade dos sistemas de controle, de sinalização e de energia, acima da bitola e gabaritos estático e dinâmico das instalações, de forma a garantir a continuidade física das vias. Tais trechos serão considerados como partes integrantes das Linhas 1 e 2, conforme o caso. As implantações de expansões das linhas serão consideradas como prolongamento das linhas existentes, obrigando-se a CONCESSIONÁRIA a prestar os serviços nestes novos trechos com os mesmos padrões de operação definidos pelo ESTADO ao tempo da concessão ou deste ADITIVO, naquilo que altera tais padrões" (RIO DE JANEIRO [Estado]. *Sexto termo aditivo ao contrato de concessão para exploração dos serviços públicos de transporte metroviário de passageiros, que entre si fazem o Estado do Rio de Janeiro e a Opportrans Concessão Metroviária S.A.* Rio de Janeiro, 2007. Disponível em: http://www2.agetransp.rj.gov.br/documents/10181/54877/6o+termo+aditivo+-+27-12-2007Metr%C3%B4Rio.pdf/d9782b0b-6dc5-419d-81b1-36565b8f7a98. Acesso em: 20 out. 2020).

[17] Conforme cláusula 39.1.2: "Os INVESTIMENTOS CONTINGENTES previstos nos incisos 'ii' e 'iii' da Cláusula 39.1 supra deverão ser obrigatoriamente realizados pela CONCESSIONÁRIA mediante solicitação a ser realizada pelo PODER CONCEDENTE, a seu critério,

Em qualquer caso, é necessário que os investimentos contingentes contratualizados estejam minimamente delineados no contrato de parceria original, de modo a permitir que a licitante formule sua proposta com conhecimento das obrigações que lhe podem ser demandadas ao longo da execução contratual e para evitar caracterização da obrigação como meramente potestativa.[18]

Nesse particular, a linha que separa os investimentos contingentes contratualizados daqueles não contratualizados pode por vezes ser tênue, sobretudo em contratos de parceria mais antigos nos quais a técnica contratual era ainda incipiente e cuja linguagem dá margem a distintas interpretações quanto aos investimentos contingentes efetivamente contratualizados na origem.[19] Nessas circunstâncias é necessária a análise do caso concreto, buscando-se sempre

podendo ter sua realização determinada a qualquer momento, observado o rito previsto na Cláusula 40.10 e seguintes" (SÃO PAULO [Estado]. Secretaria de Transportes Metropolitanos. *Concorrência Internacional n. 01/2020*. São Paulo, [2020]. Disponível em: https://sis.cptm.sp.gov.br/DataRoom/. Acesso em: 22 dez. 2020).

18 A cláusula puramente potestativa é aquela cujo conteúdo é de tal forma indeterminado que a sua execução dependeria do completo arbítrio de uma das partes, conforme se extrai de: PEREIRA, Caio Mário da Silva. *Instituições de direito civil*. Rio de Janeiro: Forense, 2011, v. I, p. 480-481.

19 Como exemplo, vale destacar o Contrato de Concessão da FERRONORTE S.A. – Ferrovias Norte Brasil –, cujo objeto compreende: "Cláusula primeira – Do Objeto da Concessão: O objeto do presente Contrato é a outorga de concessão por parte da UNIÃO à FERRONORTE, para o estabelecimento de um sistema de transporte ferroviário de carga abrangendo a construção, operação, exploração e conservação de estrada de ferro entre Cuiabá (MT) e: a) Uberaba/Uberlândia (MG); b) Santa Fé do Sul (SP), na margem direita do Rio Paraná; c) Porto Velho (RO) e d) Santarém (PA), doravante denominado FERROVIAS. PARÁGRAFO PRIMEIRO – Os traçados e diretrizes das referidas FERROVIAS serão aqueles constantes de Projeto Básico – compreendendo estudo final de engenharia –, que a FERRONORTE submeterá à aprovação da UNIÃO no prazo adiante previsto. PARÁGRAFO SEGUNDO – O sistema ferroviário a ser implantado, deverá ter da FERRONORTE procedimento empresarial que obedecerá aos requisitos da melhor técnica e rigorosa obediência aos padrões econômico-financeiros, de modo a nunca colocar em risco a viabilidade do empreendimento. PARÁGRAFO TERCEIRO – *Além das FERROVIAS acima mencionadas, a Concessão outorgada abrange, também, a construção, operação, exploração e conservação de ramais, em sua área de influência, que se fizerem necessários ao pleno atendimento das demandas previstas, desde que submetidas pela FERRONORTE à aprovação da UNIÃO, na época em que for constatada sua necessidade, com a apresentação de Projeto básico específico e estudos indicadores de sua viabilidade econômica*. [...]" (BRASIL. Agência Nacional de Transportes Terrestres. *Contrato de Concessão Ferronorte*. Brasília, [1989]. Disponível em: https://portal.antt.gov.br/rumo-malha-norte-sa. Acesso em: 22 dez. 2020. Grifo nosso). Como se depreende do parágrafo terceiro, não há definição detalhada de quais ramais poderiam ser considerados investimentos contingentes contratualizados, dada a subjetividade do conceito de "área de

prestigiar a pretensão originária do gestor responsável pela estruturação do projeto, bem como a política pública subjacente que justificou a contratação.

A premissa de modelagem dos investimentos contratualizados contingentes é a avaliação de política pública, no momento de estruturação do contrato de parceria, quanto à importância e pertinência de se prever, desde a origem, o investimento contingente, atrelado seja a gatilho de demanda, seja a mecanismo de escolha pelo concedente. Em razão dessa reflexão, a execução dessas obrigações de investimento não deve se sujeitar a qualquer crivo de limitação qualitativa ou quantitativa à mutabilidade contratual, visto que esse juízo já foi feito à época da estruturação do projeto e incorporado ao contrato mediante gatilho (de demanda, de prazo, de escolha ou outra forma não aventada aqui).

Isso não significa dizer que o contrato de parceria não precisaria ser aditado para (i) consignar a execução dos investimentos contratualizados contingentes e (ii) promover, caso necessário, o reequilíbrio econômico-financeiro da concessão.[20] A questão do reequilíbrio é particularmente relevante se o investimento contratualizado contingente não tiver sido precificado quando da licitação do projeto.

### *1.2.3 Investimentos contratualizados contingentes: precificação* ex ante *e* ex post

Da perspectiva da modelagem de projetos, pode haver tanto o comando, no edital, para que as proponentes precifiquem já na licitação a execução dos investimentos contratualizados contingentes, mesmo sem saber se e quando eles serão executados (exceto nos casos em que o gatilho for a termo certo)

influência", o que poderia gerar discussão quanto à efetiva abrangência dos investimentos originalmente contratualizados em caráter contingente.

[20] Aliás, até por força do art. 60, parágrafo único, da Lei Federal n. 8.666/1993, que dispõe acerca da nulidade dos contratos verbais com a Administração Pública, a execução do contrato de parceria demanda, sempre que necessário para o cumprimento de obrigações contingentes e da matriz de riscos contratual, a celebração de aditivos que formalizem tais ajustes, inclusive da ótica do equilíbrio econômico-financeiro do contrato. Nesse ponto, discordo de Flávio Amaral Garcia, para quem: "Sequer haverá necessidade de aditamento ao contrato, eis que se trata de cumprimento do objeto e não de sua alteração" (GARCIA, Flávio Amaral. Mutabilidade nos contratos concessionais: aspectos endocontratuais e procedimentais. *In*: WALD, Arnoldo; JUSTEN FILHO, Marçal; PEREIRA, Cesar Augusto Guimarães [org.]. *O direito administrativo na atualidade*: estudos em homenagem ao centenário de Hely Lopes Meirelles [1917-2017]: defensor do estado de direito. São Paulo: Malheiros, 2017, p. 426-441).

– a chamada precificação *ex ante* –, quanto a previsão de que os investimentos contratualizados contingentes serão precificados se e quando verificados os gatilhos modelados e de que, na oportunidade, o contrato será reequilibrado para contemplar a execução dessas obrigações – a chamada precificação *ex post*.

Diversos exemplos da precificação *ex ante* de investimentos contratualizados contingentes já foram mencionados, como os investimentos em expansão de capacidade por atingimento do nível de serviço nas concessões rodoviárias estaduais e federais e as obras de novas pistas de pousos e decolagens nas concessões aeroportuárias federais. Nesses casos, a concessionária deve considerar, já na proposta de preço apresentada no leilão, os custos associados à execução futura desses investimentos, mesmo que no momento da licitação não haja clareza sobre em que momento futuro o gatilho associado a tais investimentos será acionado.

Já como exemplo de investimento contratualizado contingente com precificação *ex post* que ganhou notoriedade no universo da infraestrutura destaca-se a construção da nova subida da serra de Petrópolis/RJ, no âmbito da concessão rodoviária federal da BR 040/MG/RJ.[21] O Programa de Exploração Rodoviária (PER) originário da rodovia previa a obrigação da concessionária de implantar a obra até 2006, estimando uma verba de 80 milhões (a preços de 1995), porém, deixando claro que "o valor real da obra, a menos ou a mais da estimativa prevista, será negociado com o(a) DNER".[22] Ou seja, um típico caso de investimento contratual contingente com gatilho a termo certo não precificado à época da licitação do projeto (precificação *ex post*).

Contudo, quando a Agência Nacional de Transportes Terrestres (ANTT) pretendeu cumprir a determinação do PER e exigir a obra de duplicação, o aditivo que reequilibrou o contrato de concessão para compensar a concessionária pelos investimentos foi considerado irregular pelo TCU.[23]

[21] Os documentos dessa concessão estão disponíveis em: https://portal.antt.gov.br/concer. Acesso em: 20 out. 2020.

[22] Programa de Exploração Rodoviária (original): "Nova Subida da Serra de Petrópolis. Para a execução da Nova Subida da Serra, foi estimada uma verba de R$ 80.000.000,00 (oitenta milhões de reais), item 6.5.1 da Planilha de Quantidades. Os serviços a serem executados terão seus preços aprovados e apropriados pelo DNER. O valor real da obra, a menos ou a mais da estimativa prevista, será negociado com o DNER" (Redação do PER original).

[23] Inclusive para aventar a possibilidade de penalizar os agentes públicos envolvidos na celebração do aditivo, como se percebe em: BRASIL. Tribunal de Contas da União. *Processo/*

Nesse caso, parece ter havido incompreensão sobre a real natureza do investimento de duplicação: em vez de considerar a obra investimento contratualizado contingente sujeito a gatilho por advento de termo certo com precificação *ex post* (tal qual modelado no contrato original), a obra foi classificada como novo investimento, isto é, um investimento não contratualizado. A confusão é problemática, pois tratar investimento contratualizado contingente como se fosse novo investimento ignora a escolha de política pública de implementar a infraestrutura no bojo do contrato, feita quando da licitação original. Adicionalmente, a falta de reflexão adequada sobre a natureza do investimento trouxe para a discussão questões impertinentes ao caso, como a própria incidência dos limites à mutabilidade contratual previstos nos §§ 1º e 2º do art. 65 da Lei Federal n. 8.666/1993, conforme se depreende da manifestação da Controladoria-Geral da União (CGU):

> O entendimento da CGU é de que o instrumento da licitação para a obra da NSS [Nova Subida da Serra] poderia ter sido utilizado, uma vez que os valores aportados pelo poder concedente ultrapassam limites legais, previstos nos §§ 1º e 2º do art. 65 da Lei 8.666/93, e para isso seria imprescindível uma avaliação econômica entre as duas possibilidades (inserir no contrato de concessão ou licitar diretamente) [...].[24]

*Relatório de Auditoria 023.204/2015-0.* Interessados: CONCER/Companhia de Concessão Rodoviária Juiz de Fora – Rio; Procuradoria da República no Município de Petrópolis; Agência Nacional de Transportes Terrestres; Congresso Nacional. Relator: Ministro Walton Alencar Rodrigues. Disponível em: https://pesquisa.apps.tcu.gov.br/#/documento/processo/023204/%2520/DTAUTUACAOORDENACAO%2520desc%252C%2520NUMEROCOMZEROS%2520desc/5/%2520?uuid=f110d460-fa6e-11ea-914b-478010ad44a9. Acesso em: 12 out. 2020; e BRASIL. Tribunal de Contas da União. *Processo/Relatório de Acompanhamento 014.689/2014-6.* Interessados: CONCER/Companhia de Concessão Rodoviária Juiz de Fora – Rio; Procuradoria da República no Município de Petrópolis; Agência Nacional de Transportes Terrestres. Relator: Ministro Walton Alencar Rodrigues. Disponível em: https://pesquisa.apps.tcu.gov.br/#/documento/processo/014689/%2520/DTAUTUACAOORDENACAO%2520desc%252C%2520NUMEROCOMZEROS%2520desc/6/%2520?uuid=f110d460-fa6e-11ea-914b-478010ad44a9. Acesso em: 12 out. 2020. Vale notar que o caso compreende diversas outras discussões e complexidades que extrapolam o propósito desta obra.

[24] BRASIL. Controladoria-Geral da União. *Relatório n. 201505623.* 2017. Disponível em: https://auditoria.cgu.gov.br/download/10200.pdf. Acesso em: 19 maio 2019.

A discussão é emblemática para pensarmos por que faz sentido que certos (e talvez grande parte dos) investimentos contratualizados contingentes não devam, de fato, ser precificados pelas proponentes *ex ante*, no momento da licitação.

Assim como ocorre na maioria dos casos em que há investimentos contratualizados contingentes não precificados na origem (precificação *ex post*), no caso específico da construção da nova subida da serra em Petrópolis seria bastante difícil, e certamente muito impreciso, precificar obra de tamanha complexidade ambiental e de engenharia, cuja execução estava estimada para ocorrer anos depois da celebração do contrato de concessão, quando as próprias tecnologias construtivas e regras ambientais seriam certamente outras. Nesse contexto, que leva em consideração as dificuldades reais de execução do projeto, nada mais adequado, do ponto de vista tanto econômico quanto jurídico, que deixar a precificação desses investimentos contratualizados contingentes para o momento da sua efetiva implantação (*ex post*).

Nesse sentido, merecem destaque os contratos de concessão rodoviária estruturados pelo estado de São Paulo a partir de 2016 (4ª rodada) que, ao preverem a implantação do mecanismo de *free flow*[25] como investimento contratualizado contingente, deixaram claro que sua precificação se daria *ex post*, se e quando o concedente escolher exigir essa obrigação da concessionária.[26] Outros exemplos, já mencionados para ilustrar o gatilho de decisão

[25] O *free flow* (ou Rodovia de Pedágio Aberto) é uma tecnologia de cobrança da tarifa de pedágio sem barreiras por pórticos instalados nas rodovias, ou seja, sem a necessidade de praças de pedágio. Além de imprimir mais ritmo ao tráfego de veículos, a ideia do sistema é permitir a cobrança de pedágio em valor proporcional à distância efetivamente percorrida pelo usuário.

[26] *Vide* as seguintes cláusulas do contrato de concessão do lote Piracicaba-Panorama: "16.1. Constituem as principais obrigações da CONCESSIONÁRIA, sem prejuízo das demais obrigações expressas neste CONTRATO, podendo seu descumprimento acarretar a sujeição às penalidades cabíveis de acordo com o regramento estabelecido pelo ANEXO XI: [...] xlvii. Promover todas as atividades necessárias à implantação de sistema de arrecadação de TARIFAS DE PEDÁGIO na modalidade FREE FLOW, cujos investimentos serão tratados como EVENTO DE DESEQUILÍBRIO nas REVISÕES ORDINÁRIAS, nos termos deste CONTRATO e observado o regramento estabelecido pelo ANEXO 4;". "19.2. O PODER CONCEDENTE, sem prejuízo das demais disposições deste CONTRATO, assume os seguintes riscos relacionados à CONCESSÃO: [...] xiv. Investimentos e impactos positivos ou negativos decorrentes da implantação de sistema de arrecadação de TARIFAS DE PEDÁGIO na modalidade FREE FLOW, ou outro que venha a existir" (SÃO PAULO [Estado]. Agência de Transporte do Estado de São Paulo. *Lote Piracicaba-Panorama*. São Paulo. Disponível em:

discricionária do concedente, são a expansão da concessão metroviária do estado do Rio de Janeiro, que previu que o prolongamento das linhas se daria quando houvesse interesse do estado e disponibilidade de recursos para tanto,[27] e o caso da concessão das Linhas 8 e 9 da CPTM em São Paulo, para a construção, readequação e posterior operação da Estação Água Branca, bem como para a construção de até três passarelas e transposições de acesso ao longo das linhas.[28]

Vale notar, ainda, o ineditismo da solução adotada no contrato de Parcerias Público-Privadas (PPP) do metrô do Estado da Bahia, que previu que a concessionária seria responsável pela operação das futuras expansões das linhas[29] como investimento contratualizado contingente precificado *ex post*. Porém, a implantação dessas extensões poderia ou não ser executada pela concessionária, a critério do concedente.[30] Naquele caso, a Unidade de PPP da Bahia conduziu uma análise de riscos/probabilidades usando simulação de Monte Carlo,[31] considerando financiamento da Caixa Econômica já aprovado,

http://www.artesp.sp.gov.br/Style%20Library/extranet/novas-paginas/CustomPage.aspx?page=54. Acesso em: 10 out. 2020).

[27] *Vide* nota de rodapé n. 16.

[28] *Vide* nota de rodapé n. 15.

[29] "Cláusula 4ª – DO OBJETO E DAS OBRIGAÇÕES ACESSÓRIAS [...] 4.1.7. A participação da CONCESSIONÁRIA na OPERAÇÃO do TRAMO 3 DA LINHA 1 e do TRAMO 2 DA LINHA 2 do SMSL é obrigatória, ficando condicionada apenas à aprovação dos estudos e da proposta mencionados nas subcláusulas 4.1.4 e 4.1.5. pelo CONCEDENTE, bem como ao prévio reequilíbrio econômico-financeiro da CONCESSÃO, nos termos da Cláusula 26" (BAHIA. Governo do Estado da Bahia. Secretaria de Desenvolvimento Urbano. *Contrato n. 01/2013. Contrato de Concessão Patrocinada para Implantação e Operação do Sistema Metroviário de Salvador e Lauro de Freitas.* Tomo 1/3. Disponível em: https://www.sefaz.ba.gov.br/administracao/ppp/projetos/metro_salvador_lauro/Contrato_do_Metro_n_01_2013_TOMO_01.pdf. Acesso em: 19 maio 2019).

[30] "Cláusula 4.7.1.1. A IMPLANTAÇÃO do TRAMO 3 DA LINHA 1 e do TRAMO 2 DA LINHA 2 do SMSL, se aprovados os estudos, poderá ser realizada pela CONCESSIONÁRIA, mediante reequilíbrio econômico-financeiro da CONCESSÃO ou por terceiros, a critério do CONCEDENTE, mediante contratação de obra pública, nos termos da Lei Estadual 9.433/05" (Ibidem).

[31] "A simulação de Monte Carlo, por outro lado, é uma poderosa ferramenta computacional que permite considerar uma quantidade muito maior de alternativas possíveis com o objetivo de fornecer uma distribuição probabilística dos resultados do projeto. [...] A simulação de Monte Carlo requer que se crie um modelo matemático dos fluxos de caixa e do VPL do projeto, o que geralmente é feito em uma planilha eletrônica. A seguir, identificam-se quais as fontes de incertezas mais relevantes do projeto e define-se a distribuição de probabilidade

e concluiu que licitar as obras de expansão por meio do Regime Diferenciado de Contratação (RDC) traria uma competição maior e probabilidade de redução do valor da obra de referência na ordem de 20%.[32] Na licitação de RDC, a redução no valor estimado das obras chegou a 29%.[33] Então, nesse caso, o estado da Bahia não demandou o investimento nas obras de expansão, mas exigiu o investimento contratualizado contingente para operação das linhas, precificado *ex post.*

Observa-se que essa opção de precificar investimentos contratualizados contingentes *ex post* é a que, a princípio, faz mais sentido da perspectiva econômica, na medida em que o concedente e, principalmente, os usuários apenas pagam pelo investimento *se* e *quando* ele for demandado, enquanto, no caso dos investimentos contratualizados contingentes precificados na origem (*ex ante*), a concessionária precisa considerar na licitação a remuneração para amortização do futuro investimento, ainda que não saiba se e quando ele ocorrerá.

Ou seja, da perspectiva econômica, o empreendimento modelado com investimentos contratualizados contingentes precificados *ex ante* é necessariamente mais caro por ter que considerar, na partida, investimentos sobre os quais não se tem certeza de se e quando ocorrerão. Além disso, usuários e concedente acabam pagando pelo investimento independentemente da sua efetiva realização e seus decorrentes benefícios, quando, ao menos em tese, seria mais justo que isso não ocorresse. Por outro lado, a precificação *ex post* evita o exercício, pelo concedente e concessionária, de difícil futurologia

mais apropriada para modelar cada uma delas. Os tipos de distribuição e os seus parâmetros podem ser obtidos através de séries históricas ou estimativas de analistas do setor. A cada iteração da simulação é gerada uma amostra aleatória de cada uma das variáveis a partir das distribuições especificadas, que são então usadas como entrada de dados para a determinação dos resultados do projeto, como VPL, TIR, TIRM, etc. Após a realização de milhares de iterações, obtêm-se também milhares de resultados que podem ser agrupados em uma distribuição de probabilidade. Caso exista alguma correlação entre as variáveis do projeto, ela pode também ser especificada dentro do modelo. De posse destas distribuições de resultados, é possível determinar qual a probabilidade de o projeto apresentar resultados negativos, de exceder um determinado valor, etc." (NASCIMENTO, Carlos Alexandre; CASTILHO, Rafael [coord.]. *Guia prático para estruturação de programas e projetos de PPP.* Implementadores: LSE Enterprise, Fundação Escola de Sociologia e Política de São Paulo e Radar PPP. São Paulo: 2014, p. 124-125).

[32] A análise em si não foi objeto de avaliação para esta obra.

[33] Agradeço ao Rogério Princhak por compartilhar os detalhes do caso.

na orçamentação desses investimentos, contribuindo para equalização das propostas no leilão.

Já da ótica do investidor (*sponsor*) do projeto, a modelagem de investimentos contratualizados contingentes precificados *ex post* é geralmente vista com reserva em função das incertezas associadas ao processo de reequilíbrio contratual para inserção desses investimentos e aos impactos da alteração contratual na financiabilidade do projeto. São preocupações que, embora pertinentes, podem, ao menos em tese, ser bem mitigadas na regulação contratual, especialmente no sentido de reduzir a discricionariedade do concedente para inclusão de novos investimentos (prestigiando, portanto, os investimentos contratualizados contingentes) e assegurar que o procedimento de recomposição do equilíbrio contratual atente-se para as condições de manutenção da saúde financeira da concessionária. Além disso, evidentemente, é mais interessante para o investidor obter, desde o princípio do projeto, receita que remunera investimento futuro, o que não necessariamente é o arranjo mais adequado da perspectiva do concedente e/ou do usuário.

Contudo, quando a questão é analisada da perspectiva jurídica, verifica-se preferência pela modelagem que contemple na largada a precificação dos investimentos contratualizados contingentes, em vez de deixar a discussão sobre a remuneração desses investimentos para o procedimento de reequilíbrio (*ex post*), quando verificada a condição ensejadora do investimento contingente. Por quê?

Na prática, isso ocorre por duas razões centrais. A primeira é para evitar discussões sobre os limites à mutabilidade contratual para inclusão ulterior dos investimentos, que surgem no momento de reequilibrar o contrato. Conceitualmente, como já explicado, essa discussão é impertinente no caso dos investimentos contratualizados contingentes, dado que já integram o objeto contratual, mas a análise da realidade demonstra que a discussão invariavelmente ocorre. A segunda razão é a dificuldade do governo de precificação *ex post* dos investimentos, tanto pela complexidade metodológica (se há ou não plano de negócios, quais *inputs* de preço utilizar no fluxo de caixa marginal, etc.)[34] quanto pelo constante receio de responsabilização pessoal dos agentes

[34] Esse tema será aprofundado no Capítulo 5.

públicos perante os órgãos de controle.[35] Ilustra isso a constante exigência, especialmente dos órgãos de controle, de que os investimentos contingentes estejam previamente detalhados em projetos de engenharia, o que é, evidentemente, incompatível com a lógica de precificação *ex post*.

Não obstante essa realidade na qual investimentos contratualizados contingentes são em regra precificados na origem (*ex ante*), é importante frisar que não há óbice jurídico à precificação de investimentos contratualizados contingentes durante a execução contratual (*ex post*), quando se verificarem exigíveis pelo advento do gatilho aplicável. Supor que isso implicaria algum tipo de violação às regras que regem as contratações públicas, como a exigência de prévia licitação, é ignorar a realidade complexa de estruturação e contratação de projetos de longo prazo. Aliás, não precificar investimentos contingentes na licitação preserva amplamente a isonomia entre participantes: todos sabem que terão que executar determinados investimentos no horizonte contratual e que essas obrigações serão precificadas de acordo com as condições econômicas e de mercado à época de sua implantação.

O principal problema que remanesce é a dificuldade de precificação em geral de investimentos pelo Poder Público, que, ao referenciar custos com base em tabelas oficiais de preços, não avalia fielmente todos os riscos assumidos

[35] Nesse sentido, é paradigmático o caso da Nova Subida da Serra, já tratado nesta obra. Também merece destaque a crítica do TCU à metodologia do fluxo de caixa marginal para reequilíbrio contratual nas rodovias federais em decorrência de novos encargos surgidos com a Lei dos Caminhoneiros: "9.3. recomendar à Seinfra Rodovias que instaure um ou mais processos de representação com vistas a apurar os indícios de irregularidades referentes ao reajuste da tarifa de pedágio em decorrência dos efeitos do art. 16 da Lei 13.103/2015 e, caso sejam confirmados esses indícios, a identificar os responsáveis pelo erro de cálculo no reajuste ora analisado e também pela edição da Resolução-ANTT 4.339/2014 que causou efeitos desastrosos para o interesse público em diversas concessões rodoviárias" (BRASIL. Tribunal de Contas da União. *Processo/Representação 012.831/2017-4. Acórdão 1.461/2018*. Representação com proposta de medida cautelar. Supostas irregularidades praticadas pela agência reguladora na revisão tarifária do contrato de concessão da Rodovia BR-101/ES/BA. [...]. Interessados: Agência Nacional de Transportes Terrestres e ECO 101 Concessionária de Rodovias S.A. Relator: Augusto Nardes. Data da sessão: 26.06.2018. Disponível em: https://pesquisa.apps.tcu.gov.br/#/documento/acordao-completo/1461%252F2018/%2520/DTRELEVANCIA%2520desc%252C%2520NUMACORDAOINT%2520desc/0/%2520?uuid=f110d460-fa6e-11ea914b-478010ad44a9. Acesso em: 12 out. 2020).
A Resolução n. 4.339/2014 alterou a Resolução n. 3.651/2011, que criou e regulou a metodologia do fluxo de caixa marginal.

contratualmente pela concessionária.[36] Na prática, esses riscos correspondem a alguns pontos a mais na taxa de retorno calculada pela concessionária, já na expectativa de que o governo não estimará adequadamente o valor do investimento.

### *1.2.4. Investimentos contratualizados contingentes precificados ex ante: o caso do "estoque de melhorias"*

Muito em decorrência das dificuldades mencionadas, verifica-se uma tendência em âmbito federal de que os investimentos contratualizados contingentes sejam precificados na origem (*ex ante*), no bojo de um mecanismo denominado "estoque de melhorias".

O "estoque de melhorias", mais comumente utilizado no setor rodoviário, representa um conjunto de intervenções antevistas em contrato – tais como passarelas para travessia de pedestres, interconexões (em diamante, trevo, trombeta, etc.), extensão de vias marginais, retornos, acessos, entre outros – que devem ser executadas pela concessionária quando o regulador ou concedente demandar, a seu critério, aquele investimento contratualizado contingente em quantidade e por valores previamente definidos contratualmente. Seria possível pensar o estoque de melhoria também como uma categoria de investimentos contingentes contratualizados (em vez de intervenções específicas), por exemplo, investimentos para remediação de conflitos urbanos, preocupação constante nos projetos de ferrovias. Nesse caso, o estoque seria definido em função da destinação dos investimentos e não da natureza da intervenção.

No âmbito federal, o mecanismo já existia nas concessões rodoviárias da 3ª etapa do Programa de Concessão de Rodovias Federais – Procofe (embora não com esse nome)[37] leiloadas entre 2013 e 2014, com precificação *ex post* das intervenções previstas no estoque. Nesses contratos, a regra era reequilibrar por fluxo de caixa marginal sempre que houvesse decisão pela execução da melhoria prevista no estoque. A partir da concessão das Rodovias de Integração do Sul (RIS), em 2018, o mecanismo foi alterado para prever, desde a

[36] Esse tema será aprofundado no tópico 5.1.2.

[37] Ver, para as concessões dessa etapa, o item 3.2.3.3 dos respectivos Programas de Exploração Rodoviária (PER), que descreve as intervenções e os quantitativos exigíveis.

licitação, o valor a ser recebido pela concessionária quando fosse demandada, pelo concedente, para executar o investimento de melhoria (precificação *ex ante*). No novo formato, o "estoque de melhorias" é tido como um mecanismo "automático" de reequilíbrio por inclusão de novos investimentos.[38]

A particularidade do mecanismo de "estoque de melhorias" é que, embora precificado na origem (*ex ante*), ele apenas onera o usuário na medida em que é efetivamente demandado da concessionária.[39] Isso implica maior segurança regulatória sobre a dimensão tanto de investimentos contratualizados contingentes que podem ser demandados da concessionária quanto das respectivas precificações, e maior justiça tarifária, uma vez que o usuário só paga quando se beneficia do investimento.

Contudo, o mecanismo em questão continua sem equacionar os problemas associados à dificuldade de precificação prévia das intervenções, o que acaba por tratá-las como se fossem *commodities*. Isto é, obras de faixa adicional ou vias marginais são intervenções cujo valor pode variar muito a depender das condições topográficas e geológicas do local de implantação, por exemplo, se houver presença de solo mole ou rochoso. Essas particularidades acabam não capturadas quando todas essas intervenções são tratadas, da perspectiva financeira, como um mero percentual de acréscimo sobre a tarifa básica de pedágio. No caso da concessão da RIS, ficou claro o esforço de diferenciar, por exemplo, o custo de duplicação em um terreno ondulado e montanhoso conforme o trecho da rodovia.[40] Não obstante, parece necessário aprofundar

[38] Sobre isso, ver tópico 5.3.

[39] Conforme explica a ANTT: "Tendo em vista a preocupação de não onerar, desde a partida, o valor da tarifa teto do projeto com obras de estoque, propomos a instituição de novo modelo de estoque de melhorias, que somente terá impacto na tarifa quando e se for constatada sua necessidade ao longo do contrato de concessão. Trata-se de modelo de estoque não precificado no fluxo de caixa original do projeto, mas que poderá ser acionado pela Agência com base em valores parametrizados, de conhecimento prévio das licitantes, limitando a utilização do FCM" (BRASIL. Agência Nacional de Exploração de Infraestrutura Rodoviária. *Nota Técnica n. 01/2018/COOUT/Suinf. Processo: 50500.352371/2017-68*. Interessado: Suinf. Data: 11.04.2018. p. 8-9. Disponível em: https://antt-hml.antt.gov.br/documents/359170/811889/Nota+T%C3%A9cnica+n%C2%BA+01-2018.pdf/e34d009b-18fa-85d5-b652-8324e67d015b?t=1592954389330. Acesso em: 23 maio 2021).

[40] *Vide* Tabela II do Anexo 5 ao Contrato de Concessão da Rodovia Federal BR-101/290/386/448/ RS, no trecho da BR-101/RS, entre a divisa SC/RS até o entroncamento com a BR-290 (Osório); da BR-290/RS, no entroncamento com a BR-101(A) (Osório) até o

ainda mais essas distinções a partir das características específicas da via, de modo a evitar o tratamento "comoditizado" da melhoria, remanescendo, também, os riscos associados à futurologia da precificação de intervenção, que poderá ser demandada somente muitos anos após esse exercício.

Isso é importante na medida em que, na licitação, o interessado no projeto acabará precificando *ex ante* a intervenção de forma conservadora – considerando potenciais custos adicionais não capturados pelos percentuais de acréscimo na tarifa definidos no edital –, como forma de se resguardar de prováveis distorções entre o preço da intervenção estipulado no edital e o efetivamente dispendido quando da sua execução, o que tem o condão de neutralizar os efeitos benéficos sobre o usuário originalmente pretendidos com o mecanismo do "estoque de melhorias".

Não obstante essas considerações, o "estoque de melhorias" é instrumento interessante para tratar de investimentos contratualizados contingentes precificados na origem (*ex ante*) e repassados aos usuários apenas na medida em que forem demandados pelo concedente, especialmente porque reduz os custos de transação e incertezas associados ao reequilíbrio dos investimentos contratualizados contingentes precificados *ex post*. Desde que tratado o risco de "comoditização", o "estoque de melhorias" é mecanismo que pode ser amplamente utilizado em diversos setores, especialmente naqueles em que a demanda por investimentos é praticamente certa e razoavelmente mensurável e precificável. Essa discussão será retomada no tópico 7.2.

## 1.3. Investimentos não contratualizados: conceito de novos investimentos

Diante de todo o exposto, pode-se definir novos investimentos como aqueles não contratualizados. São os investimentos não previstos no contrato de parceria – nem como obrigação de investimento, nem como obrigação de desempenho, nem como contingentes sujeitos a algum tipo de gatilho – à

km 98,1; da BR-386, no entroncamento com a BR-285/377(B) (para Passo Fundo) até o entroncamento com a BR-470/116 (A) (Canoas); e da BR-448, no entroncamento com a BR-116/RS-118 até o entroncamento com a BR-290/116 (Porto Alegre) (BRASIL. Agência Nacional de Transportes Terrestres. *Rodovia de Integração do Sul – RIS*. Brasília. Disponível em: https://antt-hml.antt.gov.br/edital-de-concessao-01-2018. Acesso em: 24 maio 2021).

época da licitação e que surgem de alguma necessidade pública superveniente, concreta e determinada.

Vale lembrar que a inserção de novos investimentos não deve ser encarada como circunstância de exceção, e sim com naturalidade, em decorrência da inescapável incompletude dos contratos de longo prazo, como são os de parceria. O fato de o contrato não prever de início todos os investimentos que porventura sejam necessários para execução a contento do objeto da parceria não significa que não seja capaz de regular essas circunstâncias adequadamente.

Tanto é assim que a própria Lei Federal n. 8.987/1995, em seu art. 18, VII, determinou como conteúdo dos contratos "os direitos e obrigações do poder concedente e da concessionária em relação a alterações e expansões a serem realizadas no futuro, para garantir a continuidade da prestação do serviço".[41] Aliás, como será explorado no Capítulo 7, a modelagem contratual é excelente oportunidade de regrar e estabelecer os contornos para inclusão de novos investimentos em contratos de parceria.

Adiante, propõe-se sistemática para classificar as hipóteses de inclusão de novos investimentos nos contratos de parceria. A ideia é desenvolver, a partir desse enquadramento, tratamento jurídico que possibilite definir mais objetivamente os contornos à mutabilidade contratual em cada caso, desenvolvida no Capítulo 4.

[41] BRASIL. *Lei n. 8.987, de 13 de fevereiro de 1995*. Dispõe sobre o regime de concessão e permissão da prestação de serviços públicos previsto no art. 175 da Constituição Federal, e dá outras providências. Brasília, DF: Presidência da República, [1995]. Disponível em: https://www.planalto.gov.br/ccivil_03/LEIS/L8987cons.htm. Acesso em: 19 set. 2020.

# 2. CONTORNOS AOS LIMITES QUALITATIVOS PARA NOVOS INVESTIMENTOS: TIPOLOGIA PROPOSTA

Feitas as necessárias reflexões para circunscrever o objeto desta obra – novos investimentos em contratos de parceria –, este capítulo dedica-se a expor as bases das respostas às seguintes questões: como estabelecer os limites à mutabilidade contratual para inserção de novos investimentos? Se não houver nenhum contorno contratual para definir a legitimidade da inclusão de determinado investimento adicional, como definir a possibilidade jurídica do novo investimento?

As respostas a essas indagações têm duas dimensões: uma quantitativa – quais os limites quantitativos para inclusão de novos investimentos em contratos de parceria? – e outra qualitativa – quais os contornos qualitativos para a legítima inserção de investimentos adicionais nas parcerias? A dimensão quantitativa será discutida no Capítulo 3. A dimensão qualitativa é tratada neste e no Capítulo 4, que proporá, a partir da tipologia ora analisada, metodologia para definição dos limites à mutabilidade contratual para inclusão de novos investimentos.

Em síntese, a resposta à indagação sobre limites qualitativos dependerá da categoria na qual o novo investimento se enquadra, o que explica a relevância da discussão desenvolvida neste capítulo. Conforme as características do novo investimento, haverá um caminho específico para definir a sua pertinência, ou não, ao contrato de parceria.

A evidência anedótica extraída do dia a dia do universo das parcerias demonstra que são três as hipóteses mais comuns – e que abrangem, se não todos, a quase totalidade dos casos – de inclusão de novos investimentos em contratos de parcerias: (i) para atualização dos serviços, que requerem modernização; (ii) para execução de investimentos prementes, emergenciais ou necessários para prestação dos serviços; e (iii) para expansão da infraestrutura.

Dada a natureza eminentemente empírica dessa proposta classificatória, é possível (e até provável) que um mesmo novo investimento se enquadre em mais de uma categoria, por exemplo, tanto como atualização dos serviços quanto como expansão de infraestrutura. Isso não é um problema para a tipologia proposta, pois a ideia não é que essas categorias sejam necessariamente excludentes, mas sim que elas reflitam a realidade mais recorrentemente enfrentada pelo gestor público e pelas concessionárias no trato dos novos investimentos, de modo a contribuir com diretrizes objetivas para a tomada de decisão no caso concreto.

Adiante, será mais bem detalhada cada uma das categorias.

## 2.1. Novos investimentos para atualização dos serviços

Novos investimentos para atualização dos serviços são aqueles que dão concretude ao comando legal (e muitas vezes contratual) de preservação da atualidade dos serviços concedidos.[42] Geralmente, surgem em duas hipóteses: (i) ou são investimentos que, a rigor, deveriam ter sido previstos inicialmente à época da licitação do projeto como investimentos contratualizados contingentes e não o foram, sobretudo pela dificuldade que é modelar esse tipo de obrigação e precificá-la adequadamente; ou (ii) são investimentos decorrentes de inovações tecnológicas, naturalmente imprevisíveis, mas necessárias para

[42] "A atualidade compreende a modernidade das técnicas, do equipamento e das instalações e a sua conservação, bem como a melhoria e expansão do serviço" (BRASIL. *Lei n. 8.987, de 13 de fevereiro de 1995.* Dispõe sobre o regime de concessão e permissão da prestação de serviços públicos previsto no art. 175 da Constituição Federal, e dá outras providências. Brasília, DF: Presidência da República, [1995], art. 6º, § 2º. Disponível em: https://www.planalto.gov.br/ccivil_03/LEIS/L8987cons.htm. Acesso em: 19 set. 2020).

agregar confiabilidade na operação e conforto aos usuários na prestação dos serviços.[43]

A primeira hipótese é bem ilustrada pelas concessões mais antigas, nas quais as obrigações de investimentos para modernização (de equipamentos, tecnologia e da própria infraestrutura) do empreendimento não constavam originalmente dos contratos. Isso é especialmente verdade no caso de projetos *brownfield*, em que a concessionária assumiu com o objetivo originário de apenas operar a infraestrutura e, com o passar do tempo, viu-se obrigada a realizar vultosos investimentos para manter a capacidade de atendimento da demanda dos usuários.

Exemplos desse fenômeno são as concessões federais de ferrovias e as concessões metroviária e ferroviária de transporte de passageiros do estado do Rio de Janeiro.[44] Licitados na década de 1990, esses contratos não previam originalmente nenhum investimento por parte das concessionárias, como o aumento do número de trens ou mesmo a substituição do material rodante obsoleto, construção ou readequação de estações, obras de segregação da via para evitar conflitos urbanos, entre outros. Com o passar do tempo, ficou claro que seriam necessários novos investimentos para modernização – manutenção da atualidade dos serviços –, como a aquisição de novos trens, a implantação de novos sistemas de sinalização e a readequação de estações.

[43] Na visão da doutrina "Atualidade relaciona-se com outro ângulo do conceito de eficiência. Dentro de certos limites, um serviço pode ser eficiente ainda que não seja moderno. Haverá um certo ponto de ruptura entre ausência de modernidade e eficiência. As necessidades dos usuários podem ser atendidas satisfatoriamente por meio de serviços prestados segundo técnicas ultrapassadas pela evolução científica. Mas a manutenção das técnicas anteriores, diante de contínuas inovações da ciência, tenderá a produzir ineficiência. O progresso tecnológico produz redução de custos e de tempo e ampliação de utilidades ofertáveis ao público. Mais ainda, de novas necessidades. Portanto, não adotar novas técnicas significa desatender às necessidades a ela relacionadas. Essa questão fica muito clara a propósito da transmissão de dados à distância" (JUSTEN FILHO, Marçal. *Teoria geral das concessões de serviço público*. São Paulo: Dialética, 2003, p. 306).

[44] É preciso contextualizar que esses contratos foram celebrados em período de dificuldades fiscais e que buscavam a desoneração do Governo Estadual dos seguidos *déficits* operacionais. Por isso, a urgência era a transferência da operação, mediante pagamento da maior outorga possível, a ser usada para pagar dívidas do estado.

Ilustra o caso a renovação antecipada da Malha Paulista, cujo aditivo, celebrado em 27 de maio de 2020,[45] prevê, entre outros, a inclusão de novos investimentos na ferrovia, como a modernização da via permanente da linha tronco e dos ramais, consistentes em intervenções na infraestrutura e superestrutura para suportar carga ferroviária de 32,5 ton/eixo,[46] que são típicos investimentos da categoria atualização dos serviços.

Interessante notar que novos investimentos para manutenção da atualidade dos serviços têm sido incluídos por meio de aditivos aos contratos de parceria, muitas vezes sem essa alcunha, isto é, sem nenhuma referência que sugira tratar-se de novos investimentos.[47] Dada a essencialidade e inerência desses investimentos ao empreendimento, esse fenômeno não causa estranheza: os investimentos são tratados como se contratualizados fossem. Porém, rigorosamente, está-se diante de novos investimentos e, portanto, de alteração contratual, que, ao menos em tese, deveria ser objeto de reflexão acerca da sua pertinência e amplitude qualitativa (mas não quantitativa já que, conforme explicado no Capítulo 3, esses limites não deveriam ser aplicáveis aos contratos de parceria). Essa discussão será retomada no tópico 4.2.

Já como exemplo da hipótese de novos investimentos para atualização dos serviços que têm como escopo a inclusão de inovações tecnológicas, vale mencionar o setor de telecomunicações, que sofreu (e vem sofrendo) profundas alterações em decorrência de novas tecnologias. As principais concessões no setor de telecomunicações – as de Serviço Telefônico Fixo Comutado (STFC) – já perderam grande parte de sua relevância hoje. Não à toa, já em 2008 o Governo Federal editou o Decreto n. 6.424, que promoveu a substituição da obrigação das concessionárias de instalação de Posto de Serviços de Telecomunicações (PSTs) urbanos pela obrigação de construção do chamado

[45] BRASIL. Agência Nacional de Transportes Terrestres. *2º Termo Aditivo ao Contrato de Concessão da Rumo Malha Paulista S/A. – RMP, de 30 de dezembro de 1998.* Disponível em: https://portal.antt.gov.br/rumo-malha-paulista-sa. Brasília, [27.05.2020]. Acesso em: 12 set. 2020.

[46] BRASIL. Agência Nacional de Transportes Terrestres. *2º Termo Aditivo ao Contrato de Concessão da Rumo Malha Paulista S/A. – RMP, de 27 de maio de 2020.* Anexo 1: Caderno de Obrigações. Brasília. Disponível em: https://portal.antt.gov.br/rumo-malha-paulista-sa. Acesso em: 12 set. 2020.

[47] Esses investimentos não devem ser confundidos com o dispêndio relevante e periódico em manutenção mais pesada, que ocorre em vários negócios.

*backhaul*.[48] Outro exemplo são os investimentos para adaptação das praças de pedágio em rodovias concedidas aos mecanismos de pagamento da tarifa por meio de *tags* eletrônicos.

### *2.1.1. O problema das obrigações genéricas de manutenção da atualidade*

Antes de avançar às demais categorias, porém, é preciso distinguir esses novos investimentos das obrigações genéricas de manutenção da atualidade dos serviços concedidos, conforme disposto no art. 6º, § 2º, da Lei Federal n. 8.987/1995,[49] sempre que não houver menção expressa à preservação do equilíbrio contratual.

É comum contratos preverem genericamente a obrigação das concessionárias de manterem a atualidade dos serviços, sem especificar, contudo, no que consiste essa exigência, nem esclarecer se é algo que deveria estar precificado na licitação ou se essas obrigações serão objeto de revisão do equilíbrio econômico-financeiro do contrato. Isso era recorrente nos contratos celebrados na década de 1990,[50] mas até os contratos mais modernos ainda insistem em uma linguagem abstrata, que não traduz obrigações claras para

48 Definido pelo Decreto n. 6.424/2008 como "a infraestrutura de rede de suporte do STFC para conexão em banda larga, interligando as redes de acesso ao *backbone* da operadora" (BRASIL. *Decreto n. 6.424, de 4 de abril de 2008*. Altera e acresce dispositivos ao Anexo do Decreto n. 4.769, de 27 de junho de 2003, que aprova o Plano Geral de Metas para a Universalização do Serviço Telefônico Fixo Comutado prestado no Regime Público – PGMU. Brasília, DF: Presidência da República, [2008]. Disponível em: http://www.planalto.gov.br/ccivil_03/_Ato2007-2010/2008/Decreto/D6424.htm. Acesso em: 19 set. 2020).

49 *Vide* nota de rodapé n. 42.

50 Por exemplo, o contrato de concessão de serviço público de transporte ferroviário de passageiros do estado do Rio de Janeiro, que prevê na cláusula quarta: "Os SERVIÇOS objeto da CONCESSÃO de que trata o CONTRATO ora aditado deverão ser prestados pela CONCESSIONÁRIA de forma a assegurar a sua boa qualidade e segurança, satisfazendo, durante toda a vigência da CONCESSÃO, as condições de regularidade, continuidade, eficiência, conforto, segurança, atualidade tecnológica, generalidade e cortesia na sua prestação e modicidade das tarifas" (RIO DE JANEIRO [Estado]. Agência Reguladora de Serviços Públicos Concedidos de Transportes Aquaviários, Ferroviários e Metroviários e de Rodovias do Estado do Rio de Janeiro. Contratos de Concessão. *8º Termo Aditivo ao Contrato de Concessão SuperVia, de 29 de novembro de 2010*. Disponível em: http://www2.agetransp.rj.gov.br/documents/10181/37991/8%C2%BA+Termo+Aditivo+ao+Contrato+de+Concess%C3%A3o+SuperVia+de+29+de+novembro+de+2010.pdf/598ed347-0823-4a7d-92cc-8eb7e72a4b71. Acesso em: 22 maio 2021).

a concessionária. A título ilustrativo, veja-se a redação utilizada no contrato de concessão das rodovias do Centro-Oeste Paulista:

> 15.1 A CONCESSIONÁRIA deverá observar a atualidade na execução das obras e serviços objeto deste CONTRATO, caracterizada pela modernidade dos equipamentos, das instalações e das técnicas da prestação dos serviços de operação e manutenção do SISTEMA RODOVIÁRIO, com a absorção dos avanços tecnológicos advindos ao longo do PRAZO DA CONCESSÃO, inclusive no que se refere à sustentabilidade ambiental, que agreguem valor e representem benefícios e qualidade aos serviços concedidos, elevando o nível dos serviços oferecidos aos USUÁRIOS.[51]

O que significa "modernidade dos equipamentos das instalações e das técnicas da prestação dos serviços"? Cláusulas com esse tipo de linguagem esclarecem nada ou muito pouco acerca das reais obrigações da concessionária relativas à manutenção da atualidade dos serviços. Pior, têm o condão de gerar incentivos perversos e atrair licitantes que vislumbrem nessa linguagem fluida espaço para questionar obrigações. Isso porque, diante de cláusulas com conceitos indeterminados, que não proporcionam o nivelamento da informação quanto ao conteúdo das obrigações que serão exigidas, há ampla margem para qualquer interessado interpretar a obrigação de modo a lhe atribuir o mínimo de substância, questionando, portanto, qualquer interpretação do concedente ou do regulador que, diferentemente da dele, atribua conteúdo completo à obrigação.

Interessante observar que o mesmo contrato citado anteriormente prevê, na sequência, que, para "verificação da atualidade dos serviços prestados, a ARTESP levará em consideração o atendimento satisfatório pela CONCESSIONÁRIA dos INDICADORES DE DESEMPENHO estabelecidos pelo ANEXO III e suas eventuais revisões".[52] Isso sugere que, apesar da amplitude

[51] SÃO PAULO (Estado). Agência de Transporte do Estado de São Paulo. *Contrato Artesp n. 0352/Artesp/2017. Contrato de Concessão. Concorrência Internacional n. 03/2016*. São Paulo, [06.06.2017]. Disponível em: https://www.parcerias.sp.gov.br/Parcerias/Documento/Download?codigo=26369. Acesso em: 19 maio 2019.

[52] Ibidem, cláusula 15.1.2.

conferida ao conceito de atualidade dos serviços na dimensão teórica, na dimensão prática as obrigações de manutenção da atualidade cingem-se à observância dos indicadores de desempenho contratual, o que proporciona contornos mais objetivos à obrigação. Vale destacar que, em concessões subsequentes, a Agência Reguladora de Serviços Públicos Delegados de Transporte do Estado de São Paulo (Artesp) aprimorou a linguagem dessa cláusula para esclarecer melhor o sentido de manutenção da atualidade e conferir maior tangibilidade ao conceito.[53] Até o presente momento, é o que há de mais detalhado e completo sobre o tema no âmbito da modelagem contratual.

Da perspectiva teórica, exceto se houver regulamentação própria para o tema,[54] exigir a "manutenção da atualidade" (i) sem determinar de que forma e mediante execução específica de quais obrigações ou atingimento de quais parâmetros de desempenho e (ii) sem prever que essas obrigações serão objeto de recomposição do equilíbrio contratual, tem, na prática, o efeito de atribuir o conteúdo dessa obrigação ao total arbítrio do concedente, o que faz da cláusula nula.[55] Nesses termos genéricos e que não asseguram

[53] Na concessão do lote Piracicaba-Panorama, a mesma cláusula 15.1 teve a seguinte redação: "A CONCESSIONÁRIA deverá observar a atualidade tecnológica na execução das obras e serviços objeto deste CONTRATO, assim caracterizada pela preservação da modernidade e atualização dos equipamentos, das instalações e, observado o disposto na subcláusula 15.14, também das técnicas da prestação dos serviços de operação e manutenção do SISTEMA RODOVIÁRIO, desde que a atualidade tecnológica seja necessária diante da (i) obsolescência dos bens da CONCESSÃO previstos na Cláusula Décima Segunda ou (ii) necessidade de cumprimento dos INDICADORES DE DESEMPENHO e demais exigências estabelecidas no CONTRATO e ANEXOS" (SÃO PAULO [Estado]. Agência de Transporte do Estado de São Paulo. *Lote Piracicaba-Panorama*. São Paulo. Disponível em: http://www.artesp.sp.gov.br/Style%20Library/extranet/novas-paginas/CustomPage.aspx?page=54. Acesso em: 10 out. 2020). Como se vê, houve esforço no sentido de conferir mais concretude ao conceito de atualidade, focando no aspecto tecnológico e especificando que compreende obsolescência e atingimento dos indicadores de desempenho.

[54] A regulamentação, nesse caso, teria que trazer regras capazes de conferir contornos claros e precificáveis às obrigações de atualidade dos serviços, o que, reconhece-se, é incomum na prática regulatória, que tende a conferir à regulamentação um caráter eminentemente procedimental e mais genérico, apto a incidir horizontalmente sobre os diversos contratos abarcados pela regulamentação.

[55] Nos termos do art. 122 do Código Civil: "São lícitas, em geral, todas as condições não contrárias à lei, à ordem pública ou aos bons costumes; entre as condições defesas se incluem as que privarem de todo efeito o negócio jurídico, ou o sujeitarem ao puro arbítrio de uma das partes" (BRASIL. [Código Civil (2002)]. *Lei n. 10.406, de 10 de janeiro de 2002*. Institui o Código

à concessionária o equilíbrio da equação econômico-financeira do contrato, a cláusula é puramente potestativa e, portanto, a obrigação não é oponível à concessionária.[56]

Por outro lado, quando o contrato de parceria ou regulamentação que o anteceda deixar claro em que consiste a obrigação de manter a atualidade dos serviços, conferindo diretrizes e especificações que permitam aos licitantes dimensionar as obrigações, então se estará diante de investimentos contratualizados contingentes para manutenção da atualidade dos serviços (que podem ter sido precificados *ex ante* ou *ex post*) e não diante de novos investimentos propriamente ditos.

Também investimentos contratualizados contingentes para expansão da infraestrutura (conforme descritos no tópico 1.2) podem se enquadrar como investimentos para "manutenção da atualidade",[57] o que, conforme explicado, deve ser encarado com naturalidade, dado que diversos novos investimentos podem ter natureza híbrida.

Por fim, apenas na ausência de previsão contratual ou na presença de previsão genérica e inespecífica, as exigências de manutenção da atualidade dos serviços serão, rigorosamente, novos investimentos.

## 2.2. Novos investimentos prementes ou emergenciais

A segunda categoria contempla os novos investimentos prementes ou emergenciais, necessários para prestação dos serviços. Essa categoria é provavelmente a mais abrangente das três, uma vez que abrange desde novos

Civil. Brasília, DF: Presidência da República, [2002]. Disponível em: http://www.planalto.gov.br/ccivil_03/leis/2002/l10406compilada.htm. Acesso em: 19 set. 2020).

[56] *Vide* nota de rodapé n. 18.

[57] Assim é o entendimento de Mauro Roberto Gomes de Mattos: "Nesse conceito (serviço adequado), também [inclui-se] a necessidade de modernização das técnicas, dos equipamentos e das instalações, bem como a melhoria e expansão do serviço (art. 6º, § 2º). A expansão do serviço em determinados casos é imperiosa, pois a atualidade e modernidade não permitem a estagnação do serviço, que com o passar do tempo tem que se adequar às necessidades dos usuários. É claro que a expansão não poderá desnaturar a concessão obtida através da concorrência pública, ou seja, ela não poderá revelar um serviço novo, que deveria ser submetido a nova licitação" (MATTOS, Mauro Roberto Gomes de. *O contrato administrativo*. 2. ed. São Paulo: América Jurídica, 2002, p. 219).

investimentos verdadeiramente urgentes até investimentos que são prementes porque essenciais à prestação contratual, mas que não foram incluídos no escopo original do contrato.

Como exemplo de novo investimento emergencial, vale mencionar o caso da PPP de Ampliação do Sistema Produtor Rio Manso, responsável pelo abastecimento de água da Região Metropolitana de Belo Horizonte, em Minas Gerais.[58] Em 2015, no auge da crise hídrica[59] e diante do risco de desabastecimento da região metropolitana de Belo Horizonte, concedente e concessionária celebraram aditivo ao contrato de PPP para a construção de nova adutora para captação de água no Rio Paraopeba, como alternativa hídrica.[60]

58 MINAS GERAIS. Governo do Estado de Minas Gerais. *Ampliação do Sistema Rio Manso.* 19.05.2014. Disponível em: www.ppp.mg.gov.br/component/content/article/114-as-ultimas--noticias/contratos-assinados/580-ampliacao-do-sistema-rio-manso. Acesso em: 13 jun. 2021.

59 A gravidade da situação hídrica foi institucionalmente registrada nas Portarias n. 13, 14, 15, todas de 2015, do Instituto Mineiro de Gestão das Águas (Igam). Conforme texto da Portaria n. 15: "Art. 1º. Fica declarada a situação crítica de escassez hídrica superficial na porção hidrográfica localizada a montante das coordenadas geográficas latitude 19°55'08"S e longitude 44°10'08"W, abrangendo o reservatório Vargem das Flores e sua bacia de contribuição, conforme mapa constante no Anexo Único desta Portaria. Art. 2º. A declaração de situação crítica de escassez hídrica na porção hidrográfica em questão justifica-se pelas seguintes características: Diminuição das precipitações observadas nos últimos biênios; I. Situações de conflito entre a demanda e a disponibilidade hídrica; II. Risco real de desabastecimento na Região Metropolitana de Belo Horizonte – RMBH, tendo em vista que a captação da água no reservatório Vargem das Flores se dá para fins de abastecimento público; III. Insuficiência de suprimento até o fim do período seco para abastecimento de água da população atendida pelo sistema Paraopeba, do qual o reservatório Vargem das Flores é integrante; IV. Dificuldade de regularizar a vazão residual para garantir a conservação do recurso hídrico para as porções a jusante; e, V. Necessidade de tomada de ações visando o atendimento ao disposto no artigo 9º da Deliberação Normativa CERH/MG n. 49/2015" (MINAS GERAIS. Instituto Mineiro de Gestão de Águas. *Portaria Igam n. 15, de 8 de abril de 2015.* Declara a situação crítica de escassez hídrica superficial na porção hidrográfica localizada no reservatório Vargem das Flores e sua bacia de contribuição. Minas Gerais, BH [2015]. Disponível em: https://cdn.agenciapeixevivo.org.br/files/images/arquivos/legislacaoambiental/minas/Portaria_IGAM_015_-_Situacao_Escassez_Vargem_das_Flores.pdf. Acesso em: 24 maio 2021).

60 Conforme notas explicativas às demonstrações financeiras da Companhia de Saneamento de Minas Gerais (Copasa): "Em 03 de junho de 2015, a Copasa e a Odebrecht Ambiental – Rio Manso S.A. assinaram termo aditivo ao referido contrato de PPP para a realização de obras destinadas à captação de água bruta do Rio Paraopeba para tratamento na ETA Rio Manso (Estação de Tratamento de Água), visando garantir a capacidade de produção de água destinada ao abastecimento da Região Metropolitana de Belo Horizonte" (MINAS GERAIS. Companhia de Saneamento de Minas Gerais. Notas Explicativas às Demonstrações

Já como exemplo de novo investimento premente, cita-se a PPP para construção e operação do Centro Administrativo do Distrito Federal, destinado a abrigar cerca de 15 mil servidores dos órgãos centrais da administração direta, fundacional, de empresas públicas e sociedades de economia mista do Governo do Distrito Federal.[61] O projeto, à época de sua licitação, não contemplou no escopo da concessionária a aquisição e instalação de mobiliário, o que seria, naturalmente, essencial para fruição do espaço pelos servidores. Como consequência, quando o empreendimento foi concluído, não pôde ser ocupado, especialmente pela ausência desse mobiliário para receber os servidores que se instalariam nos imóveis da PPP.[62] Cogitou-se, então, incluir tais mobiliários como novos investimentos – considerando, inclusive, que o período de não ocupação do centro implicava dispêndios com pagamentos de aluguéis pela Administração Pública relativos aos outros imóveis que alocavam os servidores –, o que acabou não concretizado.

A situação de urgência, nesses casos, manifesta-se pelos riscos, ao Poder Público e aos usuários, inerentes à demora na realização desses novos investimentos via nova licitação (quando viável tecnicamente). Isto é, há circunstâncias nas quais "*time is of the essence*"[63] e a não execução daquele investimento em determinado prazo pode gerar desde consequências desastrosas à população – como a supressão do abastecimento de água, no exemplo da nova adutora – até um custo irracional e desnecessário ao Poder Público – como no caso do centro administrativo, hipótese em que a não ocupação do local pelo concedente significaria continuado dispêndio com aluguéis para manutenção

Financeiras – Exercícios findos em 31 de dezembro. *Diário Oficial do Estado de Minas Gerais*, 11.03.2016, p. 64. Disponível em: https://www.jusbrasil.com.br/diarios/111242021/doemg-executivo-11-03-2016-pg-64. Acesso em: 13 maio 2021).

[61] BRASÍLIA. Secretaria de Economia do Distrito Federal. Centro Administrativo. Disponível em: http://www.fazenda.df.gov.br/area.cfm?id_area=1319. Acesso em: 19 maio 2019.

[62] Sobre a falta de mobiliário urbano no projeto, ver item 11.6.2. do Relatório de Auditoria Especial 01/2017 – DINPC/Coapp/Cogei/SUBCI/CGDF (DISTRITO FEDERAL. *Relatório de Auditoria Especial 01/2017 – DINCP/Coapp/Cogei/SUBCI/CGDF*. Controladoria-Geral do Distrito Federal. Brasília, [2017]. Disponível em: http://www.cg.df.gov.br/wp-conteudo/uploads/2018/02/65.pdf. Acesso em: 19 maio 2019).

[63] A expressão em inglês significa "o tempo é essencial" e é recorrente no direito contratual inglês para designar a necessidade de urgência em determinada atividade ou comportamento, sob pena de resultar em dano às partes.

de seus servidores em outros imóveis até que nova licitação para aquisição de mobiliário fosse realizada.

Reconhece-se, não obstante, que o conceito de emergencial tem carga subjetiva, pois leva em conta questões fáticas e circunstanciais que dificultam a conceituação de caráter geral.[64] Especialmente, é preciso distinguir emergências em que não é possível responsabilizar alguém das "emergências criadas", nas quais é viável identificar a conduta, geralmente omissiva, de algum agente por trás da criação da emergência. Nesse último caso, a narrativa emergencial para inclusão de novos investimentos pode até ser usada para viabilizar alteração contratual em determinadas circunstâncias, mas ensejaria apuração de responsabilidade.[65]

[64] Conforme reconhecido pela Procuradoria-Geral do Estado do Rio de Janeiro ao tratar da contratação emergencial e dispensa de licitação: "1. A emergência, a ensejar dispensa de licitação, é um conceito jurídico indeterminado a ser valorado pelo administrador diante das especificidades do caso concreto, observados, em especial, os princípios da razoabilidade, moralidade e eficiência. 2. A emergência decorrente da falta de planejamento, incúria ou desídia do agente público não exclui a incidência do art. 24, inciso IV, da Lei n.º 8.666/93, mas deve ser objeto de rigorosa apuração com vistas à identificação dos responsáveis e aplicação das sanções cabíveis. 3. A contratação direta (art. 24, inciso IV, da Lei n.º 8.666/93) deve ser efetivada somente para a aquisição de bens e serviços estritamente necessários ao saneamento da situação emergencial, cabendo à autoridade administrativa iniciar imediatamente o procedimento licitatório, adotando as providências necessárias à regularização da contratação. 4. O prazo do contrato emergencial deve ser dimensionado considerando apenas o tempo necessário para sanar a situação de urgência, limitado este a 180 (cento e oitenta) dias. 5. Se a situação emergencial persistir ao final do contrato e ante a vedação da prorrogação, a solução é a formalização de nova contratação com base no art. 24, inciso IV, da Lei n.º 8.666/93, desde que, justificadamente, não seja possível realizar uma licitação durante o período ou adotar as providências necessárias à regularização da contratação" (RIO DE JANEIRO [Estado]. Procuradoria-Geral do Estado do Rio de Janeiro. Enunciados. Enunciado n. 20. *Diário Oficial do Estado do Rio de Janeiro*, 07.05.2009, p. 21. Disponível em: https://pge.rj.gov.br/entendimentos/enunciados. Acesso em: 20 out. 2020).

[65] Em um paralelo com as contratações emergenciais com dispensa de licitação (art. 24, IV, da Lei Federal n. 8.666/1993), esse também é o entendimento mais atual do TCU: "Recursos de reconsideração em processo de prestação de contas. Questões relacionadas a licitações e contratos. Dispensas fundamentadas em situação de emergência. Provimento parcial ao recurso apresentado pelo administrador. Não provimento do recurso apresentado pela empresa. 1. A situação prevista no art. 24, VI, da Lei nº 8.666/93 não distingue a emergência real, resultante do imprevisível, daquela resultante da incúria ou inércia administrativa, sendo cabível, em ambas as hipóteses, a contratação direta, desde que devidamente caracterizada a urgência de atendimento a situação que possa ocasionar prejuízo ou comprometer a segurança de pessoas, obras, serviços, equipamentos e outros bens, públicos ou particulares. 2. A incúria ou

A recorrência de novos investimentos em caráter emergencial levou, inclusive, alguns setores a regulamentarem a questão. Por exemplo, no setor portuário, ao regrar a realização de investimentos não contratualizados, o Decreto Federal n. 8.033/2013, especialmente com as alterações promovidas pelo Decreto Federal n. 9.048/2017, previu uma espécie de "procedimento expedito" para execução de novos investimentos considerados emergenciais pela concessionária ou arrendatária, permitindo a autorização para realização desses investimentos, pelo concedente, antes da manifestação da Agência Nacional de Transportes Aquaviários (Antaq), desde que preenchidas determinadas condições.[66]

inércia administrativa caracteriza-se em relação ao comportamento individual de determinado agente público, não sendo possível falar-se da existência de tais situações de forma genérica, sem individualização de culpas" (BRASIL. Tribunal de Contas da União. *Processo/Prestação de Contas 008.403/1996-6. Acórdão 1.876/2007.* Recursos de reconsideração em processo de prestação de contas. Questões relacionadas a licitações e contratos. Dispensas fundamentadas em situação de emergência. [...]. Interessado: Renato Basco Visco e Benco Alta Tecnologia em Construções Ltda. Relator: Aroldo Cedraz. Data da sessão: 12.09.2007. Disponível em: https://pesquisa.apps.tcu.gov.br/#/documento/acordao-completo/1876%252F2007/%2520/DTRELEVANCIA%2520desc%252C%2520NUMACORDAOINT%2520desc/0/%2520?uuid=f110d460-fa6e-11ea-914b-478010ad44a9. Acesso em: 19 set. 2020).

66 Decreto n. 8.033, de 27 de junho de 2013: "Art. 42. A realização de investimentos não previstos nos contratos deverá ser precedida: I – de comunicação à Antaq, no caso das instalações portuárias autorizadas; e II – de aprovação do poder concedente, precedida de análise da Antaq, no caso das concessões e dos arrendamentos. § 1º O poder concedente poderá, mediante requerimento do interessado, autorizar a realização de investimentos imediatos e urgentes previamente à análise que compete à Antaq nas hipóteses de: I – investimento necessário para o cumprimento de exigências de órgãos ou entidades integrantes da administração pública com competência para intervir nas operações portuárias; II – investimento necessário para restaurar a operacionalidade da instalação portuária em razão de fato superveniente que impeça ou dificulte a oferta de serviços portuários; ou III – investimento para fins de aumento da eficiência operacional ou ampliação de capacidade da instalação portuária quando a medida for comprovadamente urgente para o atendimento adequado aos usuários. § 2º Na hipótese de que trata o inciso III do § 1º, o requerimento de autorização de investimento em caráter de urgência deverá ser acompanhado por: I – manifestação favorável da autoridade portuária quanto à urgência da realização imediata do investimento proposto; e II – plano de investimento. § 3º Nas hipóteses de que tratam os incisos I e II do § 1º, o interessado deverá apresentar o plano de investimento no prazo a ser estabelecido pelo poder concedente. § 4º Previamente à autorização para realizar investimento em caráter de urgência, o poder concedente deverá: I – avaliar se o pedido está enquadrado em uma das hipóteses previstas no § 1º; e II – aprovar, se for o caso, o plano de investimento apresentado pelo interessado. § 5º O interessado poderá, a seu critério, requerer que o seu plano de investimento só seja apreciado

Em resumo, o detalhamento das regras sobre o tema reforça a percepção de que situações de necessidade premente representam hipótese recorrente para inclusão de novos investimentos em contratos de parceria.

## 2.3. Novos investimentos para expansão de infraestrutura

Por fim, a última categoria engloba os novos investimentos para expansão da infraestrutura em parcerias. Em reforço: é preciso não confundir esta categoria com as expansões já previstas como investimentos contratualizados contingentes, conforme discutido no tópico 1.2.

Novos investimentos para expansão de infraestrutura surgem, mais comumente, (i) em circunstâncias nas quais concedente e/ou concessionária avaliam que o empreendimento é exitoso, da perspectiva tanto do interesse público/usuário quanto do privado, e merece considerações quanto à sua expansão, que pode ocorrer no bojo do contrato já existente ou no contexto de nova licitação; e (ii) para o atendimento de demandas específicas da sociedade afetada por determinado empreendimento, como a construção de novas alças

pelo poder concedente após a autorização de investimento em caráter de urgência, hipótese em que fica dispensada a exigência do inciso II do § 4º. § 6º Previamente à autorização para realizar investimento em caráter de urgência, o interessado firmará termo de risco de investimentos, no qual assumirá: I – o risco de rejeição do seu plano de investimento pelo poder concedente por incompatibilidade com a política pública, caso não tenha sido previamente apreciado; II – o risco de ser determinada a revisão do seu plano de investimentos; III – o risco de rejeição do seu estudo de viabilidade técnica, econômica e ambiental pela Antaq; e IV – outros riscos discriminados no instrumento de termo de risco de investimentos. § 7º Após a autorização para realizar investimento em caráter de urgência, se for o caso, serão adotadas as demais medidas necessárias à preservação do equilíbrio econômico-financeiro do contrato. § 8º O disposto nos § 1º ao § 7º somente se aplica à hipótese de que trata o inciso II do *caput*. Art. 42-A. Nos casos de arrendamento portuário, o poder concedente poderá autorizar investimentos, fora da área arrendada, na infraestrutura comum do porto organizado, desde que haja anuência da administração do porto. Parágrafo único. Os investimentos novos de que trata o *caput* ensejarão recomposição do equilíbrio econômico-financeiro do contrato do proponente" (BRASIL. *Decreto n. 8.033, de 27 de junho de 2013.* Regulamenta o disposto na Lei n. 12.815, de 5 de junho de 2013, e as demais disposições legais que regulam a exploração de portos organizados e de instalações portuárias. Brasília, DF: Presidência da República, [2013]. Disponível em: http://www.planalto.gov.br/ccivil_03/_Ato2011-2014/2013/Decreto/D8033.htm#:~:text=Art.,Portos%20da%20Presid%C3%AAncia%20da%20Rep%C3%BAblica. Acesso em: 19 set. 2020).

de acesso ou passarelas no âmbito de concessões rodoviárias ou a extensão de linha férrea para atender certa localidade em concessões ferroviárias.

Talvez os melhores exemplos do primeiro caso sejam as PPPs no setor social, como educação, habitação e saúde. É notório como essas concessões administrativas revolucionaram a prestação de serviços sensíveis à população, que é historicamente prejudicada pelo atendimento proporcionado pelo setor público.

Para exemplificar, vale citar a PPP de escolas do município de Belo Horizonte/MG, que foi celebrada em 2012 e teve como escopo originário a construção e administração (manutenção das instalações elétricas e hidráulicas, segurança, limpeza, sustentabilidade ambiental e compra de mobiliário) de 37 unidades escolares ao longo de vinte anos.[67] Posteriormente, em 2014, o contrato de PPP foi alterado para inclusão de catorze novas unidades.[68] Estudo que avaliou o impacto do projeto constatou que:

> [f]oi observado que a PPP possibilitou a construção de UMEIs em menos tempo e com um menor risco de atraso. De fato, o tempo médio de construção das unidades na PPP foi quase a metade do realizado por obra pública e enquanto 79% das unidades tradicionais foram entregues fora do prazo contratado de 13 meses, nenhuma unidade de PPP foi entregue acima deste prazo. Além disso, a PPP permitiu superar as limitações existentes no modelo tradicional, conseguindo aumentar a escala do programa de expansão da rede de educação infantil. Foi possível observar na PPP uma capacidade de entrega de UMEIs por ano superior ao que vinha sido obtido historicamente com o modelo

[67] Sobre esse projeto de PPP, ver: LIBERAL, Edilson Gonçales. *Elementos orçamentários e fiscais nas PPPs sociais*: o caso das escolas infantis de Belo Horizonte. 2020. 166 f. Dissertação (Mestrado Profissional) – Fundação Getulio Vargas, Escola de Direito de São Paulo, São Paulo, 2020. Disponível em: http://bibliotecadigital.fgv.br/dspace/bitstream/handle/10438/29876/Mestrado-FGV-SP-Edilson-Goncales-Liberal-2020-Vers%c3%a3o-Final-Corrigida.pdf?sequence=3&isAllowed=y. Acesso em: 29 dez. 2020.

[68] BELO HORIZONTE. Prefeitura de Belo Horizonte. *3º Termo Aditivo ao Contrato de Concessão Administrativa n. 001/2012 para realização de obras e serviços de apoio, não pedagógicos, a unidades de ensino da rede municipal de educação básica do município de Belo Horizonte.* Minas Gerais, BH, 25.06.2014. Disponível em: http://pbhativos.com.br/arquivos/03-CONCESSOES-E PPPS/03.3%20-%20PPP%20EDUCACAO/PPP%20Educacao/3TA%20PPP%20SMED%20 assinado.pdf. Acesso em: 19 maio 2019.

> tradicional. [...] Em relação ao impacto na operação das UMEIs, a pesquisa mostrou que na PPP os diretores têm mais tempo para focar nas atividades pedagógicas, pois gastam menos tempo na gestão dos serviços não pedagógicos. Adicionalmente, foi observada uma melhora expressiva nos serviços de manutenção das instalações físicas, tanto em termos de rapidez no atendimento como na qualidade final dos reparos. Resultado positivo foi encontrado também em relação à qualidade e disponibilidade de materiais de higiene, limpeza, lavanderia e rouparia fornecidos à escola. [...] a utilização de PPP gerou maior eficiência e escala na construção das UMEIs e, de forma geral, maior qualidade na sua operação.[69]

Ainda, novos investimentos para expansão da infraestrutura de parcerias são comuns para atender a demandas específicas de grupos sociais ou comunidades diretamente afetadas pelo empreendimento. Isso é especialmente recorrente no setor de transportes, a exemplo da inclusão de novo trecho rodoviário em concessão existente.[70] Particularmente no caso das concessões rodoviárias, as demandas por intervenções que se caracterizam como novos investimentos são tamanhas que o estado de São Paulo desenvolveu, para as concessões licitadas a partir de 2016, o "SISDEMANDA", uma ferramenta específica:

> [...] para recebimento, processamento e priorização técnica de demandas, investimentos e melhorias propostas por cidadãos, entidades privadas e integrantes da ADMINISTRAÇÃO PÚBLICA, tornando-se

[69] RODRIGUES, Bruno da Costa Lucas. *Avaliação do impacto da utilização de parceria público-privada para a construção e operação de unidades municipais de educação infantil em Belo Horizonte.* 2015. 129 f. Dissertação (Mestrado em Administração Pública) – Escola Brasileira de Administração Pública e de Empresas, Centro de Formação Acadêmica e Pesquisa, Rio de Janeiro, 2015, f. 111.

[70] Por exemplo, quando as concessionárias de rodovia assumem trechos sob responsabilidade do Poder Público, a exemplo do relatado na Nota Técnica n. 038/2015/Geinv/Suinf – ANTT, que se manifestou pela inclusão de novo trecho rodoviário na Concessão da BR 163/MT (BRASIL. Agência Nacional de Transportes Terrestres. *Nota Técnica n. 38/2015/Geinv/Suinf.* Brasília, [2015]. Disponível em: https://portal.antt.gov.br/documents/359170/d7c0529c-2255-2cfb-f0a7-f5880de5cd9b. Acesso em: 24 maio 2021).

> canal exclusivo e apropriado para gerenciamento de tais demandas, não devendo ser confundindo com sistema de Ouvidoria ou Atendimento aos USUÁRIOS.[71]

Vale mencionar também, como exemplo de novos investimentos para expansão da infraestrutura de parcerias, as ampliações de ramais no âmbito das prorrogações antecipadas de ferrovias, regradas pela Lei Federal n. 13.448/2017.[72] Em maio de 2020, ANTT e Rumo Logística celebraram aditivo para a prorrogação antecipada da concessão Ferroviária da Malha Paulista,[73] que prevê a expansão da malha com diversas duplicações de trechos ferroviários.[74]

A partir do esforço classificatório das hipóteses em que se verifica de forma mais recorrente a inserção de novos investimentos nos contratos de parceria, sem prejuízo de eventual sobreposição de categorias para um mesmo novo investimento, é que será possível determinar, com base na metodologia proposta no Capítulo 4, os limites qualitativos à inserção de novos investimentos nos contratos de parceria. Isto é, diante do enquadramento de cada novo investimento é que será possível responder à indagação: é legítima a

[71] SÃO PAULO (Estado). Agência de Transporte do Estado de São Paulo. *Contrato Artesp n. 0352/Artesp/2017. Contrato de Concessão. Concorrência Internacional n. 03/2016*. Cláusula 24.5 e seguintes. São Paulo, [06.06.2017]. Disponível em: https://www.parcerias.sp.gov.br/Parcerias/Documento/Download?codigo=26369. Acesso em: 19 maio 2019.

[72] "Art. 6º A prorrogação antecipada ocorrerá por meio da inclusão de investimentos não previstos no instrumento contratual vigente, observado o disposto no art. 3º desta Lei" (BRASIL. *Lei n. 13.448, de 5 de junho de 2017.* Estabelece diretrizes gerais para prorrogação e relicitação dos contratos de parceria definidos nos termos da Lei n. 13.334, de 13 de setembro de 2016, nos setores rodoviário, ferroviário e aeroportuário da administração pública federal, e altera a Lei n. 10.233, de 5 de junho de 2001, e a Lei n. 8.987, de 13 de fevereiro de 1995. Brasília, DF: Presidência da República, [2017]. Disponível em: http://www.planalto.gov.br/ccivil_03/_ato2015-2018/2017/lei/l13448.htm#:~:text=1%C2%BA%20Esta%20Lei%20estabelece%20diretrizes,e%20a%20Lei%20n%C2%BA%208.987%2C. Acesso em: 18 set. 2020). O Estado de São Paulo também editou legislação com disposições semelhantes no âmbito da Lei Estadual n. 16.933/2019.

[73] BRASIL. Agência Nacional de Transportes Terrestres. *2º Termo Aditivo ao Contrato de Concessão da Rumo Malha Paulista S/A. – RMP, de 30 de dezembro de 1998*. Brasília, [27.05.2020]. Disponível em: https://portal.antt.gov.br/rumo-malha-paulista-sa. Acesso em: 12 set. 2020.

[74] BRASIL. Agência Nacional de Transportes Terrestres. *2º Termo Aditivo ao Contrato de Concessão da Rumo Malha Paulista S/A. – RMP, de 27 de maio de 2020*. Anexo 1: Caderno de Obrigações. Disponível em: https://portal.antt.gov.br/rumo-malha-paulista-sa. Acesso em: 12 set. 2020.

introdução desse novo investimento no contrato? Antes, porém, é necessário superar definitivamente a incidência de limites quantitativos à inclusão de investimentos adicionais nas parcerias. Esse é o objetivo do Capítulo 3.

# 3. INAPLICABILIDADE DE LIMITES QUANTITATIVOS PARA INCLUSÃO DE NOVOS INVESTIMENTOS EM CONTRATOS DE PARCERIA

## 3.1. Referencial normativo para inclusão de novos investimentos em contratos de parceria

A possibilidade de inclusão de novos investimentos em contratos de parceria encontra respaldo em normativos diversos.

Por exemplo, a Lei Federal n. 13.448/2017, em seu art. 6º, prevê a possibilidade de prorrogação antecipada de contratos de parceria nos setores ferroviário e rodoviário "por meio da inclusão de investimentos não previstos no instrumento contratual vigente".[75] De forma semelhante, a Lei Estadual n. 16.933/2019 de São Paulo estabelece no art. 5º que a "prorrogação contratual ou a prorrogação antecipada ocorrerão por meio de termo aditivo,

[75] BRASIL. *Lei n. 13.448, de 5 de junho de 2017.* Estabelece diretrizes gerais para prorrogação e relicitação dos contratos de parceria definidos nos termos da Lei n. 13.334, de 13 de setembro de 2016, nos setores rodoviário, ferroviário e aeroportuário da administração pública federal, e altera a Lei n. 10.233, de 5 de junho de 2001, e a Lei n. 8.987, de 13 de fevereiro de 1995. Brasília, DF: Presidência da República, [2017]. Disponível em: http://www.planalto.gov.br/ccivil_03/_ato2015-2018/2017/lei/l13448.htm#:~:text=1%C2%BA%20Esta%20Lei%20estabelece%20diretrizes,e%20a%20Lei%20n%C2%BA%208.987%2C. Acesso em: 18 set. 2020.

condicionadas à inclusão de investimentos não previstos no instrumento contratual vigente [...]".[76]

Ou seja, antes mesmo do advento do termo contratual, é possível prorrogar determinados contratos mediante a assunção, pela atual concessionária, de novos investimentos cuja necessidade – para atualização dos serviços, por questões de premência, para expansão da infraestrutura ou outra hipótese não abarcada por essas categorias – se apresente naquele momento para satisfação do interesse público subjacente.

No setor portuário, conforme já mencionado, o Decreto Federal n. 8.033/2013, especialmente com as alterações promovidas pelo Decreto Federal n. 9.048/2017, prevê que "o poder concedente poderá, mediante requerimento do interessado, autorizar a realização de investimentos imediatos e urgentes previamente à análise que compete à Antaq"[77] em determinadas hipóteses (conforme art. 42, § 1º).

No setor rodoviário, a Resolução ANTT n. 5.859/2019 tratou de concentrar nas revisões quinquenais das concessões de rodovias federais as discussões relativas à inclusão, exclusão, alteração e reprogramação de obras e serviços previstos em contrato e alterou a Resolução ANTT n. 3.651/2011 para determinar que mesmo os novos investimentos incluídos no âmbito de revisões extraordinárias apenas poderão ser reequilibrados em revisões quinquenais.[78]

[76] SÃO PAULO (Estado). *Lei n. 16.933, de 24 de janeiro de 2019.* Estabelece as diretrizes gerais para a prorrogação e relicitação dos contratos de parceria e dá providências correlatas. São Paulo: Assembleia Legislativa do Estado de São Paulo, [2019]. Disponível em: https://www.al.sp.gov.br/repositorio/legislacao/lei/2019/lei-16933-24.01.2019.html. Acesso em: 19 set. 2020.

[77] BRASIL. *Decreto n. 8.033, de 27 de junho de 2013.* Regulamenta o disposto na Lei n. 12.815, de 5 de junho de 2013, e as demais disposições legais que regulam a exploração de portos organizados e de instalações portuárias. Brasília, DF: Presidência da República, [2013]. Disponível em: http://www.planalto.gov.br/ccivil_03/Ato2011-2014/2013/Decreto/D8033.htm#:~:text=Art.,Portos%20da%20Presid%C3%AAncia%20da%20Rep%C3%BAblica. Acesso em: 19 set. 2020.

[78] "Art. 25. O art. 2º, parágrafo único, da Resolução n. 3.651, de 7 de abril de 2011, passa a vigorar com a seguinte redação: 'Parágrafo único. A recomposição do equilíbrio econômico-financeiro do contrato, relativa à inclusão de obras e serviços no âmbito de revisão extraordinária, inclusive os custos relacionados, somente poderá ser realizada na revisão ordinária subsequente à conclusão da obra ou serviço'" (BRASIL. Agência Nacional de Transportes Terrestres. Resolução ANTT n. 5.859, de 3 de dezembro de 2019. Dispõe sobre o procedimento de inclusão, exclusão, alteração e reprogramação de obras e serviços previstos no Programa de Exploração da Rodovia, no âmbito das revisões quinquenais das concessões de rodovias

Por fim, no setor aeroportuário, a Resolução Anac n. 528/2019 prevê a possibilidade de a Anac requerer, previamente ao processo de revisão extraordinária, a elaboração do projeto básico e executivo das obras e dos serviços relativos aos novos investimentos por ela solicitados e não previstos no contrato.[79]

Em resumo, nos últimos anos a regulação conferiu atenção ao tema dos novos investimentos, sobretudo da perspectiva procedimental, inclusive para fins de reequilíbrio contratual. Contudo, é sintomática a falta de contornos normativos claros sobre como estabelecer limites qualitativos à inserção de novos investimentos nos contratos de parceria nos diversos setores.

É nesse contexto que a discussão se insere na temática maior dos limites à mutabilidade dos contratos administrativos.

federais reguladas pela Agência Nacional de Transportes Terrestres, e dá outras providências. *Diário Oficial da União*: seção 1. Brasília, [2009], p. 97-103. Disponível em: https://www.editoraroncarati.com.br/v2/Diario-Oficial/Diario-Oficial/RESOLUCAO-ANTT-N%C2%BA-5--859-DE-03-12-2019.html. Acesso em: 6 dez. 2019).

[79] "Art. 11. Na hipótese de novos investimentos ou serviços solicitados pela Anac e não previstos no Contrato, a Anac poderá requerer à Concessionária, previamente à instauração do processo de Revisão Extraordinária, a elaboração do projeto básico e executivo das obras e serviços, considerando que: I – os referidos projetos deverão conter todos os elementos necessários à precificação do investimento e às estimativas do impacto da obra sobre as receitas da Concessionária, segundo as melhores práticas e critérios de mercado, de acordo com as normas técnicas e diretivas eventualmente estabelecidas pela Anac sobre o assunto; II – a Anac estabelecerá o valor limite do custo dos projetos e estudos a serem considerados para efeito de recomposição do equilíbrio econômico-financeiro; III – no prazo máximo de 90 (noventa) dias a Anac fará a análise e aprovação do Projeto Básico, podendo emitir autorizações parciais de construção durante o período de análise. A aprovação do Projeto Básico pela Anac não exclui a necessidade de sua alteração posterior para eventual adequação aos requisitos constantes no Contrato, legislação e regulamentação do setor; IV – a Concessionária deverá submeter à Anac todas as alterações do Projeto Básico, posteriores à sua aprovação inicial, para fins de análise e nova aprovação desta Agência; e V – caso o Projeto Básico não seja aprovado, a Concessionária terá o prazo máximo a ser fixado pela Anac para reapresentá-lo, com as adequações necessárias" (BRASIL. Agência Nacional de Aviação Civil. *Resolução n. 528, de 28 de agosto de 2019*. Dispõe sobre procedimentos, formas de recomposição e as taxas de desconto dos fluxos de caixa marginais a serem adotados nos processos de Revisão Extraordinária dos Contratos de Concessão de infraestrutura aeroportuária federal. Brasília, DF: Diretoria da Agência Nacional de Aviação Civil, [2019]. Disponível em: https://www.in.gov.br/en/web/dou/-/resolucao-n-528-de-28-de-agosto-de-2019-213477619. Acesso em: 19 set. 2020).

### 3.2. Dicotomia dos regimes de obras públicas e de concessões: da inaplicabilidade dos §§ 1º e 2º do art. 65 da Lei Federal n. 8.666/1993 aos contratos de parceria

A questão dos limites à mutabilidade dos contratos administrativos tem origem nos §§ 1º e 2º do art. 65 da Lei Federal n. 8.666/1993, que, ao estabelecerem os contornos quantitativos do poder de alteração unilateral dos contratos administrativos, pelo Poder Público, determinaram que o contratado estaria "obrigado a aceitar, nas mesmas condições contratuais, os acréscimos ou supressões que se fizerem nas obras, serviços ou compras, até 25% (vinte e cinco por cento) do valor inicial atualizado do contrato, e, no caso particular de reforma de edifício ou de equipamento, até o limite de 50% (cinquenta por cento) para os seus acréscimos" (§ 1º), consignando que "nenhum acréscimo ou supressão poderá exceder tais limites, salvo as supressões resultantes de acordo celebrado entre os contratantes" (§ 2º).[80]

A lógica subjacente ao dispositivo foi criar ambiente de estabilidade, da perspectiva concorrencial, para que todos os participantes soubessem, já na licitação, a amplitude máxima e mínima de alteração que o contrato poderia sofrer. O propósito é o necessário nivelamento das propostas, a fim de garantir iguais condições de competição na licitação a todos os interessados.[81]

Como se vê, as regras dos §§ 1º e 2º do art. 65 da Lei Federal n. 8.666/1993 foram estipuladas para contratos "pertinentes a obras, serviços, inclusive de

[80] BRASIL. *Lei n. 8.666, de 21 de junho de 1993.* Regulamenta o art. 37, inciso XXI, da Constituição Federal, institui normas para licitações e contratos da Administração Pública e dá outras providências. Brasília, DF: Presidência da República, [1993]. Disponível em: http://www.planalto.gov.br/ccivil_03/leis/l8666cons.htm. Acesso em: 19 set. 2020.

[81] Os limites à mutabilidade contratual são fruto da preocupação do legislador em refrear práticas censuráveis, verificadas sob a égide da legislação anterior. Conforme ensina Marçal Justen Filho: "O Decreto-Lei nº 2.300 autorizava que, mediante acordo de vontades, os contratos administrativos sofressem modificações sem limite quantitativo – respeitando-se, tão somente, a vedação à alteração do objeto da avença. O efeito prático era a alteração radical e significativa dos contratos administrativos, o que conduzia à frustração do princípio da obrigatoriedade de prévia licitação" (JUSTEN FILHO, Marçal. Ainda a questão da mutabilidade dos contratos administrativos. *In*: BICALHO, Alécia Paolucci Nogueira; DIAS, Maria Tereza Fonseca [coord.]. *Contratações públicas*: estudos em homenagem ao professor Carlos Pinto Coelho Motta. Belo Horizonte: Fórum, 2013, p. 97).

publicidade, compras, alienações e locações"[82] (art. 1º), cujo prazo de duração é, em regra, de até cinco anos.[83] Isto é, foram regras pensadas para um tipo determinado de contratação pública, para as quais definições claras quanto aos limites na alteração de escopo são fundamentais, dada a necessidade de contornos claros acerca do objeto e da duração desses contratos.

Os contratos de parceria objeto desta obra, porém, submetem-se a lógica distinta dessas contratações. Têm, inclusive, concepções normativas diferentes, a exemplo dos contratos de concessão comum, instituídos pela Lei Federal n. 8.987/1995 como novo gênero de contratos administrativos; dos contratos de concessão administrativa e patrocinada,[84] criados pela Lei Federal n. 11.079/2004; e dos contratos de arrendamento portuário, concebidos originalmente pela Lei Federal n. 8.630/93 e hoje regrados pela Lei Federal n. 12.815/2013.

Todos esses, assim como os demais empreendimentos compreendidos no conceito de contratos de parceria, são modalidades de contratos administrativos de longo prazo com características próprias, marcadamente diferentes daquelas regradas pela Lei Federal n. 8.666/1993. Por consequência,

[82] BRASIL. *Lei n. 8.666, de 21 de junho de 1993.* Regulamenta o art. 37, inciso XXI, da Constituição Federal, institui normas para licitações e contratos da Administração Pública e dá outras providências. Brasília, DF: Presidência da República, [1993]. Art. 1º. Disponível em: http://www.planalto.gov.br/ccivil_03/leis/l8666cons.htm. Acesso em: 19 set. 2020.

[83] "Art. 57. A duração dos contratos regidos por esta Lei ficará adstrita à vigência dos respectivos créditos orçamentários, exceto quanto aos relativos: I – aos projetos cujos produtos estejam contemplados nas metas estabelecidas no Plano Plurianual, os quais poderão ser prorrogados se houver interesse da Administração e desde que isso tenha sido previsto no ato convocatório; II – à prestação de serviços a serem executados de forma contínua, que poderão ter a sua duração prorrogada por iguais e sucessivos períodos com vistas à obtenção de preços e condições mais vantajosas para a administração, limitada a sessenta meses; III – (Vetado). IV – ao aluguel de equipamentos e à utilização de programas de informática, podendo a duração estender-se pelo prazo de até 48 (quarenta e oito) meses após o início da vigência do contrato. V – às hipóteses previstas nos incisos IX, XIX, XXVIII e XXXI do art. 24, cujos contratos poderão ter vigência por até 120 (cento e vinte) meses, caso haja interesse da administração" (BRASIL. *Lei n. 8.666, de 21 de junho de 1993.* Regulamenta o art. 37, inciso XXI, da Constituição Federal, institui normas para licitações e contratos da Administração Pública e dá outras providências. Brasília, DF: Presidência da República, [1993]. Disponível em: http://www.planalto.gov.br/ccivil_03/leis/l8666cons.htm. Acesso em: 19 set. 2020).

[84] Para excelente introdução sobre o tema, ver: SUNDFELD, Carlos Ari. Guia jurídico das parcerias público-privadas. *In*: SUNDFELD, Carlos Ari. *Parcerias público-privadas.* São Paulo: Malheiros, 2005.

os contratos de parceria estão sujeitos a regimes jurídicos distintos.[85] Não à toa, são regidos por legislação própria, apenas com aplicação subsidiária, e somente em determinadas hipóteses, da Lei Federal n. 8.666/1993.[86]

O necessário reconhecimento da existência de regimes jurídicos próprios para os contratos de parceria, de um lado, e para os contratos administrativos regidos pela Lei Federal n. 8.666/1993, de outro, advém especialmente das diferenças na lógica estrutural desses contratos, que pode ser avaliada da perspectiva de uma característica específica: a incompletude contratual.[87]

A incompletude dos contratos de parceria decorre, sobretudo, do extenso prazo contratual – celebrados com duração de 20, 35 anos ou mais[88] – e das consequências que o transcorrer do tempo tem sobre a execução do contrato, impondo incertezas que nem o instrumento mais detalhado poderia prever. Não há como antever décadas de acontecimentos de uma realidade que se modifica constantemente. Como colocam Mauricio Portugal Ribeiro e Lucas Navarro Prado:

85 "Veja-se que, no Brasil, somente em 1995 surgiu a Lei nº 8.987, orientada especificamente à disciplina das concessões (e permissões) de serviços. [...] Isso permitiu a distinção entre regimes jurídicos distintos acerca de licitações e contratos administrativos, retratando a concepção unânime e inquestionável de que as concessões de serviços públicos não podiam sujeitar-se a princípios e regras idênticos àqueles previstos para as contratações administrativas genéricas" (JUSTEN FILHO, Marçal. *Teoria geral das concessões de serviço público*. São Paulo: Dialética, 2003, p. 57). No mesmo sentido é a lição de Egon Bockmann Moreira: "A conclusão advém do inciso I do parágrafo único do art. 175 da CF: a lei reclamada pelo texto constitucional tem como finalidade dispor sobre o regime jurídico das concessionárias e permissionárias e o caráter especial de seu contrato. Logo, o regime jurídico e o contrato são fora do comum (e o comum está na Lei 8.666/1993)" (MOREIRA, Egon Bockmann. *Direito das concessões de serviço público*: inteligência da Lei 8.987/1995 (Parte Geral). São Paulo: Malheiros, 2010, p. 53).

86 "[A] Lei 8.666/1993 não tem incidência irrestrita nas licitações cujo objeto seja uma concessão" (Ibidem).

87 Nesse sentido ver: CAMINHA, Uinie; LIMA, Juliana Cardoso. Contrato incompleto: uma perspectiva entre direito e economia para contratos de longo termo. *Revista Direito GV*, São Paulo, p. 155-200, jan.-jun. 2014; HART, Oliver. Incomplete Contracts and Public Ownership: Remarks, and an Application to Public-Private Partnerships. *The Economic Journal*, v. 113, n. 486, Conference Papers, p. C69-C76, mar. 2003; NÓBREGA, Marcos. Contratos incompletos e infraestrutura: contratos administrativos, concessões de serviço público e PPPs. *Revista Brasileira de Direito Público – RBDP*, Belo Horizonte, ano 7, n. 25, p. 81-97, abr.-jun. 2009.

88 Cf. art. 5º, I, da Lei de PPPs. A Lei de Concessões não estabelece um prazo máximo para os contratos de concessão comum, tendo, entretanto, algumas leis fixado prazo máximo para as concessões em setores específicos.

> É que esses contratos exigem geralmente a realização de investimentos relevantes pelo contratado em uma infraestrutura para a prestação dos serviços, investimento esse que é amortizado e remunerado por meio da operação do próprio serviço pelo contratado.
>
> É a necessidade de amortização e remuneração do aludido investimento que explica as proteções à estabilidade do vínculo contratual e os prazos longos dos contratos de concessão (há concessões no Brasil de até 90 anos) e de PPPs, que por lei, podem chegar a, no máximo, 35 anos de prazo.[89]

Desse ângulo, a longevidade dos contratos de parceria é corolário do princípio da modicidade tarifária ou da modicidade dos pagamentos públicos, pois, quanto mais longo o contrato de parceria, mais diluído ao longo do tempo será o pagamento ao particular pelos investimentos que ele realizará, de forma a compatibilizar a necessidade de acesso ao serviço a ser prestado com a capacidade de pagamento dos usuários ou dos contribuintes.

Ao administrador público é impossível conhecer, hoje, as alterações e os ajustes que se farão necessários nos contratos de parceria em, por exemplo, trinta anos;[90] por outro lado, é bastante mais simples antever o que pode ocorrer de mudanças em um contrato regido pela Lei Federal n. 8.666/1993, cuja duração padrão segue a disponibilidade orçamentária anual.[91]

[89] RIBEIRO, Mauricio Portugal; PRADO, Lucas Navarro. Alteração de contratos de concessão e PPP por interesse da Administração Pública – Problemas econômicos, limites teóricos e dificuldades reais. *Revista de Contratos Públicos – RCP*, Belo Horizonte, ano 2, n. 2, set. 2012/fev. 2013.

[90] "Além disso, o tempo de vigência desse tipo de contrato incrementa o risco de obsolescência das concepções existentes por ocasião da avença. Numa contratação cuja execução se prolonga por mais de dez ou vinte anos, seria inviável manter inalteradas as condições originais do pacto" (JUSTEN FILHO, Marçal. Ainda a questão da mutabilidade dos contratos administrativos. *In*: BICALHO, Alécia Paolucci Nogueira; DIAS, Maria Tereza Fonseca [coord.]. *Contratações públicas*: estudos em homenagem ao professor Carlos Pinto Coelho Motta. Belo Horizonte: Fórum, 2013, p. 95).

[91] Egon Bockmann Moreira faz esta reflexão: "Uma coisa é o singelo contrato de empreitada, com dois anos de duração, preço e equilíbrio econômico-financeiro fechados (cuja (re)composição circunscreve-se às tradicionais áleas ordinária e extraordinária). Outra realidade, completamente diferente e muitíssimo mais complexa, existe num contrato de concessão com vultoso aporte de recursos e projeções estatísticas para mais de duas décadas, no qual o concessionário competirá em mercados locais, nacionais, comunitários e até mesmo globais.

A necessidade de flexibilidade sobre as modificações contratuais nas avenças de longo prazo pode ser ilustrada no caso das concessões rodoviárias. É difícil, se não impossível, conhecer *ex ante* como determinados fatores que afetam diretamente as rodovias se comportarão em um interregno de trinta anos ou mais. Imagine-se, por exemplo, uma rodovia que corta determinada região que sofreu expressivo desenvolvimento econômico durante alguns anos, após os quais é constatada a necessidade de construção de alças de acesso a fim de viabilizar a integração da referida região com a rodovia. Imagine-se, ainda, que a construção dessas alças de acesso implicaria a necessidade de realocação da praça de pedágio. Essas obras significam, da perspectiva contratual, um acréscimo de escopo significativo. Da perspectiva de política pública, tais acréscimos são necessários (para manter e fomentar o desenvolvimento econômico local),[92] mas imprevisíveis à época da pactuação do contrato de concessão. Observe-se que o transcurso do tempo, por estar sujeito a tantas incertezas, coloca em xeque inclusive as definições iniciais do contrato, isto é, o local original de instalação da praça de pedágio. Esse é um exemplo típico de como contratos de parceria requerem flexibilidade para lidar com as incertezas da execução contratual.

As demandas sociais também sofrem transformação com o decorrer dos anos. Uma concessão de saneamento básico, por exemplo, pode necessitar significativa complementação de escopo para preservar o abastecimento da população. Em casos como esse, faz sentido reconhecer margem legal para que tais ajustes sejam realizados no âmbito do contrato original, de modo a permitir a internalização contratual das incertezas inerentes às relações de longo prazo.

Aliás, as concessões de saneamento básico, tradicionalmente sujeitas à regulação discricionária, têm contratos, muitas vezes, bastante singelos no tocante aos investimentos contratualizados. Nesses casos, a flexibilidade (e possibilidade) contratual para inserção de novos investimentos é particularmente relevante para a própria realização do objeto contratado.

Mais ainda, é certo que o longo prazo do projeto o fará experimentar reveses positivos e negativos oriundos das próprias necessidades socioeconômicas do setor (e daqueles a ele circundantes)" (MOREIRA, Egon Bockmann. *Direito das concessões de serviço público*: inteligência da Lei 8.987/1995 [Parte Geral]. São Paulo: Malheiros, 2010, p. 41).

[92] Ainda que, da perspectiva regulatória, possa haver discussão acerca do ente público competente para suportar esse ônus.

Destaca-se ainda, como corolário das incertezas, o desenvolvimento tecnológico. Evoluções tecnológicas podem permitir profundas mudanças na forma da execução de certos serviços prestados no âmbito de parcerias. Exemplo disso são as PPPs de hospitais, nas quais o parceiro privado é responsável, entre outras obrigações, pela aquisição e manutenção dos equipamentos médicos. Novas tecnologias podem resultar na necessidade de alterações contratuais significativas para incorporá-las ao escopo original.[93]

Em decorrência dessas características, a legislação conferiu aos contratos de parceria autonomia para definirem futuras alterações e regras para expansão dos respectivos serviços. É o que se depreende da dicção do art. 18, *caput* e inciso VII,[94] e do art. 23, V,[95] ambos da Lei Federal n. 8.987/1995. Disposição semelhante consta do art. 5º, IX, da Lei Federal n. 12.815/2013,[96]

[93] Tais reflexões podem ser sintetizadas nas palavras de Mauricio Portugal Ribeiro e Lucas Navarro Prado: "A necessidade de preservação do vínculo entre Administração Pública e concessionário ou parceiro privado por prazos longos no caso de contratos de PPPs e concessões há que ter como contrapartida a possibilidade de adequação desse vínculo às vicissitudes que naturalmente decorrem da passagem do tempo" (RIBEIRO, Mauricio Portugal; PRADO, Lucas Navarro. Alteração de contratos de concessão e PPP por interesse da Administração Pública – Problemas econômicos, limites teóricos e dificuldades reais. *Revista de Contratos Públicos – RCP*, Belo Horizonte, ano 2, n. 2, set. 2012/fev. 2013).

[94] "Art. 18. O edital de licitação será elaborado pelo poder concedente, observados, no que couber, os critérios e as normas gerais da legislação própria sobre licitações e contratos e conterá, especialmente: [...] VII – os direitos e obrigações do poder concedente e da concessionária em relação a alterações e expansões a serem realizadas no futuro, para garantir a continuidade da prestação do serviço" (BRASIL. *Lei n. 8.987, de 13 de fevereiro de 1995*. Dispõe sobre o regime de concessão e permissão da prestação de serviços públicos previsto no art. 175 da Constituição Federal, e dá outras providências. Brasília, DF: Presidência da República, [1995]. Disponível em: https://www.planalto.gov.br/ccivil_03/LEIS/L8987cons.htm. Acesso em: 19 set. 2020).

[95] "Art. 23. São cláusulas essenciais do contrato de concessão as relativas: [...] V – aos direitos, garantias e obrigações do poder concedente e da concessionária, inclusive os relacionados às previsíveis necessidades de futura alteração e expansão do serviço e consequente modernização, aperfeiçoamento e ampliação dos equipamentos e das instalações" (Ibidem).

[96] "Art. 5º São essenciais aos contratos de concessão e arrendamento as cláusulas relativas: [...] IX – aos direitos, garantias e obrigações do contratante e do contratado, inclusive os relacionados a necessidades futuras de suplementação, alteração e expansão da atividade e consequente modernização, aperfeiçoamento e ampliação das instalações" (BRASIL. *Lei n. 12.815, de 5 de junho de 2013*. Dispõe sobre a exploração direta e indireta pela União de portos e instalações portuárias e sobre as atividades desempenhadas pelos operadores portuários; altera as Leis nºs 5.025, de 10 de junho de 1966, 10.233, de 5 de junho de 2001, 10.683,

que, ao regular o arrendamento portuário, confere inequívoca amplitude ao contrato para definir os contornos e limites sobre futuras modificações das obrigações do contratado. Se a lei prevê disciplina contratual específica para expansões futuras de escopo, então ela já incorpora a flexibilidade essencial aos contratos incompletos, estabelecendo bifurcação em relação ao regime da Lei Federal n. 8.666/1993.

Todas essas disposições indicam claramente que o regime jurídico aplicável aos contratos regidos pela Lei Federal n. 8.666/1993 é, em vários aspectos, distinto do regime jurídico incidente sobre os contratos de parceria. Em especial, todo o exposto evidencia a opção legislativa de afastar a aplicação, aos contratos de parceria, dos §§ 1º e 2º do art. 65 da Lei Federal n. 8.666/1993.

### 3.3. O advento do art. 22 da Lei Federal n. 13.448/2017

Não obstante todas essas considerações, existe uma realidade prática que invariavelmente se impõe, regida, entre outros fatores, pelo temor ao posicionamento por vezes retrógrado dos órgãos de controle.

Isto é, ainda que parcela da doutrina mais moderna[97] defenda a inaplicabilidade, às parcerias, dos limites à alteração contratual tal qual expressos

de 28 de maio de 2003, 9.719, de 27 de novembro de 1998, e 8.213, de 24 de julho de 1991; revoga as Leis nºs 8.630, de 25 de fevereiro de 1993, e 11.610, de 12 de dezembro de 2007, e dispositivos das Leis nºs 11.314, de 3 de julho de 2006, e 11.518, de 5 de setembro de 2007; e dá outras providências. Brasília, DF: Presidência da República, [2013]. Disponível em: http://www.planalto.gov.br/ccivil_03/_Ato2011-2014/2013/Lei/L12815.htm. Acesso em: 19 set. 2020).

[97] "Em relação às PPPs, é razoável defender que não incide o aludido art. 65, na medida em que a Lei de PPP tratou de indicar, expressamente, os dispositivos da Lei Federal nº 8.666/93 que se aplicam aos contratos de PPP, quais sejam: (i) regras sobre limites para exigência de garantias dos licitantes/parceiros privados; e (ii) regras sobre procedimento para contratação, i.e., regras de procedimento licitatório. Como o art. 65 não estabelece regra procedimental, mas regra sobre o regime jurídico do contrato, parece-nos claro que não deveria se aplicar aos contratos de PPP" (RIBEIRO, Mauricio Portugal; PRADO, Lucas Navarro. Alteração de contratos de concessão e PPP por interesse da Administração Pública – Problemas econômicos, limites teóricos e dificuldades reais. *Revista de Contratos Públicos – RCP*, Belo Horizonte, ano 2, n. 2, set. 2012/fev. 2013). No mesmo sentido, mas especificamente sobre as concessões comuns, ver: MOREIRA, Egon Bockmann. *Direito das concessões de serviço público*: inteligência da Lei 8.987/1995 (Parte Geral). São Paulo: Malheiros, 2010; SUNDFELD, Carlos Ari. *Pareceres*: direito administrativo contratual. São Paulo: Revista dos Tribunais, 2013. v. II; BARROSO,

nos §§ 1º e 2º do art. 65 da Lei Federal n. 8.666/1993, na prática, na maioria das vezes em que o tema é submetido aos gestores públicos e controladores responsáveis pela implementação das modificações contratuais, prevalece, em boa medida, uma postura conservadora – que se submete ao norte dos 25%, mesmo reconhecendo sua inadequação[98] – e por vezes até equivocada de aplicabilidade dos referidos limites às parcerias. Por exemplo, quando a avaliação do limite da alteração ignora modificações anteriores para efeito de cálculo ou quando o "valor do contrato", enquanto referência adotada pelo § 1º do art. 65 da Lei Federal n. 8.666/1993, é métrica aleatória,[99] de modo que há ampla margem para "manipulação numérica" no cálculo efetivo dos limites à mutabilidade contratual.

Soma-se ainda, a essas posturas, a visão do TCU, que admitiu aos contratos administrativos excepcionar os limites dos §§ 1º e 2º do art. 65 da Lei Federal n. 8.666/1993 apenas quando atendido um conjunto de requisitos, nos seguintes termos:

> a) tanto as alterações contratuais quantitativas – que modificam a dimensão do objeto – quanto as unilaterais qualitativas – que mantêm intangível o objeto, em natureza e em dimensão, estão sujeitas aos limites preestabelecidos nos §§ 1º e 2º do art. 65 da Lei nº 8.666/93, em face do respeito aos direitos do contratado, prescrito no art. 58, I,

Luís Roberto. Alteração dos contratos de concessão rodoviária. *In*: OLIVEIRA, Farlei Martins Riccio (coord.). *Direito administrativo Brasil-Argentina*: estudos em homenagem a Agustín Gordillo. Belo Horizonte: Del Rey, 2007. p. 245-280.

[98] Para ilustrar, veja-se o posicionamento de Luís Roberto Barroso: "Assim, no âmbito dos contratos de concessão, é possível afirmar que [...] [N]o caso das alterações quantitativas, além dessas exigências, aplica-se, como diretriz geral, o respeito aos percentuais previstos pela Lei nº 8.666/93, art. 65, ainda que esses limites possam ser superados se, no caso concreto, demonstrar-se a necessidade da alteração por conveniência do interesse público, bem como sua compatibilidade com os princípios constitucionais, sobretudo os da igualdade e da impessoalidade" (BARROSO, Luís Roberto. Concessão rodoviária. Alterações no objeto do contrato: acréscimos de obras novas a pedido do Poder Público. Reestabelecimento do equilíbrio econômico-financeiro do contrato, possibilidade e limites. *Parecer*, abr. 2008).

[99] Que pode tomar por base diferentes parâmetros, como valor dos investimentos, valor das receitas projetadas (a valores constantes ou a valor presente, estipulada determinada taxa), entre outros.

da mesma Lei, do princípio da proporcionalidade e da necessidade de esses limites serem obrigatoriamente fixados em lei;
b) nas hipóteses de alterações contratuais consensuais, qualitativas e excepcionalíssimas de contratos de obras e serviços, é facultado à Administração ultrapassar os limites aludidos no item anterior, observados os princípios da finalidade, da razoabilidade e da proporcionalidade, além dos direitos patrimoniais do contratante privado, desde que satisfeitos cumulativamente os seguintes pressupostos:
I – não acarretar para a Administração encargos contratuais superiores aos oriundos de uma eventual rescisão contratual por razões de interesse público, acrescidos aos custos da elaboração de um novo procedimento licitatório;
II – não possibilitar a inexecução contratual, à vista do nível de capacidade técnica e econômico-financeira do contratado;
III – decorrer de fatos supervenientes que impliquem em dificuldades não previstas ou imprevisíveis por ocasião da contratação inicial;
IV – não ocasionar a transfiguração do objeto originalmente contratado em outro de natureza e propósito diversos;
V – ser necessárias à completa execução do objeto original do contrato, à otimização do cronograma de execução e à antecipação dos benefícios sociais e econômicos decorrentes;
VI – demonstrar-se – na motivação do ato que autorizar o aditamento contratual que extrapole os limites legais mencionados na alínea "a", supra – que as consequências da outra alternativa (a rescisão contratual, seguida de nova licitação e contratação) importam sacrifício insuportável ao interesse público primário (interesse coletivo) a ser atendido pela obra ou serviço, ou sejam gravíssimas a esse interesse; inclusive quanto à sua urgência e emergência.[100]

[100] BRASIL. Tribunal de Contas da União. *Processo/Tomada de Contas Simplificada 475.104/1998-6. Acórdão n. 215/1999.* Tomada de Contas simplificada relativa ao exercício de 1997. Constatação de impropriedades e irregularidades. Audiência. Razões de justificativa satisfatórias. Contas regulares com ressalva e determinação. Quitação aos responsáveis. Responsáveis: Leonardo Moura Teixeira, Hermes Ferreira Barbosa e outros. Relator: Adhemar Paladini Ghisi. Data da sessão: 17.11.1999. Plenário. Disponível em: https://pesquisa.apps.tcu.gov.br/#/documento/acordao-completo/215%252F1999/%2520/DTRELEVANCIA%2520desc%252C%2520NUM

Como se depreende da leitura, é impossível ignorar que tal decisão trabalha com hipóteses tão genéricas e exigências de tão difícil comprovação que sempre haverá margem para que o TCU entenda que o gestor não as cumpriu suficientemente.

Eis que, durante a tramitação da Medida Provisória n. 752/2016, posteriormente convertida na Lei Federal n. 13.448/2017, surgiu o (atual) art. 22,[101] com a seguinte redação: "As alterações dos contratos de parceria decorrentes da modernização, da adequação, do aprimoramento ou da ampliação dos serviços não estão condicionadas aos limites fixados nos §§ 1º e 2º do art. 65 da Lei nº 8.666, de 21 de junho de 1993".[102,103]

Possivelmente, o art. 22 da Lei Federal n. 13.448/2017 surgiu justamente para consolidar posicionamento há muito defendido pelos especialistas no tema, entendimento esse selado no parecer do relator deputado Sérgio Souza pela aprovação da Medida Provisória n. 752/2016:

ACORDAOINT%2520desc/0/%2520?uuid=f110d460-fa6e-11ea-914b-478010ad44a9. Acesso em: 19 set. 2020.
É de se ressaltar, contudo, que a decisão do TCU é anterior à Lei Federal n. 11.079/2004, que instituiu as concessões patrocinadas e administrativas.

[101] No que chamei, em outra oportunidade, de revolução silenciosa: PINTO, Gabriela Miniussi Engler. A revolução silenciosa: o fim dos limites à mutabilidade dos contratos de concessão. *Revista Colunistas – Direito do Estado*, Rio de Janeiro, 28 jul. 2017. Disponível em: http://www.direitodoestado.com.br/colunistas/gabriela-miniussi-engler-pinto/a-revolucao-silenciosa-o-fim-dos-limites-a-mutabilidade-dos-contratos-de-concessao. Acesso em: 19 maio 2019.

[102] BRASIL. *Lei n. 13.448, de 5 de junho de 2017.* Estabelece diretrizes gerais para prorrogação e relicitação dos contratos de parceria definidos nos termos da Lei n. 13.334, de 13 de setembro de 2016, nos setores rodoviário, ferroviário e aeroportuário da administração pública federal, e altera a Lei n. 10.233, de 5 de junho de 2001, e a Lei n. 8.987, de 13 de fevereiro de 1995. Brasília, DF: Presidência da República, [2017]. Disponível em: http://www.planalto.gov.br/ccivil_03/_ato2015-2018/2017/lei/l13448.htm#:~:text=1%C2%BA%20Esta%20Lei%20estabelece%20diretrizes,e%20a%20Lei%20n%C2%BA%208.987%2C. Acesso em: 18 set. 2020.

[103] Muito embora o artigo refira-se especificamente às alterações decorrentes "da modernização, da adequação, do aprimoramento ou da ampliação dos serviços", parece pouco controverso que praticamente todas as alterações contratuais possam se enquadrar mais ou menos em alguma dessas categorias, de modo que é razoável supor que a dicção do dispositivo legal é suficientemente abrangente para compreender quase todo tipo de mudança no contrato.

> É temerário qualquer entendimento pela aplicabilidade do disposto no § 1º do art. 65 da Lei de Licitações (Lei 8.666/93) aos contratos de parceria, limitando os acréscimos e supressões a 25% do contrato. Seria como obrigar o gestor a um exercício irreal de futurologia, que projetará previsões perfeitas pelo longo prazo da concessão, com estreitíssima margem de ajustes. O órgão regulador certamente será obrigado a renegociações para além desses parâmetros em um prazo mais longo (para baixo ou para cima a depender da trajetória da economia), com o intuito de manutenção do equilíbrio econômico-financeiro do contrato.[104]

Não obstante o advento de normativo expressamente afastando, para os contratos de parceria, a incidência dos limites à mutabilidade contratual estabelecidos na Lei Federal n. 8.666/1993, a legislação não esclareceu nem a amplitude setorial – a regra vale para contratos de parceria de todos os setores de infraestrutura? –, nem a abrangência temporal – a regra seria aplicável aos contratos em curso? – da norma. Diante disso, o tópico 3.3.1 dedica-se a contribuir para a definição da abrangência setorial e temporal do art. 22 da Lei Federal n. 13.448/2017.

[104] Destacam-se, também, os seguintes trechos do parecer: "Note-se que estamos lidando com contratos de prazo bastante longo, contados por décadas. É evidente que o contexto econômico no qual tais contratos se inserem tende a mudar dramaticamente neste período e com ele as necessidades de ajustes nos contratos, notadamente novos investimentos. [...] A natureza do contrato de concessão de infraestrutura, com custos afundados expressivos de longo prazo é completamente distinta dos contratos administrativos mais frequentes, de compras e obras públicas de menor porte, e requer uma flexibilidade bem mais significativa. Sendo assim, definimos, no art. 22, que os contratos de parceria poderão ser alterados, mediante acordo celebrado entre Administração Pública e contratantes, quando necessária a modificação do valor contratual em decorrência de acréscimo ou diminuição quantitativa ou qualitativa de seu objeto" (BRASIL. *Medida Provisória n. 752, de 24 de novembro de 2016.* Documentos. Pareceres. Relatório Legislativo. Brasília: Deputado Sérgio de Souza, [2017], p. 34. Disponível em: https://www.congressonacional.leg.br/materias/medidas-provisorias/-/mpv/127644. Acesso em: 20 out. 2020).

### *3.3.1 Da abrangência setorial e temporal do art. 22 da Lei Federal n. 13.448/2017*

Muito embora a Lei Federal n. 13.448/2017 estabeleça "diretrizes gerais para prorrogação e relicitação dos contratos de parceria definidos nos termos da Lei n. 13.334, de 13 de setembro de 2016, nos setores rodoviário, ferroviário e aeroportuário da administração pública federal" (conforme art. 1º),[105] é preciso avaliar em que medida as disposições do art. 22 do mesmo diploma também estariam adstritas aos setores rodoviário, ferroviário e aeroportuário em âmbito federal e se seria possível cogitar da sua aplicação aos contratos de parceria celebrados previamente à promulgação da lei.

Para tanto, é importante interpretar o dispositivo na sua conjuntura histórica:[106] seu advento está inserido em claro contexto de reconhecimento, pelo legislador, de interpretação consolidada acerca da inaplicabilidade dos limites quantitativos do art. 65 da Lei Federal n. 8.666/1993 aos contratos de parceria.[107] Essa interpretação consolidada, por sua vez, jamais distinguiu setores de infraestrutura ou o momento de celebração do contrato: é uma questão de regime jurídico e não casuística setorial.

Nesse diapasão, tampouco faz sentido que o art. 22 seja interpretado como restrito às parcerias celebradas na esfera federal e aos setores rodoviário, ferroviário e aeroportuário, na medida em que não seria interpretação compatível com o contexto histórico no qual a norma foi emanada. Indo além,

[105] BRASIL. *Lei n. 13.448, de 5 de junho de 2017.* Estabelece diretrizes gerais para prorrogação e relicitação dos contratos de parceria definidos nos termos da Lei n. 13.334, de 13 de setembro de 2016, nos setores rodoviário, ferroviário e aeroportuário da administração pública federal, e altera a Lei n. 10.233, de 5 de junho de 2001, e a Lei n. 8.987, de 13 de fevereiro de 1995. Brasília, DF: Presidência da República, [2017]. Disponível em: http://www.planalto.gov.br/ccivil_03/_ato2015-2018/2017/lei/l13448.htm#:~:text=1%C2%BA%20Esta%20Lei%20estabelece%20diretrizes,e%20a%20Lei%20n%C2%BA%208.987%2C. Acesso em: 18 set. 2020.

[106] Na linha da chamada interpretação histórica, inspirada nos estudos da Escola Histórica de Savigny, que sustenta que os textos legais representam a realidade cultural de uma dada sociedade. Nesse sentido ver: REALE, Miguel. *Lições preliminares de direito.* 25. ed., 22. tir. São Paulo: Saraiva, 2001.

[107] Conforme defendi em: PINTO, Gabriela Miniussi Engler. A revolução silenciosa: o fim dos limites à mutabilidade dos contratos de concessão. *Revista Colunistas – Direito do Estado,* Rio de Janeiro, 28 jul. 2017. Disponível em: http://www.direitodoestado.com.br/colunistas/gabriela-miniussi-engler-pinto/a-revolucao-silenciosa-o-fim-dos-limites-a-mutabilidade-dos-contratos-de-concessao. Acesso em: 19 maio 2019.

a interpretação teleológica[108] da norma indica não haver justificativa para limitar o escopo setorial e federativo do dispositivo legal, exceto pela escolha do diploma no qual ele foi inserido.[109] A finalidade da regra – de esclarecer a inaplicabilidade do art. 65 da Lei Federal n. 8.666/1993 aos contratos de parceria – não muda em função do setor ou da esfera do contrato.

Dessa perspectiva interpretativa, não há nada que distinga as parcerias de rodovias das parcerias de transporte coletivo, para fins de discussão sobre alteração contratual. Tampouco há qualquer diferença, nesse contexto, entre as parcerias federais, estaduais ou municipais. Tratar distintamente esses universos poderia gerar, inclusive, um problema de isonomia.

Além disso, o fato de o art. 22 estar topograficamente inserido no capítulo das disposições finais do diploma legal reforça seu descolamento do rol adstrito de setores a que o preâmbulo da Lei Federal n. 13.448/2017 se refere.[110] Isso porque o capítulo das disposições finais trata de temas diversos e até estranhos à temática originária da lei. Nesse sentido, destaca-se o art. 21, que altera a redação de dispositivos da Lei Federal n. 10.233/2001 – que "dispõe sobre a reestruturação dos transportes aquaviário e terrestre, cria o Conselho Nacional de Integração de Políticas de Transporte, a Agência

[108] Sobre o "elemento teleológico" na interpretação, Carlos Maximiliano assevera: "O fim inspirou o dispositivo; deve, por isso mesmo, também servir para lhe limitar o conteúdo; retifica e completa os caracteres na hipótese legal e auxilia a precisar quais as espécies que na mesma se enquadram. Fixa o alcance, a possibilidade prática" (MAXIMILIANO, Carlos. *Hermenêutica e aplicação do direito*. 18. ed. Rio de Janeiro: Forense, 2000, p. 152).

[109] É certo que não seria necessária essa discussão se o dispositivo tivesse uma redação mais clara a respeito de sua abrangência ou se houvesse ingressado no ordenamento por meio de legislação que não suscitasse esse tipo de dúvida.

[110] Aliás, note-se que, quando a lei quis estabelecer a abrangência setorial de suas disposições, foi explícita nesse sentido, como se vê da redação do art. 5º: "A prorrogação contratual e a prorrogação antecipada do contrato de parceria nos setores rodoviário e ferroviário observarão as disposições dos respectivos instrumentos contratuais, balizando-se, adicionalmente, pelo disposto nesta Lei" (BRASIL. *Lei n. 13.448, de 5 de junho de 2017.* Estabelece diretrizes gerais para prorrogação e relicitação dos contratos de parceria definidos nos termos da Lei n. 13.334, de 13 de setembro de 2016, nos setores rodoviário, ferroviário e aeroportuário da administração pública federal, e altera a Lei n. 10.233, de 5 de junho de 2001, e a Lei n. 8.987, de 13 de fevereiro de 1995. Brasília, DF: Presidência da República, [2017]. Disponível em: http://www.planalto.gov.br/ccivil_03/ato2015-2018/2017/lei/l13448.htm#:~:text=1%C2%BA%20Esta%20Lei%20estabelece%20diretrizes,e%20a%20Lei%20n%C2%BA%208.987%2C. Acesso em: 18 set. 2020.

Nacional de Transportes Terrestres, a Agência Nacional de Transportes Aquaviários e o Departamento Nacional de Infraestrutura de Transportes, e dá outras providências"[111] –, tema também tangencial ao cerne da Lei Federal n. 13.448/2017. Em resumo, a própria topografia do art. 22 indica a horizontalidade de sua aplicação, que não deve ser limitada aos setores rodoviário, ferroviário e aeroportuário.

Nessa linha interpretativa, também faz sentido não haver restrições de ordem temporal quanto à sua incidência. Isto é, a inaplicabilidade dos limites quantitativos do art. 65 da Lei Federal n. 8.666/1993 às parcerias deveria valer também para os contratos já celebrados à época da promulgação da Lei Federal n. 13.448/2017. Novamente não há, nesse particular, nenhuma justificativa que sustente tratamento distinto para as parcerias celebradas antes ou depois da Lei Federal n. 13.448/2017. De acordo com a interpretação histórica, o explícito afastamento das regras dos §§ 1º e 2º do art. 65 da Lei n. 8.666/1993 apenas reflete o reconhecimento da realidade em torno de tema já introjetado na cultura jurídica e, por isso, deveria ter aplicação ampla.

Feitas essas considerações, é necessário admitir o esforço interpretativo para conferir a amplitude setorial e temporal defendidas nesta obra e a persistência de opiniões contrárias, que não reconhecem a inaplicabilidade dos limites dos §§ 1º e 2º do art. 65 da Lei Federal n. 8.666/1993 às parcerias.[112] Apesar da consistência teórica dos argumentos desenvolvidos, reconhece-se que a interpretação se beneficiaria de nova alteração legislativa que

[111] BRASIL. *Lei n. 10.233, de 5 de junho de 2001.* Dispõe sobre a reestruturação dos transportes aquaviário e terrestre, cria o Conselho Nacional de Integração de Políticas de Transporte, a Agência Nacional de Transportes Terrestres, a Agência Nacional de Transportes Aquaviários e o Departamento Nacional de Infraestrutura de Transportes, e dá outras providências. Brasília, DF: Presidência da República, [2001]. Disponível em: http://www.planalto.gov.br/ccivil_03/leis/leis_2001/L10233.htm#:~:text=Disp%C3%B5e%20sobre%20a%20reestrutura%C3%A7%C3%A3o%20dos,Transportes%2C%20e%20d%C3%A1%20outras%20provid%C3%AAncias. Acesso em: 19 set. 2020.

[112] Nesse sentido, é sintomática a rejeição, no âmbito da I Jornada de Direito Administrativo (realizada pelo Centro de Estudos Judiciários do Conselho da Justiça Federal [CEJ/CJF] em agosto de 2020), da seguinte proposta de enunciado: "Os limites para alteração dos contratos administrativos previstos no art. 65, §§ 1º e 2º, da Lei Federal nº 8.666/1993 não se aplicam aos contratos de concessão comum de serviço público e parceria público-privada" (BRASIL. Justiça Federal. *I Jornada de Direito Administrativo. Propostas de Enunciados. Caderno Provisório.* Brasília, [2020], p. 134. Não publicado).

consolidasse o entendimento, superando em definitivo as controvérsias acerca dos limites quantitativos à mutabilidade das parcerias.

Por fim, apenas para argumentar, é preciso reconhecer que, ainda que o art. 22 não fosse considerado diretamente aplicável a outros setores ou aos contratos em andamento quando do advento da lei, isso não deveria significar a incidência dos limites dos §§ 1º e 2º do art. 65 da Lei Federal n. 8.666/1993 aos contratos de parceria. Independentemente da amplitude de incidência do art. 22, isso em nada altera a interpretação mais moderna de inaplicabilidade dos limites dos §§ 1º e 2º do art. 65 da Lei Federal n. 8.666/1993 às parcerias. Assim, seja porque é aplicável a todos os setores e aos contratos já celebrados, seja porque reforça visão já consolidada, o art. 22 contribuiu para superar os contornos da Lei Federal n. 8.666/1993 quando aplicada às parcerias.

Não obstante as considerações acerca da incidência do art. 22, tampouco a lei cuidou de conferir parâmetros à mutabilidade dos contratos de parceria, seja para inserção, seja para redução de escopo, o que tem o efeito prático de um referencial normativo incompleto e insuficiente para orientar a inclusão de novos investimentos em contratos de parceria.

É justamente nesse contexto de vácuo legislativo que o Capítulo 4 propõe contornos mais objetivos às hipóteses e limitações para inclusão de novos investimentos em contratos de parceria, a partir da classificação proposta no Capítulo 2.

# 4. PROPOSTA DE TRATAMENTO JURÍDICO PARA INSERÇÃO DE NOVOS INVESTIMENTOS NAS PARCERIAS

## 4.1. Metodologia proposta

Inaplicáveis aos contratos de parceria os limites quantitativos à mutabilidade contratual previstos na Lei Federal n. 8.666/1993, conforme defendido no Capítulo 3, indaga-se: quais seriam os contornos, especialmente qualitativos, a delimitar alterações nos contratos de parceria?

Os tópicos adiante propõem que a definição desses contornos – isto é, se determinado novo investimento pode ou não ser incluído no contrato de parceria – se dê a partir de processo em duas etapas.

A primeira etapa, de caráter classificatório, deve conferir enquadramento ao novo investimento em uma das três categorias propostas no Capítulo 2: (i) novos investimentos para atualização dos serviços, (ii) novos investimentos prementes ou urgentes ou (iii) novos investimentos para expansão de infraestrutura. Conforme já mencionado, as categorias propostas não são excludentes e admite-se a possibilidade de um mesmo novo investimento enquadrar-se em mais de uma categoria. Nesses casos, para efeito de aplicação da metodologia proposta, o novo investimento deve ser tratado simultaneamente nas categorias nas quais se subsume.

Já a segunda etapa, de caráter eliminatório, submete o novo investimento, conforme a(s) categoria(s) na(s) qual(is) ele se enquadra, a determinado conjunto de requisitos que, se atendidos de forma subsequente, ao final, atestam a possibilidade da legítima inserção do novo investimento no contrato de parceria como alteração contratual válida e adequada à finalidade pretendida.[113] Por outro lado, se não superados os pressupostos de atendimento a qualquer dos requisitos que compõem a segunda etapa, então o novo investimento proposto extrapola os limites qualitativos para inserção na parceria em análise.

De acordo com a metodologia proposta, os novos investimentos enquadrados, na primeira etapa, nas categorias de "atualização dos serviços" e de "investimentos prementes" devem atender, ambos, na segunda etapa: (i) primeiro ao requisito da *necessidade*, isto é, um teste para avaliar se a alteração contratual é necessária para atingir a finalidade – o interesse público no caso concreto – que motivou a contratação; e (ii) segundo ao requisito da *vinculação*, ou seja, se a alteração pretendida está aderente ao objeto contratual. Por submeterem-se aos mesmos testes, essas duas categorias são analisadas em conjunto no tópico 4.2.

Na análise de pertinência dos novos investimentos enquadrados, na primeira etapa, na categoria "expansão de infraestrutura", a metodologia acrescenta, na segunda etapa: o (iii) terceiro requisito relativo à análise de *viabilidade* da alteração contratual pretendida *vis-à-vis* a possibilidade de nova licitação para contratação do objeto do novo investimento. Essa categoria é discutida separadamente no tópico 4.3.

Por fim, não como um requisito de legitimidade, mas como condição para o aperfeiçoamento da inclusão do novo investimento, é fundamental que a alteração contratual venha acompanhada da preservação da equação econômico-financeira do contrato e dos direitos da concessionária, inclusive com anuência nas hipóteses elencadas no Capítulo 6.

De maneira geral, o teste da *necessidade* avalia a prescindibilidade (ou não) do novo investimento na parceria, enquanto o requisito da *vinculação* pondera a sua correspondência ao objeto do contrato de parceria original. Ou seja, a *necessidade* é uma avaliação de imprescindibilidade para a adequada continuidade do serviço objeto da parceria, ao passo que a *vinculação* é um juízo de pertinência ao objeto da parceria.

Nesse sentido, pode haver algum novo investimento considerado vinculado ao objeto, mas não imprescindível. O inverso, porém, é mais difícil: um

[113] A ideia aqui é usar método semelhante aos *legal tests*, comum no direito norte-americano.

investimento considerado necessário para parceria muito provavelmente estará a ela vinculado.

No esforço de traduzir esses requisitos em perguntas, o teste de *necessidade* indagaria: "Esse novo investimento é necessário para que o serviço objeto da parceria seja tanto disponibilizado pela concessionária quanto usufruído pelo concedente/usuário plenamente?". Já o teste de *vinculação* questionaria: "Esse novo investimento está aderente ao objeto de parceria de modo que a sua inclusão não descaracteriza ou não desconfigura o contrato?".

O requisito de *viabilidade* compreende, na metodologia proposta, quatro dimensões a serem analisadas separadamente, mas, no todo, indissociáveis entre si: (i) a preservação do conceito do projeto que, embora compreenda os elementos dos requisitos de necessidade e de vinculação discutidos anteriormente, é mais amplo e volta-se para uma avaliação da lógica de concepção do projeto, com interface com o enquadramento jurídico da parceria; (ii) a viabilidade econômico-financeira, que avalia, sobretudo, a possibilidade de o novo investimento ser ou não um projeto autônomo da perspectiva econômico-financeira; (iii) a viabilidade operacional, que analisa, a partir do caso concreto, a possibilidade de o novo investimento existir ou não de forma autônoma da ótica operacional e quais as implicações (*trade-offs*) de cada cenário; e, por fim, (iv) a proporcionalidade, como exercício de ponderação entre os objetivos perseguidos com a alteração contratual para inclusão do novo investimento e a alternativa de licitação em apartado, de modo a coibir excessos e evitar insuficiências.[114]

A análise de *viabilidade* do novo investimento para expansão de infraestrutura busca responder à seguinte pergunta: considerando (i) o conceito original do projeto, (ii) a possibilidade de autonomia econômico-financeira e (iii) operacional do novo investimento para expansão de infraestrutura, bem como (iv) a proporcionalidade na alteração contratual pretendida *vis-à-vis* a alternativa de realização de nova licitação, é viável a inclusão do novo investimento na parceria? Como se vê, o teste derradeiro de viabilidade confronta a inserção do novo investimento no contrato de parceria com a possibilidade

[114] A ideia de proporcionalidade proposta aqui se aproxima, *mutatis mutandis*, da noção de proporcionalidade em sentido estrito como um dos três pilares desse princípio, tal como concebido por Robert Alexy em: ALEXY, Robert. *Teoria dos direitos fundamentais*. Trad. Virgílio Afonso da Silva. São Paulo: Malheiros, 2008.

(viabilidade) de nova licitação para delegação autônoma desse investimento no bojo de outro projeto.

Nesse sentido, vale destacar que a subsunção ao requisito de *viabilidade* não pressupõe, necessariamente, que o novo investimento em expansão de infraestrutura atenda a todas as suas dimensões. Isto é, um novo investimento que tenha aderência ao conceito do projeto pode ter autonomia econômico-financeira, mas, sem autonomia operacional, estará, ao menos em tese, legitimada a alteração contratual para inserção do novo investimento. De outro lado, um novo investimento submetido ao teste de *viabilidade* que respeite o conceito do projeto, tenha autonomia econômico-financeira e operacional, mas não passe pelo juízo de proporcionalidade não terá sido exitoso no teste de viabilidade.

A complexidade do requisito de *viabilidade* e, especialmente, o caráter subjetivo da dimensão da proporcionalidade justificam-se, sobretudo, em razão do enquadramento do novo investimento, na primeira etapa da metodologia, na categoria de "expansão de infraestrutura". Isto é, reconhece-se que o novo investimento destinado à expansão de infraestrutura é, de certa forma, menos objetivamente necessário à parceria, quando comparado às demais categorias de novos investimentos propostas, razão pela qual deve submeter-se a crivo mais elevado de pertinência, consubstanciado no requisito da viabilidade. Ademais, o elemento da proporcionalidade, embora pareça atribuir demasiada subjetividade à metodologia, cumpre justamente o objetivo de conferir a necessária flexibilidade para que a decisão do gestor, ao fim e ao cabo, possa se amoldar aos fatos. Trata-se do espaço de discricionariedade, fundamental para que as ideias (tal como a metodologia ora proposta) possam ter efetiva aderência à realidade e suas particularidades.

Por fim, no tocante à preservação do equilíbrio econômico-financeiro, como apenas pode ser avaliado diante das circunstâncias específicas do caso concreto, não será considerado nas reflexões adiante, embora seja condição para o aperfeiçoamento da alteração contratual nas parcerias. A respeito disso, são pertinentes a esta análise as considerações feitas nos Capítulos 5 e 6.

Adiante, todos esses requisitos são discutidos perante casos reais e hipotéticos, em um esforço de ilustrar com exemplos concretos a aplicabilidade da metodologia proposta. Porém, desde já se reconhece que essa sugestão metodológica não será suficiente para responder a todos os dilemas da vida real que envolvem discussões sobre inclusão de novos investimentos em contratos de parceria; há casos que se situarão em zonas cinzentas ou que merecerão, pela casuística não capturada pela metodologia, tratamento excepcionado, que evidenciará falhas no raciocínio proposto.

Não obstante, há certamente muitas situações concretas que poderão se aproveitar da metodologia proposta para responder, de forma fundamentada, sobre a possibilidade ou não de inclusão de determinado novo investimento no caso em análise.[115] Sobretudo, trata-se de contribuição que busca oferecer método para análise que, na prática, é atualmente feita de forma geralmente desestruturada, por meio de fundamentações que selecionam argumentos conforme o resultado almejado no dia, desprovidas de qualquer rigor.

## 4.2. Novos investimentos para manutenção da atualidade dos serviços e novos investimentos prementes ou emergenciais

Como já explorado, a manutenção da atualidade dos serviços e a execução de investimentos urgentes são hipóteses recorrentes que, na prática, costumam levar à inserção de novos investimentos nos contratos de parceria.

Ao refletir sobre os contornos e limites qualitativos à inserção de novos investimentos que se enquadrem nessas categorias, detalhadas nos tópicos 2.1 e 2.2, é preciso submetê-los aos testes de legitimação da alteração contratual mencionados: (i) *necessidade* para a prestação e fruição do serviço objeto da parceria; e (ii) *vinculação* ao objeto contratual.

No caso dos investimentos para atualização dos serviços, como visto no tópico 2.1, são obrigações inerentes ao escopo contratual que, geralmente, ou deveriam ter sido previstas inicialmente, à época da licitação do projeto, como investimentos contratualizados contingentes e não o foram ou são

[115] Inclusive, o raciocínio se presta também a auxiliar reflexões que não estão, em um primeiro olhar, voltadas para a análise de legitimidade da inserção de novos investimentos, como é o caso das discussões acerca das renovações antecipadas das ferrovias, no contexto da Lei Federal n. 13.448/2017. Nesses casos, a discussão acaba centrando-se na possibilidade ou não de prorrogação dos contratos quando, a rigor, deveria ser sobre a legitimidade de inserção de novos investimentos que têm, como contrapartida, o reequilíbrio por meio da extensão de prazo contratual.

investimentos decorrentes de inovações tecnológicas, naturalmente imprevisíveis, mas necessários para agregar confiabilidade na operação e conforto aos usuários na prestação dos serviços.

Justamente por essas características, os novos investimentos para atualização dos serviços são, por sua própria natureza, necessários à adequada prestação e fruição dos serviços. Isto é, sem tal investimento, haverá obsolescência que deteriorará tanto a oferta do serviço quanto o seu uso, seja pelo concedente, seja pelo usuário.

Pode haver discussão técnica, inclusive da perspectiva de impactos fiscais para o ente concedente, quanto ao melhor momento para inclusão desses novos investimentos, e essa será inescapavelmente uma análise casuística. Contudo, não há dúvida sobre a aderência dessa espécie de novo investimento ao requisito da *necessidade*.[116]

De modo até mais intuitivo, exceto em casos excepcionais,[117] é evidente que os novos investimentos para manutenção da atualidade dos serviços estão vinculados ao objeto contratual, visto que não inovam quanto ao escopo das atividades que deles se beneficiarão. Aqui, o requisito da *vinculação* estará atendido sempre que o novo investimento não puder, ou não fizer sentido, ser implantado separadamente, no bojo de nova contratação.

Como exemplo desse fenômeno pode-se pensar no caso de parceria para exploração de autódromo na qual a tecnologia para transmissão das corridas (um dos investimentos mais relevantes nesse tipo de negócio) precisa ser constantemente atualizada para garantir o estado da arte daquilo que é um dos elementos centrais da atividade. Não faria sentido, nesse caso, contratar separadamente essa atualização tecnológica se, por um lapso, isso não tivesse sido adequadamente regrado no contrato. Outro exemplo dessa indissociabilidade são os investimentos para atualização de sistemas de sinalização de uma linha metroviária com o objetivo de reduzir o tempo de intervalo entre trens. Da perspectiva operacional, não faria sentido um terceiro realizar esse investimento enquanto a concessionária presta os serviços de operação da linha, dada a íntima relação entre o sistema de sinalização e a operação do metrô.

[116] Como já alertado em outras passagens, é preciso cuidado para não submeter a esse raciocínio as "necessidades criadas" ou falsas necessidades, construídas com propósito ilegítimo.

[117] Quando uma atualização dos serviços implicar a prestação de um serviço inteiramente novo.

Eventualmente, caso a manutenção da atualidade contemple a introdução de tecnologias absolutamente distintas daquelas utilizadas para prestação do serviço até então, e não previstas no contrato, haverá necessidade de maior reflexão técnica quanto à efetiva vinculação do investimento ao objeto da parceria, na medida em que, no limite, se estaria diante de um novo serviço por completo. Um exemplo disso seria a introdução do *free flow* em concessões rodoviárias que, em nenhuma medida, anteviram esse investimento.[118] Em regra, porém, essa é a categoria de novos investimentos na qual o atendimento ao requisito da *vinculação* é menos controverso.

De forma semelhante, os novos investimentos para enfrentamento de situações prementes, exceto nos casos em que a premência se deu de forma deliberada pela atuação desidiosa ou mesmo dolosa de agentes envolvidos, também, pela sua natureza, já se subsumem ao pressuposto de *necessidade* e, nesse caso, até de forma mais evidente que na hipótese dos investimentos para atualização dos serviços, dado que a necessidade é a própria motivação do novo investimento e sem ela o interesse público subjacente à contratação estaria de todo comprometido. A ideia de premência aqui está intimamente conectada à noção de continuidade do serviço público.

Interessante notar que, ao analisar a questão da modificação contratual da perspectiva da discricionariedade do gestor público, Antônio Carlos Cintra Amaral vai além para sustentar que:

> Se a modificação (alteração, adaptação ou complementação) do projeto é considerada, tecnicamente, a melhor para atingir-se o "interesse coletivo primário", há discricionariedade administrativa, ou seja, o agente público tem o poder de efetuar ou não a modificação. Se, no entanto, por motivo de técnica de engenharia a modificação é considerada indispensável à realização desse interesse, há vinculação administrativa, ou seja, o agente público tem o dever de efetuar a modificação.[119]

[118] Sobre o tema, *vide* notas de rodapé n. 25 e 26.

[119] AMARAL, Antônio Carlos Cintra. *Ato administrativo, licitações e contratos administrativos*. São Paulo: Malheiros, 1995, p. 129.

Ou seja, se o novo investimento for de tal modo indispensável à consecução do interesse público subjacente ao objeto da parceria – o que pode se verificar especialmente nos casos de situações prementes, como fica claro no exemplo da construção de nova adutora para captação de água, mencionado no tópico 2.2 – a rigor, nem sequer haveria espaço para uma decisão discricionária do gestor: ele estaria obrigado a propô-lo.

É preciso atenção, contudo, para que a *necessidade* não seja tratada como elemento onipresente, no sentido de necessidades infinitas. A *necessidade* está associada, obrigatoriamente, à consecução dos objetivos da parceria. Se a necessidade diz respeito a outros fins, ela não atende adequadamente ao requisito em tela. Exemplifica a situação o caso da concessão do Estádio do Pacaembu do município de São Paulo,[120] no qual, durante a pandemia causada pelo Coronavirus Disease 2019 (Covid-19) que assolou o planeta, foi construído pela concessionária um hospital de campanha com duzentos leitos.

Embora em um primeiro olhar esses investimentos pudessem ser vistos como novos investimentos para atendimento de situação emergencial, é preciso reconhecer que falta o elemento associativo da *necessidade* aos fins da parceria e, também nesse caso, de *vinculação* com objeto do contrato originário, de modo que os investimentos para construção do hospital de campanha pela concessionária não poderiam ser legitimamente considerados novos investimentos para atendimento de situação premente. A solução, no caso, deveria ser via requisição administrativa do espaço combinada com contratação emergencial para construção da infraestrutura hospitalar, diante do estado de calamidade decretado em decorrência da pandemia.

Já o requisito de *vinculação* deve ser analisado a partir da efetiva aderência do novo investimento ao objeto da parceria. Isto é, em que medida há, ou é possível construir, vínculo de pertinência entre o novo investimento necessário ao enfrentamento da questão premente e o objeto originalmente concebido pelo contrato de parceria. Na maioria dos casos, à semelhança do que ocorre com os novos investimentos para manutenção da atualidade dos serviços, o requisito de *vinculação* na hipótese dos novos investimentos prementes será

[120] SÃO PAULO. Prefeitura do Estado de São Paulo. Secretaria Municipal de Esportes e Lazer. Informações sobre o processo licitatório de concessão do Pacaembu. *Concorrência Internacional n. 01/SEME/2018*. Disponível em: https://www.prefeitura.sp.gov.br/cidade/secretarias/esportes/estadio_pacaembu/index.php?p=256256. Acesso em: 19 maio 2019.

atendido de forma quase intuitiva, em decorrência da própria natureza de tais investimentos. Por exemplo, no caso de rodovia que teve o tráfego interrompido por deslizamento de terra que culminou na destruição de trecho da via, sendo necessários novos investimentos para equacionar o problema. Não há dúvidas quanto à subsunção ao requisito de *vinculação* de novos investimentos para atendimento de situação urgente.

Não obstante, é importante que essa avaliação considere a amplitude da linguagem contratual no sentido de ponderar se o escopo contemplado pelo novo investimento é pertinente ao contrato.[121] Nos casos em que o contrato nada dispuser a respeito, é relevante que uma avaliação técnica (por exemplo, de engenharia) possa determinar se a solução proposta pelo novo investimento para o tratamento da emergência de fato se presta a equacionar a questão como solução integrada ao escopo original da parceria. Não existindo tal(is) paralelo(s) contratual e/ou técnico, haverá dúvida acerca da efetiva subsunção do novo investimento ao requisito de vinculação, o que pode levar o gestor a, embora reconhecendo a necessidade do novo investimento, optar por executá-lo no âmbito de nova licitação, de modo a evitar questionamentos, sobretudo dos órgãos de controle.

Exemplo de situação que gerou dúvida sobre a *vinculação* é a concessão do Rodoanel Norte no estado de São Paulo.[122] No passado, o estado decidiu implantar a rodovia *greenfield* por meio de lotes de contratos de obra pública e conceder, separadamente, a operação e a manutenção da rodovia. A licitação da concessão, realizada enquanto as obras ainda estavam em andamento, foi exitosa e a proponente vencedora ofereceu mais de R$ 880 milhões de outorga fixa; as obras, porém, não foram finalizadas no prazo original e os respectivos contratos foram rescindidos.

O estado de São Paulo estudou internamente a possibilidade de inserir as obras remanescentes como novo investimento no contrato de concessão,

[121] Daí a importância de uma modelagem contratual consistente (conforme discutido no Capítulo 7) que possa conferir o necessário conforto ao gestor público no processo decisório acerca da inserção, ou não, do novo investimento.

[122] Concorrência Internacional n. 01/2017. Mais informações sobre o projeto podem ser encontradas em: SÃO PAULO (Estado). Agência de Transporte do Estado de São Paulo. *Lote Rodoanel Norte*. São Paulo, [2020]. Disponível em: http://www.artesp.sp.gov.br/Style%20Library/extranet/novas-paginas/CustomPage.aspx?page=55. Acesso em: 19 maio 2019.

considerando que a não conclusão das obras caracteriza-se como situação premente, que gera prejuízos não apenas à população, que deixa de fruir da infraestrutura, mas, especialmente, ao estado, que passa a ter gastos com as obras paradas, como ocupação irregular de áreas já desocupadas, despejo de lixo nas vias e perecimento da infraestrutura já implantada.

Se avaliada a questão sob a ótica da metodologia proposta nesta obra, a primeira pergunta seria sobre o requisito da *necessidade*: os novos investimentos para conclusão das obras viárias são necessários para alcançar os objetivos da concessão do Rodoanel Norte? Absolutamente. Afinal, não há como operar e manter uma infraestrutura ainda não concluída.

A segunda pergunta seria: os novos investimentos estão vinculados ao objeto da concessão rodoviária? Nesse ponto, não houve consenso (embora não nesses termos) sobre a efetiva *vinculação* desses novos investimentos ao escopo original da parceria, tendo em vista tratar-se de concessão voltada, sobretudo, à operação e à manutenção da rodovia e não à atividade de construção. Ao final, a decisão do estado foi pela não inclusão das obras remanescentes como novos investimentos na concessão licitada[123] e realização de nova licitação da concessão do trecho, dessa vez incluindo as obras remanescentes.[124]

[123] Em nota pessoal, acredito que havia substrato contratual para subsunção ao requisito da vinculação e, portanto, para amparar a inserção dos novos investimentos, tendo em vista que o próprio contrato de concessão previu e regulou eventuais dispêndios da concessionária com reparos nas obras recebidas do concedente, antevendo, assim, a possibilidade de haver obras inacabadas. Nesse sentido, ver o Anexo 18 do Edital de Licitação (CONDIÇÕES DE TRANSIÇÃO DA MALHA RODOVIÁRIA INTEGRANTE DO SISTEMA RODOVIÁRIO): "3.1. A partir da data da assinatura dos TERMOS DE TRANSFERÊNCIA INICIAL e do SISTEMA REMANESCENTE, a CONCESSIONÁRIA, por si ou pelo RELATOR aprovado nos termos deste Anexo, ficará autorizada a adotar providências voltadas à verificação: (i) das incompatibilidades entre os Projetos Executivos das obras a cargo do Poder Concedente e o projeto efetivamente implantado; (ii) do padrão técnico dos elementos implantados e das normas e legislações vigentes exigidas pela Artesp; (iii) das circunstâncias geológicas; e (iv) dos eventuais passivos e/ou irregularidades ambientais; tudo quando não previstos em CONTRATO e ANEXOS como riscos da CONCESSIONÁRIA. [...] 4.10. As falhas e incorreções apontadas pelo RELATOR e aprovadas pela Artesp configurarão, necessariamente, EVENTO DE DESEQUILÍBRIO, caso sua correção seja atribuída à CONCESSIONÁRIA. [...] 5.8.1. A extensão dos EVENTOS DE DESEQUILÍBRIO e montante para efetuar a respectiva recomposição do equilíbrio econômico-financeiro do CONTRATO, que sejam objeto de controvérsia, poderão ser discutidos em arbitragem, mas constarão do TERMO DE ACERTO DE CONTAS. 5.8.1.1. Caso a Artesp reprove integral ou parcialmente o RELATÓRIO DE VISTORIA CONSOLIDADO do RELATOR, o saldo necessário para pagar o valor controverso permanecerá na

Em conclusão, o que se extrai das considerações feitas até aqui é que tanto os novos investimentos para manutenção da atualidade dos serviços quanto os novos investimentos para atendimento de situações urgentes, ao se submeterem aos testes de *necessidade* e *vinculação*, em regra, atendem a esses requisitos de forma praticamente sumária, uma vez que a própria essência de tais investimentos sugere essa subsunção.

Nesse sentido, propõe-se que a inclusão de novos investimentos em contratos de parceria que se enquadrem nas categorias de atualização dos serviços e atendimento de questões prementes está sujeita à avaliação de mera conformidade aos requisitos de *necessidade* e *vinculação*, isto é, a um juízo simplificado de viabilidade jurídica, pela própria natureza desses novos investimentos. Esse juízo simplificado significa que, desde que esses novos investimentos sejam destinados efetivamente para manutenção da atualidade dos serviços ou para enfrentar situações urgentes para consecução do objeto da parceria (necessários) e pertinentes ao objeto da parceria (vinculados), o próprio enquadramento nessas categorias já seria o crivo jurídico de pertinência qualitativa desses novos investimentos para os contratos em curso.

CONTA RESERVA DE OUTORGA, sem qualquer movimentação, até a NOTIFICAÇÃO DE REEQUILÍBRIO CONTROVERSO. 5.8.1.2. Na hipótese de validação parcial prevista na cláusula 5.7.1 supra, a decisão da Artesp é suficiente para ensejar a NOTIFICAÇÃO DE REEQUILÍBRIO INCONTROVERSO, por parte da Artesp ao BANCO DEPOSITÁRIO, sem prejuízo dos prazos previstos na cláusula 5.3(vi) supra. [...] 6.4. O CONTRATO poderá ser extinto antecipadamente por iniciativa de quaisquer das PARTES, quando da eventual ocorrência das seguintes hipóteses, observado o regramento estabelecido por este CONTRATO: [...] iii. O montante incontroverso devido pelo PODER CONCEDENTE à CONCESSIONÁRIA previsto no TERMO DE ACERTO DE CONTAS seja maior que o valor indicado na tabela a seguir, de acordo com o ano da CONCESSÃO em que o TERMO DE ACERTO DE CONTAS tenha sido assinado: • Ano 1 R$ 523.251.292,00. • Ano 2 R$ 534.268.627,00. • Ano 3 R$ 541.568.440,00. • Ano 4 R$ 548.947.783,00. • Ano 5 R$ 556.448.533,00. • Ano 6 R$ 564.046.300,00" (SÃO PAULO [Estado]. Agência de Transporte do Estado de São Paulo. *Lote Rodoanel Norte*. São Paulo, [2020]. Disponível em: http://www.artesp.sp.gov.br/Style%20 Library/extranet/novas-paginas/CustomPage.aspx?page=55. Acesso em: 20 out. 2020). Evidentemente, a inserção da conclusão das obras como novo investimento no bojo da concessão dependeria de concordância da concessionária, conforme discutido no Capítulo 6.

124 Documentos da consulta pública disponíveis em http://www.artesp.sp.gov.br/Style%20 Library/extranet/novas-paginas/CustomPage.aspx?page=55. O projeto estava em fase de consulta pública no momento de elaboração desta obra.

Isso não significa dizer que inexistem limites qualitativos à mutabilidade contratual, em abstrato, nesses casos, mas sim que a própria natureza desses novos investimentos legitima a inclusão dessas obrigações nos contratos de parceria, pois pressupõe a subsunção aos requisitos de *necessidade* (para atingimento da finalidade que motivou a contratação) e *vinculação* (à natureza do objeto contratual). No caso dos novos investimentos para atualização dos serviços, pode-se ainda dizer que eles já integram o próprio objeto do contrato de parceria. A reflexão necessária nessas hipóteses de inclusão de novos investimentos em parcerias é de compatibilidade técnica e suficiência, abordada no tópico 4.2.1.

Em outras palavras, se o novo investimento se enquadrar nas categorias (i) de atualização dos serviços e (ii) de atendimento de questões prementes, além de não incidirem os limites quantitativos à alteração contratual, também nesses casos não haverá limites qualitativos à inserção desses investimentos adicionais, em decorrência da sua natureza. As balizas para inclusão desses novos investimentos terão contornos definidos pela consensualidade entre as partes, pela análise de compatibilidade técnica e suficiência e pelo desenho do reequilíbrio contratual, elementos esses discutidos adiante.

Por fim, na linha de raciocínio desenvolvida até aqui, não cabe discutir a incidência do art. 175[125] da Constituição Federal (CF) nos casos de novos investimentos que se enquadrem nas categorias de manutenção da atualidade dos serviços e de investimentos prementes, visto serem investimentos inerentes à consecução do contrato de parceria originário, intrínsecos ao próprio projeto. Isto é, são investimentos que não caracterizam nova delegação e, portanto, não estão sujeitos a nova licitação.

125 "Art. 175. Incumbe ao Poder Público, na forma da lei, diretamente ou sob regime de concessão ou permissão, sempre através de licitação, a prestação de serviços públicos. Parágrafo único. A lei disporá sobre: I – o regime das empresas concessionárias e permissionárias de serviços públicos, o caráter especial de seu contrato e de sua prorrogação, bem como as condições de caducidade, fiscalização e rescisão da concessão ou permissão; II – os direitos dos usuários; III – política tarifária; IV – a obrigação de manter serviço adequado" (BRASIL. [Constituição Federal (1988)]. *Constituição da República Federativa do Brasil de 1988*. Brasília, DF: Presidência da República, [2020]. Disponível em: http://www.planalto.gov.br/ccivil03/constituicao/constituicao.htm. Acesso em: 20 set. 2020).

### *4.2.1. Análise de compatibilidade técnica e suficiência*

A análise de compatibilidade técnica e suficiência é uma avaliação da perspectiva tanto do poder concedente quanto da concessionária.

Pela ótica da concessionária, a análise de compatibilidade técnica deve identificar e definir de que forma – com quais equipamentos, abordagens, intervenções, soluções de engenharia, etc. – o objetivo perseguido com a inclusão de novos investimentos para atualização dos serviços ou atendimento de questões prementes é alcançado.

Por exemplo, o caso de atualização dos serviços de transporte metroviário em que se verifica a necessidade de substituição de material rodante obsoleto por novos equipamentos. Há, no mercado, dependendo da tecnologia em questão, um conjunto de alternativas mais caras ou mais baratas, de qualidade geral superior ou inferior, para opção. De modo similar, é necessário um crivo sobre a suficiência desses novos investimentos, no caso, exemplificada pelo número de trens necessários ao transporte da demanda do modal.

Na hipótese dos novos investimentos para o enfrentamento de situações urgentes, por vezes a decisão sobre compatibilidade técnica e suficiência é uma avaliação mais difícil, premida no tempo e, geralmente, cercada de variáveis desconhecidas das partes. Na medida do possível e sendo pertinente ao caso concreto, as partes podem buscar opiniões de auditores independentes para chancelar as métricas adotadas e robustecer a decisão tomada.

Além disso, em princípio e salvo circunstâncias específicas (como novos investimentos em fim de contrato), faz sentido que as escolhas sobre compatibilidade técnica e suficiência sejam fruto de consenso entre as partes[126] e que seja considerado, na decisão, o fato de que a concessionária será responsável

[126] Essa é uma visão que busca temperar os chamados poderes exorbitantes da Administração Pública, que conferem prerrogativa de alteração unilateral dos contratos "para melhor adequação às finalidades de interesse público" (art. 58, I, da Lei Federal n. 8.666/1993), à realidade complexa dos contratos de parceria, que requer mais interlocução e consensualidade entre partes para o verdadeiro atingimento do interesse público (BRASIL. *Lei n. 8.666, de 21 de junho de 1993.* Regulamenta o art. 37, inciso XXI, da Constituição Federal, institui normas para licitações e contratos da Administração Pública e dá outras providências. Brasília, DF: Presidência da República, [1993]. Disponível em: http://www.planalto.gov.br/ccivil_03/leis/l8666cons.htm. Acesso em: 19 set. 2020).

pela manutenção e operação desses novos equipamentos por, geralmente, um longo período.

Muito embora a avaliação de compatibilidade técnica e suficiência, em regra e na prática, seja feita posteriormente à decisão de inclusão do novo investimento, ela é importante para legitimar a alteração contratual da perspectiva dos limites qualitativos à mutabilidade dos contratos de parceria. Isto é, apenas serão legítimas as alterações contratuais para inclusão de novos investimentos visando à manutenção da atualidade dos serviços e ao enfrentamento de situações prementes se tais investimentos forem adequados tecnicamente e suficientes para atender às necessidades do empreendimento. Isso busca proteger o empreendimento de acréscimos voluptuosos desnecessários ao atingimento da finalidade perseguida, por parte tanto do concedente quanto da concessionária.

Além disso, da perspectiva da concessionária, a análise de compatibilidade técnica e suficiência confunde-se com a condição de aperfeiçoamento da alteração contratual associada à preservação do equilíbrio econômico-financeiro da parceria. Esse tema será retomado nos Capítulos 5 e 6, inclusive para discutir em quais circunstâncias a concessionária poderia recusar a alteração contratual para inclusão do novo investimento.

Daí por que faz sentido, de acordo com as melhores práticas, exigir contratualmente um procedimento prévio de avaliação do novo investimento com o objetivo de permitir que as partes avaliem tanto das suas respectivas perspectivas quanto da ótica do próprio empreendimento se o novo investimento é compatível tecnicamente e suficiente ou não e o que seria preciso fazer para que assim o fosse.

Por fim, da ótica do poder concedente, a análise de compatibilidade técnica e suficiência volta-se, sobretudo, às preocupações de política pública associadas à modicidade tarifária (nos casos em que há remuneração por tarifa) e a questões de ordem fiscal, quando a viabilidade do empreendimento (ou, especificamente, do novo investimento) depende do dispêndio de recursos públicos. Nesse último caso, é fundamental que o concedente avalie o comprometimento fiscal que o novo investimento lhe acarretará – e também as implicações financeiras, especialmente de médio e longo prazos, de não o fazer –, de modo que a legitimidade do novo investimento dependa da aderência às regras de responsabilidade fiscal e da boa gestão dos recursos públicos por parte do concedente, bem como de mecanismos que assegurem o fiel cumprimento das obrigações por ele assumidas.

### 4.3. Novos investimentos para expansão de infraestrutura

A discussão é mais complexa quando a inclusão de novos investimentos se enquadra, na primeira etapa da metodologia aqui proposta, na categoria de expansão de infraestrutura. Nesse caso, e diferentemente das outras duas categorias, não se pode, de antemão, afastar os limites qualitativos à inserção dessa natureza de novos investimentos, ainda que sobre ela não incidam limites quantitativos à mutabilidade contratual. Isto é, não há, na largada, pela natureza do investimento, subsunção aos pressupostos de *necessidade* e *vinculação*. E, não atendidos esses requisitos, não seria lícita a inclusão do novo investimento.[127] Mais do que isso: para além dos juízos de *necessidade* e *vinculação*, há também o requisito de *viabilidade*, que busca avaliar se a inserção do novo investimento na parceria é (ou não) a melhor alternativa à Administração Pública *vis-à-vis* a opção de nova licitação.

No caso dos investimentos para expansão de infraestrutura, o requisito de *necessidade* ganha contornos mais abrangentes. Isto é, não é apenas um juízo sobre necessidade do investimento para a adequada prestação e fruição dos serviços no âmbito do contrato de parceria em si, mas também uma avaliação do quão necessário é aquele serviço para a consecução das políticas públicas do governo, e do quanto o escopo original foi (in)suficiente para fazer frente a tais necessidades. Em outras palavras, a *necessidade* aqui é uma avaliação do quanto aquele serviço (objeto da parceria) precisa ser expandido para atender às finalidades públicas a que se propõe.

[127] Ao tratar do requisito de vinculação, Carlos Ari Sundfeld afirma que "seria ilícito incluir, entre as obrigações assumidas pela concessionária em virtude da licitação, encargo novo que se afigurasse desprovido de qualquer conexão com o objeto licitado. É o que ocorreria, por exemplo, se o poder concedente transferisse à concessionária de serviço público rodoviário o dever de construir escolas ou postos de saúde ao longo da rodovia" (SUNDFELD, Carlos Ari; CÂMARA, Jacintho Arruda; SOUZA, Rodrigo Pagani de. Concessão de serviço público: limites, condições e consequências da ampliação dos encargos da concessionária. *In*: OLIVEIRA, Farlei Martins Riccio [coord.]. *Direito administrativo Brasil-Argentina*: estudos em homenagem a Agustín Gordillo. Belo Horizonte: Del Rey, 2007).

O caso da PPP de escolas do município de Belo Horizonte/MG, mencionado no tópico 2.3, exemplifica bem esse raciocínio. Por meio de tal parceria, o munícipio pretendeu disponibilizar novas unidades educacionais e fornecer serviços de *facility*, tendo em vista a política pública de provimento adequado de educação infantil gratuita. Depois que o projeto foi exitosamente implementado, percebeu-se que a necessidade desses serviços era superior à originalmente prevista em contrato e que, assim, haveria necessidade de expansão do escopo original da parceria, de modo a atender plenamente ao município.[128] A expansão de infraestrutura, nesse caso, atende ao requisito da *necessidade*.

Já o requisito de *vinculação* se manifesta, no caso dos novos investimentos para expansão de infraestrutura, da mesma forma que nas demais categorias de novos investimentos. Isto é, o juízo a ser feito é de pertinência ao objeto originário da parceria. Nesse sentido, por exemplo, não atenderia ao quesito de *vinculação* um novo investimento para construção e operação de unidades escolares a ser incluído em uma PPP de hospitais.

Em alguns casos, a avaliação do requisito de *vinculação* passa pela compatibilidade espacial do novo investimento em expansão de infraestrutura, a partir da identificação da área geográfica de interferência do empreendimento original. Por exemplo, faz sentido que as expansões rodoviárias e ferroviárias sejam em trechos contíguos às parcerias originais.

No âmbito dos novos investimentos para expansão de infraestrutura, para além das análises de *necessidade* e *vinculação*, conforme mencionado no tópico 4.1, também é fundamental a avaliação de *viabilidade* do novo investimento, que se divide em quatro dimensões.

A primeira dimensão diz respeito à preservação do conceito do projeto no sentido de manter fidelidade à lógica original da parceria. Nessa direção, um projeto que tenha, por exemplo, escopo de construção e operação de determinada infraestrutura é diferente, da perspectiva conceitual, de um

[128] Frise-se: é preciso encarar com naturalidade esse tipo de fenômeno. Ao gestor responsável pela estruturação do projeto é difícil, e em certos casos até impossível, antever todas as necessidades a serem atendidas pelo projeto, sobretudo em setores nos quais o projeto é pioneiro, como no exemplo em tela. A expectativa, geralmente dos controladores, de que todas as necessidades sejam previstas e contempladas na largada, de modo a evitar a inclusão de novos investimentos nos contratos de parceria, é, na maioria das vezes, irreal.

projeto voltado apenas para operação. Ou, então, um projeto que tenha como beneficiária a Administração Pública (como uma concessão administrativa) é conceitualmente distinto de um projeto cujo escopo seja a prestação de serviços aos usuários.

Como se vê, a ideia de preservação do conceito do projeto guarda íntima relação com o enquadramento jurídico da parceria – se é concessão comum, patrocinada, administrativa, arrendamento, etc. –, mas extrapola a análise estritamente normativa para identificar o conceito originário da parceria e, feito isso, avaliar em que medida o novo investimento proposto preserva ou distorce a lógica concebida na modelagem do projeto. Essa dimensão do requisito de *viabilidade* é talvez a mais abstrata de todas, mas também é a análise que melhor ancorará a reflexão acerca da pertinência qualitativa do novo investimento.

Imagine-se, por exemplo, uma concessão rodoviária que tenha como proposta de novo investimento para expansão de infraestrutura a construção de prolongamento da rodovia em mais vinte quilômetros (*greenfield*). Sob análise do critério de preservação do conceito do projeto, cabe indagar: a concessão original contemplava investimentos em obras (construção) ou o escopo compreendia apenas operação, manutenção e exploração? Realizada a obra, quem será responsável pela operação da extensão: a própria concessionária ou terceiro (inclusive o Poder Público)? As respostas a essas questões passam também pela análise das disposições do contrato de parceria em questão, que é o documento que oferece os contornos conceituais do projeto, o que reforça a interface jurídica dessa dimensão de análise da *viabilidade*. De todo modo, o exemplo sinaliza que estaria mais aderente ao conceito do projeto o novo investimento (a extensão rodoviária) operado pela própria concessionária.

A segunda dimensão de análise de *viabilidade* diz respeito à viabilidade econômico-financeira do novo investimento. A pergunta formulada aqui é: em que medida o novo investimento proposto poderia ser um projeto autônomo, da perspectiva econômico-financeira? No caso das concessões comuns, por exemplo, a análise de viabilidade econômico-financeira avalia o novo investimento como empreendimento sustentável a partir das receitas tarifárias e não tarifárias, já que o projeto não conta com recursos adicionais do Poder Público.

Isso significa elaborar um fluxo de caixa do projeto e avaliar se o Valor Presente Líquido (VPL)[129] desse fluxo é positivo ou negativo, considerando uma taxa de desconto que reflita os riscos do empreendimento. Sendo o VPL positivo, então o novo investimento tem viabilidade isoladamente e poderia, ao menos em tese e exclusivamente da perspectiva econômico-financeira, manter-se como uma concessão autônoma. Contudo, sendo o VPL negativo, o novo investimento não teria viabilidade econômico-financeira isoladamente, o que, por si só, já seria indicativo da inviabilidade de concessão comum autônoma do trecho.[130] Nesse caso, faria mais sentido, portanto, incluir o novo

[129] O VPL é definido como o somatório entre o valor presente das entradas de caixa (receitas) e o valor presente das saídas de caixa (despesas) do projeto. Esse método desconta os fluxos de caixa do projeto a determinada taxa, estipulada pela empresa que está avaliando o projeto. Essa taxa, usualmente chamada de taxa de desconto, é o retorno mínimo que deve ser esperado para que o projeto seja aceito pelos acionistas da empresa. Se o fluxo de caixa do projeto, após ser descontado o valor da taxa de desconto (VPL), for maior ou igual a zero (positivo ou nulo), significa que executar o projeto é viável, pois este remunera o capital investido a uma taxa igual ou maior que a taxa mínima de atratividade da empresa. Se o VPL for menor que zero (negativo), significa que o projeto não tem atratividade, pois sua rentabilidade é insuficiente para remunerar o custo de oportunidade da empresa (PINTO, Gabriela Miniussi Engler. O advogado e a estruturação de projetos de concessão e PPP. *In*: MARCATO, Fernando S.; PINTO JR., Mario Engler [org.]. *Direito da infraestrutura 1* (Série GVlaw). São Paulo: Saraiva, 2017, v. 1, p. 196-251).

[130] Embora sem fazer essa reflexão de ordem econômica, a doutrina chega à mesma conclusão: "O segundo parâmetro geral que deverá ser observado nas alterações dos contratos administrativos está relacionado com a demonstração de que não é viável licitar de forma autônoma a alteração que se pretende introduzir no ajuste" (BARROSO, Luís Roberto. Concessão rodoviária. Alterações no objeto do contrato: acréscimos de obras novas a pedido do Poder Público. Reestabelecimento do equilíbrio econômico-financeiro do contrato, possibilidade e limites. *Parecer*, abr. 2008). No mesmo sentido, "também não podem ser objeto de inclusão na concessão original os encargos que, tomados isoladamente, admitam exploração econômica autônoma pelo sistema das concessões" (SUNDFELD, Carlos Ari; CÂMARA, Jacintho Arruda; SOUZA, Rodrigo Pagani de. Concessão de serviço público: limites, condições e consequências da ampliação dos encargos da concessionária. *In*: OLIVEIRA, Farlei Martins Riccio [coord.]. *Direito administrativo Brasil-Argentina*: estudos em homenagem a Agustín Gordillo. Belo Horizonte: Del Rey, 2007). E, ainda: "Um outro parâmetro consiste em se observar se é viável licitar de forma autônoma o objeto da alteração contratual que se pretende introduzir no ajuste, ainda que com solução de continuidade ou alguma imprecisão. Além de verificar a autonomia do excedente, a estimativa permite avaliar a economicidade do aditivo, *vis-à-vis* os custos de uma nova licitação" (FUX, Luiz; MAGALHÃES, Andréa. Imprevisão, incompletude e risco: uma contribuição da teoria econômica aos contratos administrativos. *In*: WALD, Arnoldo; JUSTEN FILHO, Marçal; PEREIRA, Cesar Augusto Guimarães [org.].

trecho no contrato de concessão original. Esse raciocínio foi desenvolvido pela ANTT no contexto da avaliação de pertinência e legitimidade da construção e exploração do ramal ferroviário entre Rondonópolis/MT e Lucas do Rio Verde/MT, no âmbito da renovação antecipada da concessão da Malha Norte.[131]

Não se ignora que a confecção de fluxo de caixa descontado está longe de ser um trabalho de ciência exata, o que significa que, a depender dos *inputs* do fluxo, inclusive da taxa de desconto utilizada, resultados os mais díspares podem surgir. Mesmo que haja plano de negócios para efeito regulatório do empreendimento original, é possível que os novos investimentos sejam reequilibrados por fluxo de caixa marginal. Aqui há discussão interessante: se o projeto originariamente era *brownfield*, a taxa de desconto considerava o risco de expansão e não necessariamente o de novas implantações (*greenfield*). Nesse contexto, é razoável supor que a taxa de desconto do fluxo do projeto original não seja suficiente para remunerar o risco de nova implantação. Todos esses elementos precisam ser levados em conta na confecção desses estudos.

Também não se pode ignorar o fato de que um novo investimento pode ganhar autonomia em outras modalidades de parceria, como a concessão patrocinada ou administrativa. Ou seja, um VPL positivo não é condição para autonomia de um projeto, da perspectiva jurídica.

Além disso, a discussão sobre a viabilidade econômico-financeira não deve cingir-se a uma avaliação de VPL. Também é relevante indagar: qual a relação de custo-benefício de executar determinada expansão de infraestrutura em novo contrato? Quais os custos adicionais – as perdas de escala e escopo – de haver dois operadores de uma mesma infraestrutura (por exemplo, construção e operação de dois centros de operação e controle, disponibilização de duas equipes para manutenção, dois times executivos, etc.)?[132] Ou seja, ainda que

O *direito administrativo na atualidade*: estudos em homenagem ao centenário de Hely Lopes Meirelles [1917-2017]: defensor do estado de direito. São Paulo: Malheiros, 2017).

131 Conforme Parecer n. 01739/2016/PF-ANTT/PGF/AGU. É preciso registrar, contudo, que, no entendimento da concessionária, referido trecho não seria um novo investimento, mas sim um investimento contingente devidamente contratualizado. *Vide* nota de rodapé n. 19.

132 Essas reflexões dialogam, no âmbito da Teoria dos Mercados Incontestáveis, com o conceito de subaditividade dos custos, que se verifica quando os custos de um único produto são menores se produzidos em determinada quantidade e em uma única firma. Sobre o tema, ver: BAUMOL, William J.; PANZAR, John C.; WILLIG, Robert D. *Contestable Markets and the Theory of Industry Structure*. Harcourt Brace Jovanovich, 1982.

o VPL seja positivo, pode ser mais eficiente e oferecer mais economicidade incluir o novo investimento no escopo do contrato existente. Dependerá também da análise das demais dimensões do requisito de viabilidade.

Já a terceira dimensão, da viabilidade operacional, identifica em que medida o novo investimento em expansão de infraestrutura depende do projeto original para ser viável operacionalmente ou, dito de outra forma, se o novo investimento tem ou não independência operacional em relação à parceria na qual ele pretende se inserir.

A discussão sobre viabilidade operacional envolve questões como: é viável tecnicamente haver dois operadores da mesma infraestrutura (por exemplo, de um sistema metroviário)[133] ou então duas concessionárias de um mesmo ativo (por exemplo, um mesmo trecho rodoviário)?

Imagine-se, por exemplo, uma concessão rodoviária na qual se pretende fazer novos investimentos para duplicação de trechos relevantes. Seria viável, ou mesmo adequado, da perspectiva operacional, realizar esses investimentos no bojo de um novo projeto? E se esse outro projeto contemplasse também a operação desses segmentos, quais seriam as implicações de haver dois operadores de um mesmo trecho rodoviário? Há dificuldades de interface com potencial de inviabilizar operacionalmente esse arranjo? Se as respostas a essas questões apontarem no sentido da inviabilidade operacional, então não haveria autonomia, nessa dimensão, para que o novo investimento fosse licitado separadamente.[134]

Em quarto lugar está o juízo de proporcionalidade da alteração contratual para inserção do novo investimento *vis-à-vis* a alternativa de licitação apartada do investimento como novo projeto. Pela lógica desenvolvida até aqui, fica claro que essa dimensão da viabilidade apenas será avaliada quando as

[133] O Metrô de São Paulo, por exemplo, tem agentes distintos operando a mesma infraestrutura metroviária: a própria Companhia do Metropolitano de São Paulo, a Concessionária Via Quatro (Linha 4 – Amarela), a Linha Universidade (responsável pela construção e operação da futura Linha 6 – Laranja) e a Concessionária Via Mobilidade (Linhas 5 e 17 monotrilho e Linha 15 monotrilho); à exceção da Linha 6, as demais têm acionistas em comum. Já o serviço de transporte ferroviário de passageiros no Rio de Janeiro tem a totalidade da malha operada por um único agente, a Super Via.

[134] É nesse sentido que as sugestões da CGU em relação à duplicação da BR 040, de que as obras de expansão poderiam ser conduzidas por licitação em apartado, precisam ser avaliadas. *Vide* nota de rodapé n. 24.

análises das viabilidades econômico-financeira e operacional apontarem para a autonomia do novo investimento. Isso porque, se não houver autonomia econômico-financeira e autonomia operacional, não haverá que se cogitar de novo projeto a ser submetido à hipotética licitação.

A ideia dessa dimensão da *viabilidade* é sopesar a importância da realização do novo investimento para os *stakeholders* envolvidos – usuários, Administração Pública, sociedade – em face dos possíveis benefícios advindos da alternativa de realização de nova licitação para execução do mesmo investimento. A noção de importância, nesse contexto, é multifacetada. Compreende não apenas o juízo óbvio sobre a finalidade pretendida com o investimento – momento em que faz sentido ponderar em que medida o novo investimento atende às finalidades da parceria originária e a partir de que ponto se está diante de uma finalidade quase autônoma, que excede as fronteiras do contrato original –, mas também a avaliação sobre o tempo necessário para obtenção do resultado pretendido, a qualidade dos serviços pretéritos prestados e a segurança que isso representa ao concedente quanto à previsibilidade na efetiva implantação do investimento,[135] entre outros.

Por outro lado, uma nova licitação traz como benefícios, por exemplo, a potencial competitividade do investimento como projeto autônomo considerando as particularidades do setor, a confiabilidade dos gestores no orçamento do projeto de referência para tal licitação e a possibilidade de gerar receitas adicionais aos cofres públicos por meio de outorga.

Conforme já destacado, reconhece-se a subjetividade do juízo de proporcionalidade. Não por outra razão, ele apenas é aplicável, na metodologia proposta, em circunstâncias relativamente específicas: quando o novo investimento for para expansão de infraestrutura e quando houver autonomia econômico-financeira e operacional do investimento. Ele é, nessa medida, o efetivo espaço de discricionariedade do gestor e deve funcionar como válvula de escape para situações concretas que, submetidas à metodologia proposta, gerem resultado não aderente à política pública responsável por orientar as decisões no setor no qual a parceria se insere.

135 Vale destacar que esse é um aspecto muitas vezes subestimado, mas da mais alta importância. Quem é gestor sabe do valor de uma concessionária adimplente e que executa suas obrigações com bom desempenho – embora isso devesse ser a regra, nem sempre é – e dos riscos de um entrante em relação ao qual se desconhece a capacidade de performance.

Como se vê, o juízo de proporcionalidade dialoga com uma questão jurídica mais ampla: o disposto no art. 175 da CF, que determina ao Poder Público a realização de licitação para delegar a prestação de serviços públicos por meio de concessão ou permissão.[136]

Diferentemente dos casos de novos investimentos para manutenção da atualidade dos serviços e de novos investimentos para tratamento de situações urgentes, em que a discussão sobre o "dever de licitar" não se coloca, uma vez que tais investimentos são intrínsecos à parceria originária e não existem de forma independente, na hipótese dos novos investimentos para expansão de infraestrutura esse pressuposto não é imediato. Isto é, apenas haverá superação do art. 175 da CF quando o novo investimento, submetido ao derradeiro teste de *viabilidade*, demonstrar que sua inclusão na parceria originária melhor atende aos seus objetivos precípuos *vis-à-vis* a submissão a procedimento licitatório, hipótese em que não se tratará de nova delegação.

Por fim, a inclusão de novos investimentos para expansão de infraestrutura também está condicionada: (i) à preservação do equilíbrio econômico-financeiro da parceria; (ii) à anuência da concessionária nos termos discutidos no Capítulo 7; e (iii) à análise de compatibilidade técnica e suficiência descrita no tópico 4.2.1, especialmente no tocante à inserção de novas obras nas parcerias.

[136] Segundo a doutrina, a licitação "constitui um princípio instrumental da realização dos princípios da moralidade administrativa e do tratamento isonômico dos eventuais contratantes com o Poder Público" (SILVA, José Afonso da. *Comentário contextual à Constituição.* 8. ed. São Paulo: Malheiros, 2012). Como crítica a esse posicionamento, vale mencionar a posição de Carlos Ari Sundfeld e André Rosilho: "A CF, no art. 175, não criou o dever de licitar concessões e permissões em geral, mas única e exclusivamente aquelas que envolvessem a prestação de serviços públicos. Para ficar em apenas um exemplo, não se extrai do texto constitucional o mandamento de que concessões de direito real de uso serão em regra outorgadas por meio de licitação prevista no art. 37, XXI, inspirados, inclusive, em valores diversos ou mais abrangentes". Não se ignoram, ainda, as controvérsias sobre o significado de "serviços públicos". Não obstante, "uma coisa é certa: a concessão e a permissão a que se refere o art. 175 da CF não dizem respeito à delegação da prestação de qualquer tipo de serviço. Isso porque o próprio art. 174 (*caput* e incisos do seu parágrafo único) elenca algumas das características típicas dessa espécie de contrato" (SUNDFELD, Carlos Ari; ROSILHO, André. Onde está o princípio universal da licitação? *In*: SUNDFELD, Carlos Ari; JURKSAITIS, Guilherme Jardim [org.]. *Contratos públicos e direito administrativo.* São Paulo: Malheiros, 2015, p. 19-38).

## 4.4. Quando o novo investimento não é cabível

Como nota final a este capítulo, é importante apontar que o novo investimento se presta a equacionar a incompletude original do contrato de parceria e que é preciso cuidado para que o mero desejo por um novo investimento – por parte seja do gestor, seja da concessionária – não se transforme em razão legítima para inclusão de novos investimentos.

É que novos investimentos, em regra, produzem externalidades positivas para ambas as partes: para o gestor público é, geralmente, a forma mais rápida de fomentar a atividade econômica, com geração de emprego e renda; para a concessionária, significa mais prazo contratual e/ou mais tarifa, o que invariavelmente interessa aos seus acionistas. Em outras palavras, existem incentivos para ambas as partes avançarem na inclusão de novos investimentos nos contratos de parceria.

Exemplo desse fenômeno são as colocações da Associação Brasileira de Concessionárias Rodoviárias (ABCR), no contexto da pandemia do coronavírus, de que:

> As operadoras privadas de rodovias paulistas e federais estão dispostas a investir cerca de R$ 25 bilhões em novas obras nas concessões existentes em troca de extensão dos atuais contratos ou pequenos aumentos na tarifa de pedágio. O plano, que já havia sido aventado em ocasiões anteriores, ganha vigor como alternativa para uma retomada de atividade econômica pós-pandemia.[137]

Sobre o caso, interessante notar o paradoxo nessas concessões de, por um lado, terem estado à beira do colapso pela queda abrupta no fluxo de caixa causado pela pandemia de Covid-19 e, por outro, de se colocarem como mecanismo para retomada econômica.

Sem adentrar no mérito das questões econômicas, que não é objeto desta obra, chama atenção a ausência de qualquer juízo, em casos como esse,

[137] RITTNER, Daniel. Novas obras em rodovias podem ter R$ 25 bilhões. *Valor Econômico*, 22.05.2020. Disponível em: https://valor.globo.com/empresas/noticia/2020/05/22/novas-obras-em-rodovias-podem-ter-r-25-bilhoes.ghtml. Acesso em: 20 set. 2020.

acerca da real *necessidade, vinculação* e *viabilidade* desses novos investimentos nas parcerias de que tratam. É como se não houvesse nenhuma limitação à inclusão de novos investimentos em contratos de parceria que não a simples vontade das partes. Essa percepção – de que os novos investimentos seriam quase um instrumento de política pública à disposição das partes – precisa ser desmistificada.

Novos investimentos são, sim, instrumento para lidar com incompletude contratual. Não são, contudo, instrumentos para tratar de outras necessidades ou mesmo executar políticas públicas, ainda que legítimas nos seus respectivos universos. Essa distinção é fundamental para aplicação adequada e rigorosa da metodologia proposta nesta obra.

## 5. O REEQUILÍBRIO ECONÔMICO-FINANCEIRO PARA INCLUSÃO DE NOVOS INVESTIMENTOS

A inclusão de novos investimentos em contratos de parceria – independentemente da categoria na qual se insere – deve ser objeto de reequilíbrio contratual, tal como estipulado por lei[138] e, invariavelmente, pelo próprio contrato. Como visto, trata-se de condição para o aperfeiçoamento da alteração contratual que insere novo investimento. Qual seria a forma mais adequada de realizar a recomposição do equilíbrio contratual diante da inserção de obrigações adicionais à concessionária?

Preliminarmente, é preciso esclarecer que as considerações quanto à natureza do novo investimento – se necessário para a manutenção da atualidade dos serviços, se resultante de situações urgentes ou se decorrente de expansão

[138] Lei Federal n. 8.987/1995, art. 9º, § 4º: "Em havendo alteração unilateral do contrato que afete o seu inicial equilíbrio econômico-financeiro, o poder concedente deverá restabelecê-lo, concomitantemente à alteração". Lei Federal n. 8.666/1993, art. 65, § 6º: "Em havendo alteração unilateral do contrato que aumente os encargos do contratado, a Administração deverá restabelecer, por aditamento, o equilíbrio econômico-financeiro inicial" (BRASIL. *Lei n. 8.987, de 13 de fevereiro de 1995.* Dispõe sobre o regime de concessão e permissão da prestação de serviços públicos previsto no art. 175 da Constituição Federal, e dá outras providências. Brasília, DF: Presidência da República, [1995]. Disponível em: https://www.planalto.gov.br/ccivil_03/LEIS/L8987cons.htm. Acesso em: 19 set. 2020; e BRASIL. *Lei n. 8.666, de 21 de junho de 1993.* Regulamenta o art. 37, inciso XXI, da Constituição Federal, institui normas para licitações e contratos da Administração Pública e dá outras providências. Brasília, DF: Presidência da República, [1993]. Disponível em: http://www.planalto.gov.br/ccivil_03/leis/l8666cons.htm. Acesso em: 18 set. 2020).

de infraestrutura – não são relevantes nesse particular, isto é, não impactam a metodologia para recomposição do equilíbrio contratual. Para todos os casos, defende-se, da perspectiva de melhores práticas, o uso do fluxo de caixa marginal, conforme explicado adiante. Não obstante, havendo regramento próprio e distinto dessa recomendação em contrato, devem prevalecer as disposições contratuais.

## 5.1. O fluxo de caixa marginal como metodologia adequada para reequilibrar contratos de parceria pela inclusão de novos investimentos

Até o início da década de 2010, o mais comum era que os contratos de parceria fossem reequilibrados tanto para inclusão de novos investimentos quanto em razão de outros eventos de desequilíbrio – não havia distinção –, com base no plano de negócios da concessionária.

Essa metodologia para recomposição do equilíbrio contratual tem por premissa a preservação da rentabilidade originalmente estipulada pela concessionária quando da sua participação na licitação, observada a matriz de riscos legal e contratual. Havendo evento gravoso decorrente de risco alocado ao poder concedente, mas cujos efeitos afetem (positiva ou negativamente) a concessionária, as perdas ou os ganhos daí decorrentes são refletidos no plano de negócios, de modo a preservar a Taxa Interna de Retorno (TIR) nele prevista. A lógica subjacente a essa regra apoia-se na ideia de que, observada sempre a matriz de riscos contratual,[139] a concessionária tem direito, durante toda a vigência do contrato, às condições econômicas originais sobre as quais formulou a proposta de preço e avaliou o custo de oportunidade do capital próprio, ainda que essas condições se modifiquem com o passar do tempo.[140,141]

[139] Em outras palavras, não faz sentido falar em preservação da rentabilidade em abstrato, mas tão somente em função da alocação de riscos prevista no contrato. Ou seja, a rentabilidade deve ser preservada para os desequilíbrios cujo risco foi atribuído ao poder concedente, mas suportado pela concessionária. Não há falar em preservação da rentabilidade quando o desequilíbrio decorre de risco alocado à própria concessionária e por ela controlado (em especial os riscos associados à eficiência operacional).

[140] Para mais sobre essa discussão, ver: PINTO, Gabriela Miniussi Engler. O advogado e a estruturação de projetos de concessão e PPP. *In:* MARCATO, Fernando S.; PINTO JR., Mario Engler (org.). *Direito da infraestrutura 1* (Série GVlaw). São Paulo: Saraiva, 2017. v. 1, p. 196-251.

É importante contextualizar que essa metodologia surgiu na década de 1990, em um período no qual se buscava atrair investidores para as concessões, que eram novidade à época (em especial quanto à longevidade contratual), e protegê-los da significativa instabilidade econômica do país, decorrente dos sucessivos planos econômicos e da inflação descontrolada.

Em 2009, surgiu o primeiro contrato com uma proposta diferente para reequilibrar especificamente a inclusão de novos investimentos: o contrato de concessão das rodovias federais BR 116/BA (trecho Feira de Santana – Div. BA/MG) e BR 324/BA (trecho Salvador – Feira de Santana) e das rodovias estaduais delegadas ao Governo Federal BA 526 (trecho Entr. BR 324 – Entr. BA 528) e BA 528 (trecho Entr. BA 526 – acesso à Base Naval de Aratu). Nele, inaugurou-se a metodologia de fluxo de caixa marginal como mecanismo de reequilíbrio contratual para inserção de novas obrigações de investimento no contrato.[142]

A mudança fez sentido. A premissa teórica da metodologia de fluxo de caixa marginal para reequilibrar investimentos adicionais é a de que esses novos investimentos devem ser tratados, do ponto de vista econômico, como outro negócio, distinto daquele originalmente licitado e, por isso, não sujeito à taxa de atratividade original do projeto, estipulada à época da licitação (prevista no plano de negócios da concessionária). Em outras palavras, sendo o novo investimento um novo negócio para a concessionária (ainda que no âmbito do mesmo contrato), esse novo negócio deveria ser remunerado considerando o cenário econômico do momento da decisão de fazê-lo, e não a rentabilidade do projeto original.

141 Observa-se, contudo, que essa visão é objeto de controvérsias. Ver, por exemplo: VIANA, Felipe Benedito; SOUZA, Henrique Carvalho de; BRANDÃO, Renan. A utilização de plano de negócios como ferramenta de reequilíbrio econômico-financeiro em contratos de concessão de rodovias. *Revista do BNDES*, Rio de Janeiro, n. 46, p. 163-210, dez. 2016.

142 "Cláusula 20.4.2: A forma de recomposição do equilíbrio econômico-financeiro dependerá do evento ensejador do desequilíbrio: (i) na hipótese de inclusão no escopo do Contrato de Concessão de novos investimentos, entendidos como quaisquer obras ou serviços não constantes do PER previsto no Anexo II deste Contrato, bem como na hipótese de sua inexecução, a recomposição do equilíbrio econômico-financeiro se dará por meio da elaboração de Fluxo da Caixa Marginal, nos termos da subcláusula 20.5" (BRASIL. Agência Nacional de Transportes Terrestres. *Contrato de Concessão. Edital n. 001/2008*. Brasília, [2009], p. 33. Disponível em: https://portal.antt.gov.br/documents/359170/9f365606-cdfc-731f-42dd-97f581afd59d. Acesso em: 12 out. 2020).

Desde então, em âmbito federal e nos estados com programas de parceria relevantes (como São Paulo e Bahia), o uso do fluxo de caixa marginal como metodologia de recomposição contratual pela inclusão de novos investimentos é praticamente uníssono.

A discussão mais atual é sobre a definição dos componentes do fluxo de caixa marginal, em especial: (i) a taxa utilizada para descontar o fluxo de caixa marginal a valor presente, para fins de mensuração do VPL do desequilíbrio; (ii) os critérios para determinação dos fluxos de dispêndios marginais; e (iii) os critérios para definição do fluxo de receita. Adiante, é detalhada cada uma dessas discussões.

### *5.1.1. A definição da taxa de desconto*

A título de contextualização, é importante lembrar que o debate acerca da definição da taxa de desconto se insere em outro maior, sobre a regulação econômica de infraestrutura, particularmente na dicotomia entre regulação discricionária, em que os preços são baseados nos custos da firma regulada (*cost-based*), e regulação contratual, em que os preços são independentes do custo de prestação do serviço regulado (*non-cost-based*).[143]

A discussão que se coloca,[144] então, é sobre em que medida a taxa de desconto deve ser estabelecida (i) livremente pelo regulador[145] ou (ii) por meio de fórmula paramétrica fixada contratualmente, em geral baseada em *proxy* de mercado (por exemplo, Notas do Tesouro Nacional série B [NTN-B]), acrescida do custo de oportunidade do capital.[146] De forma bastante simplificada,

[143] Para aprofundamento do tema, ver: CAMACHO, Fernando Tavares; RODRIGUES, Bruno da Costa Lucas. Regulação econômica de infraestruturas: como escolher o modelo mais adequado? *Revista do BNDES*, Rio de Janeiro, n. 41, p. 257-287, jun. 2014.

[144] A rigor, a discussão sobre a definição da taxa é mais ampla (para abranger todos os reequilíbrios atualmente realizados por meio do fluxo de caixa marginal), não se restringindo ao contexto da inserção de novos investimentos. Não obstante, dado o enfoque da obra, todas as questões tratadas aqui se aplicam inclusive ao reequilíbrio pela inclusão de novos investimentos.

[145] A exemplo do que ocorre nas concessões federais rodoviárias e aeroportuárias licitadas a partir de 2013.

[146] A exemplo das concessões rodoviárias do estado de São Paulo a partir da 4ª rodada.

a taxa estipulada pelo regulador caracteriza regulação discricionária e a taxa estabelecida em contrato trata de regulação contratual.[147]

A definição da taxa de desconto pelo regulador deveria, idealmente, ter contornos mínimos estabelecidos em normativos previamente expedidos, e não ser um cálculo totalmente discricionário. Como exemplo, vale citar o setor rodoviário federal, cujas diretrizes para definição da taxa de desconto do fluxo de caixa marginal para reequilíbrios pela inclusão de novos investimentos foram inicialmente estipuladas na Resolução ANTT n. 3.651/2011.[148,149]

Quando estabelecida livremente pelo regulador, a taxa de desconto pode ser por ele alterável unilateralmente durante a execução contratual, considerando as mudanças de contexto econômico que naturalmente ocorrem com o passar do tempo. Essa sistemática tem o condão de capturar a variação nas principais taxas referenciais da economia, como o Sistema Especial de Liquidação e de Custódia (Selic),[150] e, ao menos em tese, os custos de capital próprio e de terceiros do setor regulado.

Essa maleabilidade seria uma das grandes vantagens da modelagem discricionária, que permite a definição da taxa de desconto diante da realidade própria do momento de inserção dos novos investimentos, evitando distorções que gerassem ganhos ou perdas desproporcionais para ambas as partes. Há, ainda, o argumento de que a taxa de desconto definida pelo

[147] Na prática, porém, os regimes são muitas vezes híbridos, com elementos de regulação tanto discricionária quanto contratual.

[148] BRASIL. Agência Nacional de Transportes Terrestres. *Resolução n. 3.651, de 7 de abril de 2011*. Aprova a metodologia de recomposição do equilíbrio econômico-financeiro dos contratos de concessão de rodovias federais da 1ª Etapa, da 2ª Etapa – Fase I e do Polo Pelotas, em decorrência de novos investimentos e serviços. Brasília, DF: Diretoria da Agência Nacional de Transportes Terrestres, [2011]. Disponível em: http://ftp.antt.gov.br/acpublicas/apublica2010-112/Resolucao3651.pdf. Acesso em: 20 set. 2020.

[149] É bem verdade que, depois, quando a metodologia do fluxo de caixa marginal foi estendida para todas as hipóteses de reequilíbrio contratual (a partir da 3ª etapa do programa de concessões federais), o contrato atribuiu ao regulador a responsabilidade pelo estabelecimento da taxa de desconto sem que houvesse prévia normatização sobre o tema.

[150] A Selic é a taxa básica de juros da economia e refere-se à taxa de juros apurada nas operações de empréstimos de um dia entre as instituições financeiras que utilizam títulos públicos federais como garantia.

regulador está sujeita à participação social, por meio de consultas e audiências públicas.[151]

Essas virtudes pressupõem, naturalmente, ampla capacidade técnica do regulador: discernimento na coleta e no tratamento da informação, agilidade, credibilidade, previsibilidade, maturidade, estabilidade institucional e independência em face do Poder Executivo. E justamente nisso reside a principal crítica à modelagem de definição discricionária da taxa de desconto pelo regulador.

Em outras palavras, o modelo de definição da taxa de desconto tem pressupostos teóricos consistentes, mas, na prática, a discricionariedade acaba por gerar mais insegurança e incerteza do que confiabilidade.[152] Aliás, no limite, há, inclusive, impacto na preservação da matriz de riscos do projeto, na medida em que o licitante desconhece como será compensado na superveniência de evento gravoso cujo risco associado esteja atribuído ao concedente.[153]

Dessa perspectiva, a modelagem baseada na regulação contratual, na qual há parâmetro no contrato para definição da taxa de desconto utilizada no fluxo de caixa marginal – como uma *proxy* de mercado acrescida de um prêmio de risco que reflita e precifique adequadamente os riscos inerentes às parcerias (*vis-à-vis* os riscos associados a investimentos em títulos do tesouro, por exemplo)[154] –, confere mais previsibilidade para a decisão empresarial de

[151] VIANA, Felipe Benedito; SOUZA, Henrique Carvalho de; BRANDÃO, Renan. A utilização de plano de negócios como ferramenta de reequilíbrio econômico-financeiro em contratos de concessão de rodovias. *Revista do BNDES*, Rio de Janeiro, n. 46, p. 163-210, dez. 2016.

[152] Essa percepção é empírica, baseada na experiência da autora com situações concretas envolvendo as questões discutidas. De todo modo, mesmo os defensores da regulação discricionária da taxa de desconto reconhecem que "tal alternativa sofre críticas por atribuir excessivo poder discricionário às Agências Reguladoras [...]" (Ibidem, p. 190).

[153] Os defensores da regulação discricionária da taxa de desconto também reconhecem que o modelo é criticado "por desrespeitar a matriz de riscos dos contratos, uma vez que as proponentes não teriam condições de antever a exata magnitude dos efeitos gravosos a que estariam sujeitas na ocorrência de risco alocado ao poder concedente" (VIANA, Felipe Benedito; SOUZA, Henrique Carvalho de; BRANDÃO, Renan. A utilização de plano de negócios como ferramenta de reequilíbrio econômico-financeiro em contratos de concessão de rodovias. *Revista do BNDES*, Rio de Janeiro, n. 46, p. 190, dez. 2016).

[154] Por exemplo, o contrato de PPP do VLT de Salvador, celebrado pelo estado da Bahia em 2019, prevê que a taxa de desconto do fluxo de caixa marginal para reequilíbrio pela inserção de novos investimentos será igual à NTN-B (com vencimento mais próximo do final do contrato, publicada pela Secretaria do Tesouro Nacional) + 3,1% (BAHIA. Secretaria

ingressar no projeto e, portanto, maior segurança e transparência no processo de reequilíbrio contratual para inclusão de novos investimentos. Isto é, desde a licitação, todos conhecem os parâmetros da taxa a ser utilizada quando do cálculo do fluxo de caixa marginal.

Mesmo que a taxa definida contratualmente não capture todas as variáveis associadas ao custo de capital próprio e de terceiros do projeto, a previsibilidade da metodologia para o reequilíbrio contratual na inserção de novos investimentos deve ser sopesada como característica mais valiosa para a atratividade do projeto. Especialmente para as parcerias de longo prazo, é razoável supor que essa modelagem resultará em maior competição no certame.

Em resumo, a metodologia do fluxo de caixa marginal afigura-se a mais adequada para reequilibrar contratos de parceria em decorrência da inserção de novos investimentos. Além disso, é recomendável que a taxa de desconto utilizada para calcular o valor presente do desequilíbrio seja parametrizada contratualmente, com uma *proxy* de mercado acrescida de prêmio de risco,

de Desenvolvimento Urbano. *VLT/Monotrilho de Salvador*. Contrato 01/2019. Salvador, 2019. Disponível em: http://www.sedur.ba.gov.br/modules/conteudo/conteudo.php?conteudo=44. Acesso em: 10 out. 2020).

Já no caso da Concessão da Linha 15 – Monotrilho do estado de São Paulo, a regra é: "50.5.4. A taxa de desconto real anual a ser utilizada no cálculo do valor presente de que trata a Cláusula 50.5.3, será igual a 158% (cento e cinquenta e oito por cento) da média dos últimos 3 (três) meses da taxa bruta de juros de venda das NTN B, *ex ante* à dedução do Imposto de Renda, com vencimento compatível com o término do CONTRATO (NTN B com juros semestrais com vencimento em 15/05/2035), publicada pela Secretaria do Tesouro Nacional, apurada na data do efetivo impacto do evento de desequilíbrio no fluxo de caixa da CONCESSIONÁRIA. 50.5.5. Para impactos futuros, a taxa de desconto real anual será igual a 158% (cento e cinquenta e oito por cento) da média dos últimos 3 (três) meses da taxa de juros de venda das NTN B, com vencimento compatível com o término do CONTRATO (NTN B com Juros Semestrais com vencimento em 15/05/2035), publicada pela Secretaria do Tesouro Nacional, apurada na data de formalização do reequilíbrio mediante assinatura do correspondente termo aditivo entre as PARTES. 50.5.6. Quando os fluxos de caixa do negócio a que se refere a Cláusula 50.5 forem apurados em reais (R$) correntes, a taxa de desconto descrita na Cláusula 50.5.4 deverá incorporar o IPCA" (SÃO PAULO [Estado]. Secretaria dos Transportes Metropolitanos. *Processo STM n. 000816/2017 – Concessão Linha 15 Prata. Minuta de Contrato de Concessão n. /2017.* São Paulo, [2017], p. 199-200. Disponível em: https://www.google.com/url?sa=t&rct=j&q=&esrc=s&source=web&cd=&ved=2ahUKEwiv-c74kqvsAhWTK7kGHQRMCGsQFjAAegQIAhAC&url=http%3A%2F%2Fwww.parcerias.sp.gov.br%2FParcerias%2FDocumento%2FDownload%3Fcodigo%3D29032&usg=AOvVaw1QfwxgIGOwOASI99sDw4Fr. Acesso em: 10 out. 2020).

de forma a conferir maior estabilidade à natural incompletude da relação contratual de longo prazo.

### *5.1.2. Os critérios para determinação dos fluxos de dispêndios marginais*

A segunda discussão que se coloca é sobre os critérios para estimar o valor dos investimentos para fins de determinação dos fluxos dos dispêndios marginais.

É comum que os contratos e normativos sejam um tanto lacônicos sobre o tema, sendo recorrente o tratamento contratual limitar-se a estabelecer que devem ser utilizados "critérios de mercado" para estimar o valor dos investimentos. Porém, o que são exatamente critérios de mercado? Não há resposta única nem certa; sobretudo, não há resposta fácil.

No caso do setor rodoviário, certamente o mais maduro no tocante às parcerias, os "critérios de mercado" foram depois substituídos por orçamentos elaborados com base nas tabelas oficiais de preços referenciais, como o Sistema de Custos Rodoviários (Sicro) para os projetos federais. Se do orçamento constarem itens que não possam ser calculados com base nos manuais e nas composições referenciais do Sicro, deverão ser utilizados outros sistemas oficiais de composição de custos, como o Sistema Nacional de Pesquisa de Custos e Índices da Construção Civil (Sinapi). A regulação federal prevê ainda que, na impossibilidade de utilização de tais sistemas, deverão ser apresentadas três cotações de mercado.[155]

[155] *Vide*, por exemplo, a Resolução ANTT n. 4.339, de 29 de maio de 2014, que instituiu a seguinte regra para a determinação dos fluxos dos dispêndios marginais: "Art. 3º Para fins de determinação dos fluxos dos dispêndios marginais serão utilizados os critérios definidos nos incisos I e II a seguir para definir o valor das obras e serviços resultantes do evento que deu causa ao reequilíbrio. I – O valor das obras e/ou serviços deverá ser proposto pela concessionária, conforme previsto em Resolução, mediante apresentação de orçamento elaborado com base na composição de custos do Sistema de Custos Rodoviários (Sicro), sob gestão do Departamento Nacional de Infraestrutura de Transportes (DNIT). II – Caso o orçamento apresente itens que não possam ser orçados com base nos manuais e composições referenciais do Sicro, deverão ser utilizados outros sistemas oficiais de composição de custos, ou, na impossibilidade de utilização de tais sistemas, deverão ser apresentadas 3 (três) cotações de mercado, nesta ordem" (BRASIL. Agência Nacional de Transportes Terrestres. *Resolução n. 4.339, de 29 de maio de 2014.* Altera a Resolução n. 3.651, de 7 de abril de 2011. Brasília, [2014]. Disponível em: https://www.diariodasleis.com.br/busca/exibelink.php?numlink=227414. Acesso em: 10 out. 2020).

De modo similar, o estado de São Paulo, no setor rodoviário, tem determinado a precificação de novos investimentos para fins do fluxo de caixa marginal com base nas tabelas de composição de preços rodoviários do Departamento de Estradas e Rodagens (DER) vigentes ou em outro documento que venha a substituí-las. Na indisponibilidade de informações mais atuais e a critério do regulador, poderiam ser utilizadas as projeções realizadas por ocasião da licitação ou outros parâmetros, como os utilizados e publicados em revistas de engenharia nacionais e internacionais.[156]

Não obstante, os contratos de concessão rodoviária do estado de São Paulo têm previsto a prerrogativa da Artesp de

> solicitar que a CONCESSIONÁRIA demonstre que os valores necessários para realização de novos investimentos serão calculados com base em valores de mercado considerando o custo global de obras ou atividades semelhantes no Brasil ou com base em sistemas de custos que utilizem como insumo valores de mercado do setor específico do projeto, aferidos, em qualquer caso, mediante orçamento sintético, elaborado por meio de metodologia expedita ou paramétrica.[157]

[156] Por exemplo, *vide* o Contrato de Concessão do lote Piracicaba-Panorama: "22.5.2. Para fins de determinação dos fluxos de caixa dos dispêndios marginais, deverão ser utilizadas as melhores informações disponíveis para retratar as reais e efetivas condições atuais, para estimar o valor dos investimentos, custos e despesas, bem como eventuais receitas e outros ganhos, resultantes do EVENTO DE DESEQUILÍBRIO; 22.5.2.1. A CONCESSIONÁRIA deverá apresentar estimativas da medida do desequilíbrio, mesmo nos casos em que o Pleito seja de iniciativa da Artesp, utilizando, para tanto, as melhores referências de preço do setor público e/ou do setor privado disponíveis no momento do pleito. 22.5.2.1.1. Ressalvado o constante na subcláusula 22.3.1, a informação deve, preferencialmente, ter base nas Tabelas de Composição de Preços Rodoviários do DER vigentes, ou outro documento que venha a substituí-las e, na indisponibilidade de informações mais atuais e a critério da Artesp, das projeções realizadas por ocasião da LICITAÇÃO ou outros parâmetros, por exemplo os utilizados e publicados em revistas de engenharia nacionais e internacionais" (SÃO PAULO [Estado]. Agência de Transporte do Estado de São Paulo. *Lote Piracicaba-Panorama*. São Paulo. Disponível em: http://www.artesp.sp.gov.br/Style%20Library/extranet/novas-paginas/CustomPage.aspx?page=54. Acesso em: 10 out. 2020).

[157] Conforme, por exemplo, a cláusula 22.5.2.2 do Contrato de Concessão do lote Piracicaba-Panorama (Ibidem).

Isso, a rigor, faz muito mais sentido. O parâmetro de precificação dos custos baseado em obras similares é, possivelmente, a melhor referência para definição dos dispêndios marginais no fluxo de caixa. Isso porque, muito embora seja compreensível a conveniência na utilização de preços oficiais – visto que servem de parâmetro amplamente conhecido no Brasil e, nessa medida, mais facilmente "auditável" pelo concedente ou regulador,[158] especialmente em um contexto no qual o investimento não é submetido ao procedimento competitivo da licitação –, é preciso reconhecer que, em certos casos, os sistemas oficiais de preços são pouco adequados para precificar investimentos no âmbito de parcerias, nos quais a concessionária assume os riscos de quantitativos das obras e de variação ordinária no preço de insumos.[159] Isso ocorre porque os sistemas oficiais de preços foram desenvolvidos originalmente para precificar obras no âmbito da Lei Federal n. 8.666/1993, que impõe procedimento prévio de orçamento detalhado em planilhas que expressem a composição de todos os custos unitários das obras,[160] realidade que inexiste no universo das parcerias, inclusive em razão do baixo detalhamento dos projetos de engenharia exigidos para as parcerias.

Daí que, no universo das parcerias, faz mais sentido pensar em precificação de investimentos referenciada em obras similares, em linha com a orientação da Lei Federal n. 11.079/2004:

> Os estudos de engenharia para a definição do valor do investimento da PPP deverão ter nível de detalhamento de anteprojeto, e o valor dos

[158] Também não se ignora a pressão que os órgãos de controle fazem pela utilização dessa métrica.

[159] Sobre o tema, ver: RIBEIRO, Mauricio Portugal; PINTO, Gabriela Miniussi Engler. Veto à exigência da LDO de uso do Sicro e Sinapi: quais os seus efeitos? *Revista Zênite de Licitações e Contratos – ILC*, v. 21, p. 490-498, 2014.

[160] "Art. 7º As licitações para a execução de obras e para a prestação de serviços obedecerão ao disposto neste artigo e, em particular, à seguinte sequência: [...] § 2º As obras e os serviços somente poderão ser licitados quando: II – existir orçamento detalhado em planilhas que expressem a composição de todos os seus custos unitários; [...] § 8º Qualquer cidadão poderá requerer à Administração Pública os quantitativos das obras e preços unitários de determinada obra executada" (BRASIL. *Lei n. 8.666, de 21 de junho de 1993.* Regulamenta o art. 37, inciso XXI, da Constituição Federal, institui normas para licitações e contratos da Administração Pública e dá outras providências. Brasília, DF: Presidência da República, [1993]. Disponível em: http://www.planalto.gov.br/ccivil_03/leis/l8666cons.htm. Acesso em: 19 set. 2020).

> investimentos para definição do preço de referência para a licitação será calculado com base em valores de mercado considerando o custo global de obras semelhantes no Brasil ou no exterior ou com base em sistemas de custos que utilizem como insumo valores de mercado do setor específico do projeto, aferidos, em qualquer caso, mediante orçamento sintético, elaborado por meio de metodologia expedita ou paramétrica.[161]

Em setores menos maduros, contudo, a referência em obras similares como conceito de "critérios de mercado" para fins de definição do valor de investimentos adicionais pode ser mais escassa. Nesses casos, a tendência é novamente socorrer-se aos sistemas oficiais de preços. O ideal seria, porém, que a percepção do mercado fosse efetivamente refletida no valor do investimento, considerando não apenas a sua natureza, mas também a matriz de riscos contratual.

Nesse sentido, a ideia de orçamento baseado em um conjunto de cotações de mercado[162] é opção interessante de precificação que reflete com mais acuidade o mercado. Também é possível pensar em alternativa que conte com a avaliação ou chancela dos valores do novo investimento por parte de consultoria externa, que determine de forma independente o valor de investimento.

Além de permitir a utilização de parâmetros lastreados em precificações do setor privado, também faz sentido que os orçamentos obtidos a partir do projeto executivo substituam os fluxos orginalmente estipulados, com o objetivo de conferir maior adequabilidade às estimativas. Aliás, a regulamentação da ANTT prevê que "Eventuais ajustes no orçamento, decorrentes de diferenças entre o projeto básico e o projeto executivo, desde que aprovadas pela ANTT, devem ser feitos no fluxo de caixa no qual a obra estiver

[161] BRASIL. *Lei n. 11.079, de 30 de dezembro de 2004*. Institui normas gerais para licitação e contratação de parceria público-privada no âmbito da administração pública. Brasília, DF: Presidência da República, [2004]. Art. 10, § 4º. Disponível em: http://www.planalto.gov.br/ccivil_03/_ato2004-2006/2004/lei/l11079.htm#:~:text=Institui%20normas%20gerais%20para%20licita%C3%A7%C3%A3o,no%20%C3%A2mbito%20da%20administra%C3%A7%C3%A3o%20p%C3%BAblica.&text=Art.,Distrito%20Federal%20e%20dos%20Munic%C3%ADpios. Acesso em: 20 set. 2020).

[162] Por exemplo, como propõe, subsidiariamente, a Resolução ANTT n. 3.651/2011 no seu art. 3º, II, parte final.

prevista".[163] Isso não significa, é importante frisar, que a decisão de realizar ou não o novo investimento deva estar sujeita à confecção de projeto executivo. Na prática, o que ocorre em muitos casos é a proposição, pela concessionária, do orçamento do novo investimento a partir da apresentação de projeto básico, submetido ao concedente ou ao regulador (inclusive como obrigação contratual, geralmente).[164]

Em resumo, é importante que, na precificação dos novos investimentos – a definir os dispêndios que serão considerados no fluxo de caixa marginal para o reequilíbrio pela inclusão dos investimentos adicionais –, seja superada a estrita vinculação a preços oficiais (ainda que, subsidiariamente, possam servir de referência) e vista com naturalidade a utilização de referências de mercado, a exemplo do que é feito no setor de mobilidade no estado de São Paulo, no qual os contratos, especificamente para os novos investimentos, determinam que a "Concessionária demonstre que os valores necessários para realização de novos investimentos serão calculados com base em valores de mercado".[165]

163 BRASIL. Agência Nacional de Transportes Terrestres. *Resolução n. 3.651, de 7 de abril de 2011.* Aprova a metodologia de recomposição do equilíbrio econômico-financeiro dos contratos de concessão de rodovias federais da 1ª Etapa, da 2ª Etapa – Fase I e do Polo Pelotas, em decorrência de novos investimentos e serviços. Brasília, DF: Diretoria da Agência Nacional de Transportes Terrestres, [2011]. Art. 3º, § 1º. Disponível em: http://ftp.antt.gov.br/acpublicas/apublica2010-112/Resolucao3651.pdf. Acesso em: 20 set. 2020).

164 *Vide*, por exemplo, o Contrato de PPP estadual do Hospital do Subúrbio, em Salvador. Cláusula 17.10: "Na hipótese de novos investimentos ou serviços solicitados pela Sesab e não previstos no Contrato, a Sesab poderá requerer à Concessionária, previamente ao processo de recomposição do equilíbrio econômico-financeiro, a elaboração do projeto básico dos serviços, considerando que: (i) O projeto básico deverá conter todos os elementos necessários à precificação do investimento e às estimativas do impacto dos investimentos e serviços sobre as receitas da Concessionária, segundo as melhores práticas e critérios de mercado, tudo de acordo com as normas técnicas e diretivas eventualmente estabelecidas pela Sesab sobre o assunto; e (ii) A Sesab estabelecerá o valor limite do custo dos projetos e estudos a serem considerados para efeito de recomposição do equilíbrio econômico-financeiro" (BAHIA. Governo do Estado da Bahia. *Contrato de Concessão Administrativa. Concessão administrativa para gestão e operação de unidade hospital do Estado da Bahia. Hospital do Subúrbio.* Salvador, 28.05.2010. p. 52. Disponível em: https://www.sefaz.ba.gov.br/administracao/ppp/Contrato_N30_2010_parte1.pdf. Acesso em: 20 set. 2020).

165 Contrato de Concessão da Linha 15 – Monotrilho. Cláusula 50.5.2: "Para fins de determinação dos fluxos dos dispêndios marginais, deverão ser utilizadas as melhores informações disponíveis para estimar o valor dos investimentos, dos custos e das despesas, bem como eventuais receitas e outros ganhos, resultantes do evento de desequilíbrio, por meio das melhores referências de preço do setor público e/ou do setor privado disponíveis no momento

Por sua vez, as referências de mercado devem basear-se, sempre que possível, em obras similares, a fim de conferir maior confiabilidade à estimativa, e, na ausência desse parâmetro, em orçamentos obtidos junto ao mercado.

Por fim, não se ignora que as proposições aqui formuladas vão de encontro às críticas sobre o tema no âmbito do TCU e exista farta discussão sobre a precificação de novos investimentos na forma de obras. O tribunal critica a suposta falta de desconto nos valores dessas obras em relação ao preço teto definido pelos sistemas de preços públicos, quando calculado o reequilíbrio contratual para inclusão de novas obras.[166] Esse tema será retomado no tópico 5.2.

do pleito, bem como de dados reais que ocasionem impacto sobre a CONCESSÃO, a exemplo da demanda de USUÁRIOS e custos efetivos de insumos, bem como outros elementos passíveis de obtenção, e, na indisponibilidade de informações mais atuais e a critério do PODER CONCEDENTE, das projeções realizadas por ocasião da LICITAÇÃO. O PODER CONCEDENTE poderá solicitar que a CONCESSIONÁRIA demonstre que os valores necessários para realização de novos investimentos serão calculados com base em valores de mercado" (SÃO PAULO [Estado]. Secretaria dos Transportes Metropolitanos. *Processo STM n. 000816/2017 – Concessão Linha 15 Prata. Minuta de Contrato de Concessão n. /2017.* São Paulo, [2017], p. 199. Disponível em: https://www.google.com/url?sa=t&rct=j&q=&esrc=s&source=web&cd=&ved=2ahUKEwiv-c74kqvsAhWTK7kGHQRMCGsQFjAAegQIAhAC&url=http%3A%2F%2Fwww.parcerias.sp.gov.br%2FParcerias%2FDocumento%2FDownload%3Fcodigo%3D29032&usg=AOvVaw1QfwxgIGOwOASI99sDw4Fr. Acesso em: 10 out. 2020).

166 Nesse sentido: "Como a precificação das modificações contratuais é feita sempre a partir de preços de referência da Administração, ou seja, aqueles considerados como limite para as contratações públicas, estes novos investimentos possuem condições mais vantajosas para os concessionários, razão pela qual são reiterados os pedidos de inclusão destes novos investimentos. Verifica-se que a ANTT não tem levado em conta a vantagem conseguida durante o procedimento licitatório, bem como quaisquer limites para tais inclusões. Com isso, tem-se um modelo contratual *sui generis* na Administração Pública, com a existência de preços diferentes para um mesmo serviço. Ou seja, caso um serviço previsto inicialmente no contrato de concessão tenha que ser incrementado ao longo de sua vigência, os preços dos serviços marginais são calculados a partir de custos teto de referência da Administração Pública, em detrimento dos preços apresentados na proposta de negócios durante a licitação. E esta peculiaridade tem exigido da ANTT a realização de atividades não previstas para uma agência reguladora, como a análise mais aprofundada dos novos projetos para o estabelecimento dos seus custos, a elaboração de orçamentos de referência, a fiscalização destas obras (de modo que atendam aos parâmetros de projeto), entre outras atividades características do DNIT, nos termos da Lei 10.233/2001. E isso ocorre mesmo para os casos em que obras e serviços já estão previstos no PER e têm suas quantidades aumentadas ao longo da vigência do contrato. Exatamente esta metodologia utilizada pela ANTT, formalizada a partir da alteração feita na Resolução 3.651/2011, no ano de 2014, tem o potencial de ocasionar distorções nas revisões

### *5.1.3. Os critérios para definição dos fluxos de receita marginal*

Por fim, a terceira discussão em torno da metodologia de reequilíbrio para inserção de novos investimentos é relativa aos critérios para definição dos fluxos de receita marginal. A receita marginal pode ser tanto pagamento público certo quanto receita tarifária ou não tarifária auferida pela concessionária, a depender da modalidade de parceria.

O mecanismo do fluxo de caixa marginal pressupõe a projeção das receitas marginais até o término do contrato para fins de definição do reequilíbrio contratual. Assim, é preciso estipular o montante dessas receitas, o que pode ser particularmente desafiador quando se está diante de contratos de longo prazo sujeitos às inescapáveis variações de demanda que ocorrem com o tempo, em particular nos contratos cuja receita advenha de pagamentos dos usuários.

Quando a metodologia do fluxo de caixa marginal para inserção de novos investimentos foi inaugurada no contrato de concessão das rodovias federais BR 116/BA (trecho Feira de Santana – Div. BA/MG) e BR 324/BA (trecho Salvador – Feira de Santana) e das rodovias estaduais delegadas ao Governo Federal BA 526 (trecho Entr. BR 324 – Entr. BA 528) e BA 528 (trecho Entr. BA 526 – acesso à Base Naval de Aratu), previu-se, naquela oportunidade, que, para fins de determinação dos fluxos das receitas marginais em que seja necessário adotar uma projeção de tráfego,[167] seria utilizado o seguinte procedimento em duas etapas: (i) no momento da recomposição do equilíbrio econômico-financeiro, o "cálculo inicial" para o dimensionamento da

tarifárias das concessões vigentes, como é o caso em análise na presente representação" (BRASIL. Tribunal de Contas da União. *Processo/Representação 012.831/2017-4. Acórdão 290/2018.* Representação com proposta de medida cautelar. Supostas irregularidades praticadas pela agência reguladora na revisão tarifária do contrato de concessão da rodovia [...]. Interessados: Agência Nacional de Transportes Terrestres e ECO 101 Concessionária de Rodovias S.A. Relator: Augusto Nardes. Data da sessão: 21.02.2018. Plenário. Disponível em: https://pesquisa.apps.tcu.gov.br/#/documento/acordao-completo/%2520290%252F2018/%2520/DTRELEVANCIA%2520desc%252C%2520NUMACORDAOINT%2520desc/0/%2520?uuid=f110d460-fa6e-11ea-914b-478010ad44a9. Acesso em: 20 set. 2020).

[167] Em geral, a metodologia para a projeção de receita de arrecadação consiste em fazer a projeção de tráfego, expressa em eixos-equivalentes, por praça de pedágio (ou ponto de cobrança) e multiplicá-la pela tarifa da respectiva praça de pedágio, obtendo-se, assim, as estimativas de receitas de pedágio.

recomposição considera o tráfego real constatado nos anos anteriores e adota as melhores práticas para elaboração da projeção de tráfego até o encerramento do prazo de concessão, e, (ii) periodicamente, o referido "cálculo inicial" seria revisado para o fim de substituir o tráfego projetado pelos volumes reais de tráfego constatados.[168]

A tendência mais recente, sobretudo no setor rodoviário, tanto na regulação[169] quanto nos contratos,[170] é no sentido de que, ao definir os fluxos de

[168] Cf. Cláusula 20.5.4 do referido Contrato de Concessão: BRASIL. Agência Nacional de Transportes Terrestres. *Contrato de Concessão. Edital n. 001/2008*. Brasília, [2009], p. 34. Disponível em: https://portal.antt.gov.br/documents/359170/9f365606-cdfc-731f-42dd-97f581a-fd59d. Acesso em: 12 out. 2020.

[169] *Vide*, por exemplo, a Resolução ANTT n. 3.651/2011: "Art. 4º Para fins de determinação dos fluxos das receitas marginais, em que seja necessário adotar uma projeção de tráfego, será utilizado, em etapas distintas, o procedimento a seguir: I – no momento da recomposição do equilíbrio econômico-financeiro, o cálculo inicial a ser utilizado, para fins de dimensionamento da referida recomposição, considerará o tráfego real verificado nos anos anteriores e adotará as melhores práticas para elaboração da projeção de tráfego até o encerramento do prazo da concessão; e II – anualmente, por ocasião da revisão ordinária, o cálculo referido no inciso I deste artigo será revisado com vistas a substituir o tráfego projetado pelo volume real de tráfego verificado no ano anterior" (BRASIL. Agência Nacional de Transportes Terrestres. *Resolução n. 3.651, de 7 de abril de 2011*. Aprova a metodologia de recomposição do equilíbrio econômico-financeiro dos contratos de concessão de rodovias federais da 1ª Etapa, da 2ª Etapa – Fase I e do Polo Pelotas, em decorrência de novos investimentos e serviços. Brasília, DF: Diretoria da Agência Nacional de Transportes Terrestres, [2011]. Disponível em: http://ftp.antt.gov.br/acpublicas/apublica2010-112/Resolucao3651.pdf. Acesso em: 20 set. 2020).

[170] *Vide*, por exemplo, o contrato de concessão rodoviária do lote Piracicaba-Panorama do estado de São Paulo: "22.5.5. Nas hipóteses de recomposição do equilíbrio do CONTRATO por meio de prorrogação de prazo, a metodologia para aferição de receitas e despesas para o prazo estendido considerará: 22.5.5.1. Para a projeção de receitas de arrecadação e definição de entrada de caixa será feita a projeção de tráfego, expressa em eixos-equivalentes, e que deverá ser multiplicada pela tarifa média da concessão dos últimos 24 (vinte e quatro) meses realizados, obtendo-se, assim, as estimativas de receitas de pedágio. 22.5.5.1.1. A projeção de receita de arrecadação, resultante do tráfego projetado, multiplicado pela tarifa média da concessão dos últimos 24 meses realizados, será substituída pela receita de pedágio real efetivamente arrecadada, verificada periodicamente, de acordo com o Termo Aditivo Modificativo a ser firmado. 22.5.5.1.2. Para projeção de receitas acessórias, deverá ser considerada, como premissa, a média histórica dos 5 (cinco) anos anteriores à assinatura do aditivo relativo aos novos investimentos e serviços, ou a média histórica que esteja disponível. 22.5.5.1.3. A projeção de receitas acessórias, descrita na subcláusula 22.5.5.1.2 será substituída pelas receitas acessórias reais efetivamente arrecadadas, verificadas, periodicamente, de acordo com o Termo Aditivo Modificativo a ser firmado" (SÃO PAULO [Estado]. Agência de Transporte do Estado de São Paulo. *Lote Piracicaba-Panorama*. São Paulo. Disponível em: http://www.artesp.

caixa marginais, os números projetados sejam periodicamente (em geral, anualmente) substituídos pelos valores reais. De fato, essa sistemática reduz os elementos de incerteza no cálculo do reequilíbrio,[171] porém tem o efeito prático de transferir o risco de demanda (geralmente alocado à concessionária) ao concedente.[172]

Isso ocorre porque substituir a demanda projetada pela demanda real no fluxo de caixa marginal que visa reequilibrar o contrato tem o condão de transferir as variações entre a demanda real e a projetada ao concedente e, portanto, modificar a alocação de riscos prevista inicialmente na matriz. Isso não é um problema em si, mas pode ser um problema de coerência quando do contrato consta cláusula que veda alterações à matriz de risco.[173,174]

A discussão sobre a utilização da demanda real *vs.* projetada deu origem a uma das disputas mais conhecidas do universo das concessões rodoviárias. Trata-se do caso da anulação dos aditivos celebrados entre estado de São Paulo

sp.gov.br/Style%20Library/extranet/novas-paginas/CustomPage.aspx?page=54. Acesso em: 10 out. 2020).
Outros setores, por outro lado, têm adotado sistemática diferente nesse particular. Por exemplo, o contrato de concessão das Linhas 8 e 9 da CPTM em São Paulo não estipulou a substituição da demanda projetada pela realizada na definição do fluxo de caixa marginal.

[171] Sobre a aleatoriedade nos contratos de parceria, ver: RIBEIRO, Mauricio Portugal. Aleatoriedade em processos de reequilíbrio de contratos: o uso de estimativas de demanda para definir o valor da compensação às partes e para medir o valor do desequilíbrio. *Portugal Ribeiro Advogados*, São Paulo, 03.04.2016. Disponível em: https://portugalribeiro.com.br/wp-content/uploads/equilibrio-e-aspectos-aleatorios-publicado.pdf. Acesso em: 23 maio 2021.

[172] Sobre o fenômeno, ver: RIBEIRO, Mauricio Portugal. Devemos proibir que recomposição do equilíbrio econômico-financeiro altere a distribuição de riscos originária do contrato? *Portugal Ribeiro Advogados*, São Paulo, 20.09.2015. Disponível em: http://www.portugalribeiro.com.br/devemos-proibir-que-recomposicao-do-equilibrio-economico-financeiro-altere-a-distribuicao-de-riscos-originaria-do-contrato/. Acesso em: 20 set. 2020.

[173] *Vide*, por exemplo, todos os contratos de concessão rodoviária federal da 3ª etapa Procofe, que têm a seguinte cláusula: "22.4.1 Os processos de recomposição do equilíbrio econômico-financeiro não poderão alterar a alocação de riscos originalmente prevista no Contrato" (Disponível em: http://3etapaconcessoes.antt.gov.br/. Acesso em: 13 out. 2020).

[174] Para interessante discussão sobre as implicações práticas do uso de estimativas *vs.* dados reais, ver: RIBEIRO, Mauricio Portugal. Dimensionamento do desequilíbrio de contratos de concessão e PPP: quando se deve usar dados projetados e quando se deve usar dados reais. *Portugal Ribeiro Advogados*, São Paulo, 13.10.2019. Disponível em: http://www.portugalribeiro.com.br/dimensionamento-do-desequilibrio-de-contratos-de-concessao-e-ppp-quando-se-deve-usar-dados-projetados-e-quando-se-deve-usar-dados-reais-2/. Acesso em: 10 jan. 2020.

e concessionárias em 2006.[175] Muito embora tenha ocorrido antes do fluxo de caixa marginal ser metodologia difundida para o reequilíbrio contratual (todos os contratos objeto da disputa previam reequilíbrios pelo plano de negócios), essa discussão foi central para determinar as regras subsequentemente desenvolvidas para determinar os fluxos de receitas marginais.

No caso específico do reequilíbrio para inclusão de novos investimentos, é preciso avaliar com atenção as regras sobre a definição dos fluxos de receitas marginais, especialmente se for intenção do concedente assumir o risco de demanda associado àquele novo investimento. Evidentemente, esse juízo

[175] Sobre o histórico do caso: "Em dezembro de 2006, a Artesp celebrou um conjunto de Termos Aditivos e Modificativos (TAMs) com doze concessionárias rodoviárias do Estado de São Paulo. Todos os TAMs tinham o mesmo objetivo de reequilibrar, por extensão de prazo, os contratos de concessão por ocorrência, em síntese, dos seguintes fatores: (i) alteração das leis relativas ao Imposto sobre Serviços (ISS) nos Municípios por onde atravessam essas rodovias, o que modificou a cobrança de ISS às concessões; (ii) majoração das alíquotas e bases de cálculo das contribuições relativas ao Programas de Integração Social e de Formação do Patrimônio do Servidor Público (PIS/Pasep) e ao Contribuição Social para o Financiamento da Seguridade Social (Cofins) e; (iii) perda de receita decorrente de parcelamento do reajuste tarifário (reajuste menor que o índice contratado por alguns meses). Cerca de cinco anos depois, em 20/04/2011, a Artesp contratou a Fundação Instituto de Pesquisas Econômicas (Fipe) com o intuito de verificar a correção dos cálculos de desequilíbrio contratual elaborados no âmbito dos TAMs celebrados em 2006. Em seu relatório, a Fipe conclui que o método de cálculo empregado nas revisões contratuais estaria equivocado, pois 'para o cálculo da recomposição do equilíbrio econômico-financeiro de 2006 levou-se em consideração a demanda da proposta e não a demanda real, o que tornou o reequilíbrio efetuado maior do que a perda sofrida pela concessionária'. Em outras palavras, entendeu a Fipe que o cálculo do desequilíbrio decorrente do aumento da carga tributária deveria considerar a receita efetivamente auferida pelas concessionárias e não aquela prevista nas respectivas propostas comerciais, tal como havia sido feito em 2006. Ao considerar a demanda projetada no cálculo, concluiu o estudo da Fipe, as concessionárias teriam sido 'indevidamente beneficiadas' com reequilíbrios maiores do que o devido, que somaram cerca de R$ 2 bilhões. Isso porque, como a demanda real foi inferior àquela estimada, as concessionárias foram reequilibradas a mais do que seriam fosse o parâmetro a receita efetivamente auferida. Por consequência, os contratos teriam sido desnecessariamente prorrogados. Com base nesse estudo, a Artesp instaurou contra as concessionárias processos administrativos de invalidação dos TAMs celebrados em 2006, disputas posteriormente judicializadas em todas as doze concessões" (PINTO, Gabriela Miniussi Engler. O caso da anulação dos aditivos de 2006 pela Artesp: seria diferente à luz da nova Lei de Introdução às Normas do Direito Brasileiro? *Portugal Ribeiro Advogados*, São Paulo, 18.06.2018. Disponível em: http://www.portugalribeiro.com.br/o-caso-da-anulacao-dos-aditivos-de-2006-pela-artesp-seria-diferente-a-luz-da-nova-lei-de-introducao-as-normas-do-direito-brasileiro/. Acesso em: 20 set. 2020).

passa antes pela reflexão sobre se o novo investimento terá ou não impacto na demanda do projeto, o que em regra não é trivial. É possível aferir esse impacto quando o novo investimento for, por exemplo, uma alça de acesso à rodovia, que proporcionará a inserção de novos usuários no sistema, ou uma alça de saída, que representará fuga de usuários e, portanto, perda de receita. Contudo, será mais difícil mensurar tais impactos quando o novo investimento for, por exemplo, a substituição de material rodante para modernização dos serviços, que poderá (ou não) atrair nova demanda de usuários.

Por outro lado, pode ser decisão do concedente não assumir, na inclusão do novo investimento, os riscos de demanda a ele associados. Nesse caso, faz mais sentido que os fluxos de receitas marginais sejam mantidos em projeção, sem a substituição periódica pelo real. O que se coloca nesses casos são as controvérsias atinentes à metodologia de projeção das receitas.[176]

[176] A Artesp, por exemplo, editou em 2013 a Resolução n. 001 para regrar, entre outros temas, a questão da metodologia para projeção de receitas para fins do fluxo de caixa marginal. O trecho a seguir dá a extensão da complexidade do tema: "III.1. Da Metodologia para a Projeção de Tráfego. O método, para fins de apuração do resultado econômico-financeiro das concessionárias, consiste na utilização de um sistema dinâmico capaz de descrever sua trajetória ao longo do tempo, em função de variáveis endógenas – quais sejam, das observações mais recentes do próprio tráfego e dos níveis de serviço (em % do total de horas medidas no período) – e das variáveis exógenas – do PIB e de fatores sazonais – bem como em função de uma evolução linear determinística. Ressalve-se que não está descartada a inclusão, no futuro, de novas variáveis explicativas, desde que os novos modelos destas decorrentes tenham melhor desempenho, aferido via critério de *backtest*, ou que possíveis mudanças nas características de trafegabilidade/função de utilidade do usuário impliquem o emprego do tradicional modelo de 'Quatro Estágios', que, por sua vez, implica simulações da malha modificada" (SÃO PAULO [Estado]. Agência de Transporte do Estado de São Paulo. *Resolução Artesp n. 001, de 25 de março de 2013.* Dispõe sobre o Fluxo de Caixa Marginal para novos investimentos nas concessões. São Paulo, SP: Conselho Diretor da Agência de Transporte do Estado de São Paulo, [2013]. Disponível em: http://www.artesp.sp.gov.br/Shared%20Documents/legislacao/CONSULTA%20P%C3%9ABLICA%2001-2012/Resolu%C3%A7%C3%A3o%20Artesp%20n%C2%BA%2001-13%2025-03-13%20211042-12-1.pdf. Acesso em: 20 set. 2020).

## 5.2. A relação entre o mecanismo para recomposição contratual pela inserção de novos investimentos e os tipos de licitação: as críticas do TCU no caso das rodovias e o fenômeno da demonização dos novos investimentos

Historicamente, a metodologia do fluxo de caixa marginal ganhou amplitude muito em função dos posicionamentos do TCU nesse sentido. Em particular, destaca-se o Acórdão 2.154/2007, que pode ser considerado um dos principais motivadores para a edição da Portaria ANTT n. 3.651/2011, que normatizou a metodologia do fluxo de caixa marginal para inclusão de novos investimentos nas concessões rodoviárias federais.

Na visão do tribunal:

> O fluxo de caixa marginal foi um mecanismo criado pela ANTT (Resolução 3.651/2011) para resolver um impasse apontado pelo TCU para os contratos de concessão da primeira etapa (licitados na década de 90), os quais foram celebrados com taxas internas de retorno elevadas em razão das incertezas econômicas da época e dos riscos associados a um programa de concessões embrionário. Na oportunidade, a modelagem então vigente resultava na inclusão de novos investimentos naqueles contratos de concessão em condições desfavoráveis ao interesse público.[177]

E, no mesmo sentido:

> Registra-se, por oportuno, que os dispositivos da citada resolução auxiliaram na mitigação dos problemas aventados pelo TCU no âmbito do TC 026.335/2007-4, ou seja, a taxa interna de retorno praticada nos

[177] BRASIL. Tribunal de Contas da União. *Processo/Desestatização 028.343/2017-4*. Desestatização. Agência Nacional de Transportes Terrestres (ANTT). Acompanhamento. Primeiro estágio de concessão do lote rodoviário denominado Rodovia de Integração do Sul – RIS [...]. Interessado: Agência Nacional de Transportes Terrestres. Relator: Bruno Dantas. Data da sessão: 23.05.2018. Disponível em: https://pesquisa.apps.tcu.gov.br/#/documento/acordao-completo/1174%252F2018/%2520/DTRELEVANCIA%2520desc%252C%2520NUMACORDAOINT%2520desc/0/%2520?uuid=f110d460-fa6e-11ea-914b-478010ad44a9. Acesso em: 20 out. 2020.

> contratos de concessão da 1ª etapa se restringiu àqueles investimentos previstos até o advento da Resolução 3.651/2011. Assim, o incremento dos investimentos nos contratos de concessão teve como referência o cenário econômico vigente à época da efetivação do incremento, e não da assinatura do contrato.[178]

Contudo, ao analisar questões afetas aos contratos de concessão da 2ª e 3ª etapas Procofe, o TCU reviu sua posição e passou a criticar severamente a metodologia de reequilíbrio pelo fluxo de caixa marginal, sob o argumento de

> [...] que ao expandir a aplicação da Resolução ANTT 3.651/2011 para os contratos de concessões mais recentes (segunda e terceira etapas), arrematados com significativos deságios, obteve-se resultado oposto ao interesse público perseguido com as deliberações pretéritas do Tribunal, ou seja, as novas obras passaram a ser incluídas nos contratos de concessão por valores majorados de várias vezes em relação àqueles que constaram da proposta original.[179]

E de que: "esses normativos orientam para a adoção dos preços referenciais da Administração, sem considerar os descontos obtidos no certame licitatório, o que já representa um desequilíbrio significativo".[180]

[178] BRASIL. Tribunal de Contas da União. *Processo/Representação 012.831/2017-4. Acórdão 1.473/2017.* Representação com proposta de medida cautelar. Supostas irregularidades praticadas pela agência reguladora na revisão tarifária de contrato de concessão rodoviária. Cautelar concedida. Agravo. Conhecimento. Rejeição. Restituição à unidade técnica. Interessados: Agência Nacional de Transportes Terrestres e ECO 101 Concessionária de Rodovias S.A. Relator: Augusto Nardes. Data da sessão: 12.07.2017. Plenário. Disponível em: https://pesquisa.apps.tcu.gov.br/#/documento/acordao-completo/1473%252F2017/%2520/DTRELEVANCIA%2520desc%252C%2520NUMACORDAOINT%2520desc/0/%2520?uuid=f110d460-fa6e-11ea-914b-478010ad44a9. Acesso em: 20 set. 2020.

[179] BRASIL. Tribunal de Contas da União. *Processo/Desestatização 028.343/2017-4.* Desestatização. Agência Nacional de Transportes Terrestres (ANTT). Acompanhamento. [...]. Interessado: Agência Nacional de Transportes Terrestres. Relator: Bruno Dantas. Data da sessão: 23.05.2018. Disponível em: https://pesquisa.apps.tcu.gov.br/#/documento/acordao-completo/1174%252F2018/%2520/DTRELEVANCIA%2520desc%252C%2520NUMACORDAOINT%2520desc/0/%2520?uuid=f110d460-fa6e-11ea-914b-478010ad44a9. Acesso em: 20 set. 2020.

[180] Ibidem.

No contexto da análise do 1º estágio das desestatizações das RIS (BR-101/290/386/448/RS) e da BR-364/365/GO/MG, a Unidade Técnica do TCU (SeinfraRodoviasAviação) chegou a recomendar a "aplicação do percentual de deságio oferecido pelo licitante vitorioso ao custo estimado de um novo investimento, de modo que o impacto de sua inclusão no fluxo de caixa se desse pelo custo Sicro deduzido desse desconto".[181]Isso como forma de "transferir para os usuários as condições vantajosas estabelecidas pela proposta vencedora".[182]

Esse tipo de proposição pressupõe, de forma equivocada, que os deságios ofertados sobre o valor teto da tarifa de pedágio correspondem aos descontos calculados pelo licitante no valor do investimento a ser realizado na rodovia. É pouco provável que seja essa a lógica econômica subjacente aos descontos ofertados, até porque há muitos outros fatores envolvidos na avaliação de deságio, especialmente a projeção de demanda (receita do ativo), a estrutura de capital da concessionária e outros ganhos de eficiência vislumbrados, inclusive na operação.

Além disso, conforme sustentado pela ANTT no âmbito dessas discussões, estipular regra dessa natureza significa atribuir à concessionária o risco de precificação de novos investimentos quando, a rigor, ela assumiu esse risco apenas em relação aos investimentos originalmente previstos no contrato de concessão. Curiosamente, se fosse aplicada a regra sugerida pela Unidade Técnica do TCU, estaríamos próximos de uma lógica de investimentos não contratualizados, mas precificados *ex ante*, cujo efeito prático a ANTT antecipou:

[181] BRASIL. Tribunal de Contas da União. *Processo/Desestatização 002.469/2018-9. Acórdão 1.096/2019.* Desestatização. Agência Nacional de Transportes Terrestres (ANTT). Acompanhamento. Primeiro estágio de concessão do lote rodoviário que compreende os segmentos das Rodovias BR-364/365/GO/MG entre os municípios [...]. Interessado: Ministério da Infraestrutura. Relator: Bruno Dantas. Data da sessão: 15.05.2019. Plenário. Disponível em: https://pesquisa.apps.tcu.gov.br/#/documento/acordao-completo/1096%252F2019/%2520/DTRELEVANCIA%2520desc%252C%2520NUMACORDAOINT%2520desc/0/%2520?uuid=f110d460-fa6e-11ea-914b-478010ad44a9. Acesso em: 20 set. 2020.

[182] "Uma forma possível de se reduzir esse problema seria a aplicação do percentual de deságio oferecido pelo licitante vitorioso ao custo estimado de um novo investimento, de modo que o impacto de sua inclusão no fluxo de caixa se desse pelo custo Sicro deduzido desse desconto. Isso seria uma maneira de transferir para os usuários as condições vantajosas estabelecidas pela proposta vencedora. Essa é uma das sugestões da Unidade Técnica para a redução do desequilíbrio apontado, tornando a inclusão de novos investimentos menos vantajosa para o concessionário" (Ibidem).

> Como desconhece *a priori* a natureza e o montante dos investimentos que poderão surgir no futuro, esse risco por certo seria precificado no desconto ofertado, o que oneraria o usuário desde o início da concessão por investimentos que poderiam nem mesmo vir a ser necessários.[183]

Felizmente, essa regra ainda não prevaleceu.

É preciso contextualizar que essas discussões têm ocorrido em uma conjuntura de certa "demonização" dos novos investimentos no âmbito do TCU. Isto é, existe uma clara percepção do tribunal de que os contratos de concessão rodoviária estão deliberadamente sendo descumpridos – com investimentos obrigatórios não executados no prazo e inclusão indiscriminada de novas obras.

Embora não haja controvérsia sobre o elevado índice de inexecução das concessões rodoviárias licitadas na 3ª Etapa Procofe, as causas que levaram a tais descumprimentos remanescem bastante controversas,[184] de modo que é muito ruim, para o instituto dos novos investimentos, que seus contornos teóricos sejam contaminados, especialmente no âmbito dos órgãos de controle, em detrimento de uma discussão sob a perspectiva maior dos problemas enfrentados por esses contratos.

Em conclusão, é importante conferir especial atenção à análise de novos investimentos no contexto de concessões outorgadas por menor tarifa. Como se vê das discussões travadas no âmbito do TCU, há risco de confusão conceitual na compreensão do instituto, a exemplo da ideia de levar em conta o deságio ofertado na licitação quando do cálculo do reequilíbrio para inclusão do novo investimento, o que pode distorcer profundamente os incentivos dos licitantes, com prejuízos ao interesse público.

[183] BRASIL. Tribunal de Contas da União. *Processo/Desestatização 002.469/2018-9. Acórdão 1.096/2019.* Desestatização. Agência Nacional de Transportes Terrestres (ANTT). Acompanhamento. Primeiro estágio de concessão do lote rodoviário que compreende os segmentos das Rodovias BR-364/365/GO/MG entre os municípios [...]. Interessado: Ministério da Infraestrutura. Relator: Bruno Dantas. Data da sessão: 15.05.2019. Plenário. Disponível em: https://pesquisa.apps.tcu.gov.br/#/documento/acordao-completo/1096%252F2019/%2520/DTRELEVANCIA%2520desc%252C%2520NUMACORDAOINT%2520desc/0/%2520?uuid=f110d460-fa6e-11ea-914b-478010ad44a9. Acesso em: 20 set. 2020.

[184] Com todas as concessionárias discutindo litigiosamente (em âmbito arbitral e/ou judicial) a responsabilidade sobre as inexecuções observadas nesses contratos.

## 5.3. Mecanismos alternativos: o estoque de melhorias como mecanismo de reequilíbrio "automático" pela inserção de novos investimentos

Como consequência das discussões narradas anteriormente, a partir da análise dos estudos de viabilidade da RIS, o TCU passou a recomendar à ANTT que

> compatibilize a inclusão de novas obras e obrigações no contrato de concessão ao disposto no art. 9º da Lei 8.987/1995, evitando repassar totalmente aos usuários os custos delas decorrentes, podendo-se levar em conta outros mecanismos como o estoque de melhorias, conforme contratos anteriores, em atenção aos princípios que regem a Administração Pública, sobretudo a impessoalidade, a moralidade e a eficiência (art. 37, *caput*, da CF/88).[185]

Isso fez com que o estoque de melhorias, discutido no tópico 1.2.4, ganhasse maior proeminência nas concessões rodoviárias federais pós-3ª Etapa Procofe. Como já descrito, as intervenções previstas no estoque passaram a ser precificadas *ex ante* e o contrato passou a prever mecanismo "automático" de reequilíbrio por meio da aplicação do chamado "Fator E".

Nesses contratos, o "Fator E" funciona como incrementador da tarifa básica de pedágio e é utilizado como mecanismo de aplicação do acréscimo de reequilíbrio relativo à conclusão de obras previstas no estoque de melhorias. O próprio contrato já prevê a forma de cálculo do "Fator E" e seu impacto sobre a tarifa, calculado anualmente nas revisões ordinárias. Exaurido o estoque – cujo limite corresponde a um acréscimo máximo da tarifa de pedágio –, o reequilíbrio pela eventual inclusão de novos investimentos volta a ser realizado pela metodologia do fluxo de caixa marginal.

[185] BRASIL. Tribunal de Contas da União. *Processo/Desestatização 028.343/2017-4. Acórdão 1.174/2018.* Desestatização. Agência Nacional de Transportes Terrestres (ANTT). Acompanhamento. Primeiro estágio de concessão do lote rodoviário denominado Rodovia de Integração do Sul – RIS [...]. Interessado: Agência Nacional de Transportes Terrestres. Relator: Bruno Dantas. Data da sessão: 23.05.2018. Plenário. Disponível em: https://pesquisa.apps.tcu.gov.br/#/documento/acordao-completo/1174%252F2018/%2520/DTRELEVANCIA%2520desc%252C%2520NUMACORDAOINT%2520desc/0/%2520?uuid=f110d460-fa6e-11ea-914b-478010ad44a9. Acesso em: 20 set. 2020.

Como se vê, o mecanismo do "estoque de melhorias" está também associado ao fenômeno da demonização dos novos investimentos, discutida no tópico 5.2. Isto é, houve um fortalecimento dessa mecânica na medida em que o reequilíbrio por fluxo de caixa marginal pela inclusão de novos investimentos passou a ser visto pelo TCU como uma fonte indevida de ganhos pelas concessionárias.

Conforme tratado no tópico 1.2.4, o propósito do instituto é pertinente, mas há necessidade de aprimoramentos. O que parece fazer pouco sentido é a pretensão dos órgãos de controle de que todos os futuros investimentos em parcerias possam ser inicialmente previstos, isto é, contratualizados e precificados *ex ante*, e reequilibrados automaticamente quando demandados, a fim de evitar quaisquer discussões sobre novos investimentos ao longo da execução contratual. Conquanto seja uma proposta sedutora, parece demais simplista para lidar com todas as complexidades inerentes à inclusão de novos investimentos nos contratos de parceria. No tópico 7.2.2, adiante, há algumas proposições de aperfeiçoamento do mecanismo.

## 5.4 Formas de recomposição

A inclusão de novos investimentos nos contratos de parceria pode ser reequilibrada pelos diversos meios admitidos em lei e no respectivo contrato, tais como extensão do prazo do contrato (o mais comum), redução dos encargos da concessionária, aumento da tarifa (quando aplicável), aumento no montante da contraprestação devida pelo poder concedente (quando aplicável), pagamento pelo poder concedente, entre outras hipóteses.

A experiência prática mostra que a implementação do reequilíbrio por via que não implique pagamento à concessionária (que pode depender, inclusive, de modificação da lei orçamentária junto ao Poder Legislativo) ou aumento de tarifa (que causa desgaste político) é amplamente predominante no país.

A possibilidade de reequilíbrio por extensão de prazo em troca de novos investimentos ganhou nova alcunha com o advento da Lei Federal n. 13.448/2017, que criou a figura da prorrogação antecipada dos contratos,[186]

[186] Lei n. 13.448/2017, art. 6º: "A prorrogação antecipada ocorrerá por meio da inclusão de investimentos não previstos no instrumento contratual vigente, observado o disposto no

replicada em partes no estado de São Paulo na Lei Estadual n. 16.933/2019. A rigor, o instituto da prorrogação antecipada nada mais é do que a inclusão de novos investimentos reequilibrada por extensão do prazo contratual.

Não obstante a farta evidência empírica de que grande parte dos eventos de desequilíbrio é reequilibrada mediante a inclusão de prazo adicional nas parcerias, é preciso registrar que o reequilíbrio contratual decorrente da inserção de novos investimentos tem peculiaridades que o diferem do reequilíbrio resultante da ocorrência de evento gravoso associado a risco alocado ao poder concedente. Isso porque a inserção de novos investimentos no contrato de parceria pressupõe, naturalmente, que a concessionária realize dispêndios – muitas vezes em volume relevante – para a execução do investimento em referência, o que não necessariamente ocorre quando há desequilíbrios decorrentes da materialização de riscos (embora, evidentemente, os desequilíbrios impliquem algum ônus adicional suportado pela concessionária). Em particular, é muito comum que a concessionária precise buscar financiamento adicional para a execução do novo investimento, além da injeção de capital próprio no projeto.

É justamente essa necessidade de captar recursos adicionais (próprios e de terceiros) que difere o reequilíbrio contratual pela inclusão de novos investimentos do reequilíbrio decorrente da observância da matriz de riscos contratual. Isso implica preocupação adicional quando se está diante da decisão sobre as formas de reequilibrar o contrato pela inclusão de novos investimentos: o mecanismo selecionado não pode comprometer a capacidade econômica e financeira da concessionária de captar recursos e executar os novos investimentos.

Não por outra razão, certos contratos têm regras que condicionam a exigibilidade dos novos investimentos à preservação da capacidade financeira da concessionária, mensurada pela classificação da sua nota de risco (ou de suas

art. 3º desta Lei" (BRASIL. *Lei n. 13.448, de 5 de junho de 2017.* Estabelece diretrizes gerais para prorrogação e relicitação dos contratos de parceria definidos nos termos da Lei n. 13.334, de 13 de setembro de 2016, nos setores rodoviário, ferroviário e aeroportuário da administração pública federal, e altera a Lei n. 10.233, de 5 de junho de 2001, e a Lei n. 8.987, de 13 de fevereiro de 1995. Brasília, DF: Presidência da República, [2017]. Disponível em: http://www.planalto.gov.br/ccivil_03/_ato2015-2018/2017/lei/l13448.htm#:~:text=1%C2%BA%20Esta%20Lei%20estabelece%20diretrizes,e%20a%20Lei%20n%C2%BA%208.987%2C. Acesso em: 18 set. 2020).

emissões de dívida) conforme avaliado pelas agências de *rating*.[187] Em outras palavras, o poder concedente reconhece que a execução do novo investimento não pode impactar demasiadamente a capacidade da concessionária de fazer frente às obrigações assumidas perante seus financiadores – medida pela sua nota de classificação de risco – sob pena de comprometer toda a concessão. Essa preocupação pode e deve ser enfrentada no momento da opção pela melhor forma de reequilibrar o contrato em decorrência da inserção de novos investimentos.

Isso se traduz, na prática, em restrições ao reequilíbrio contratual apenas por acréscimo de prazo quando se está diante da inclusão de novos investimentos – em certos casos, até em uma vedação total a esse mecanismo de reequilíbrio contratual.[188] Isto é, como o reequilíbrio somente por prazo

[187] A título de exemplo, *vide* o Contrato de Concessão do Lote Centro-Oeste Paulista: "Cláusula 24.2. Os novos investimentos, não previstos inicialmente no PLANO ORIGINAL DE INVESTIMENTOS, e eventualmente implementados em função do conjunto de ciclos de REVISÃO ORDINÁRIA, não poderão, em seu conjunto, acarretar revisão do PRAZO DA CONCESSÃO que enseje o acréscimo de prazo superior a 15 (quinze) anos e/ou supere, em seu conjunto, o montante de 15% (quinze por cento) do montante inicial total de investimentos sob a responsabilidade da CONCESSIONÁRIA, de acordo com os valores e marcos de obra definidos no ANEXO XXI. 24.2.1. Os investimentos limitados ao valor de 15% do montante inicial, descritos na cláusula 24.2, apenas serão obrigatórios se a avaliação da hipótese de sua realização não apontar para a queda da nota de classificação de risco obtida pela concessão, ou, no caso de nova emissão de valores mobiliários ou obtenção de nova dívida bancária, a eventual consequência não seja nota inferior àquela obtida pela emissora ou mutuária original, sendo que esta nota, em escala nacional, será emitida pela Fitch ou, em escala equivalente, pela Standard and Poor's (S&P) ou Moody's. 24.2.2. O limite de valor apresentado no item 2.4.2. poderá ser superado, mediante justificativa própria e desde que previamente anuídos pela Artesp com consentimento da CONCESSIONÁRIA, além de, quando o caso, dos FINANCIADORES e GARANTIDORES da CONCESSIONÁRIA" (SÃO PAULO [Estado]. Agência de Transporte do Estado de São Paulo. *Contrato Artesp n. 0352/Artesp/2017. Contrato de Concessão. Concorrência Internacional n. 03/2016*. São Paulo, [06.06.2017]. Disponível em: https://www.google.com/url?sa=t&rct=j&q=&esrc=s&source=web&cd=1&ved=0ahUKEwiELOFkqbbAhVDCpAKHVB7DiMQFggnMAA&url=http%3A%2F%2Fwww.parcerias.sp.gov.br%2FParcerias%2FDocumento%2FDownload%3Fcodigo%3D26369&usg=AOvVawlFSQioJnlulwDAnwPsUrda. Acesso em: 10 jun. 2019).

[188] *Vide* como exemplo a minuta do Contrato de Concessão do Rodoanel Norte, do estado de São Paulo: "Cláusula 23.3. Observado o regramento estabelecido neste CONTRATO, a Artesp somente poderá se utilizar da extensão de PRAZO DA CONCESSÃO como meio para a recomposição do equilíbrio econômico-financeiro do CONTRATO, descrito na alínea 'i' da Cláusula 23.1. acima, a partir do terceiro ciclo de REVISÕES ORDINÁRIAS de que

adicional não aumenta as receitas da concessionária (no momento da revisão contratual), isso significa que a concessionária precisará elevar seus dispêndios para execução dos novos investimentos sem contrapartida financeira imediata, o que, da perspectiva da concessionária, representa esforço financeiro adicional – nem sempre possível e que pode comprometer sua capacidade de manter os indicadores financeiros exigidos pelos financiadores.

Em conclusão, a definição das formas de recomposição do equilíbrio contratual pela inclusão de novos investimentos, embora seja livre sob a ótica legal e geralmente de prerrogativa do poder concedente da perspectiva contratual, deve levar em consideração a natureza singular da ocasião, de modo a assegurar a capacidade da concessionária de executar adequada e responsavelmente o novo investimento. Esse tema será retomado, por outros ângulos, no tópico 6.2, que discute a questão dos reequilíbrios incompletos, e no Capítulo 7, que trata da modelagem contratual para inclusão de novos investimentos.

tratam esse CONTRATO, sendo certo que para as duas primeiras REVISÕES ORDINÁRIAS, eventuais desequilíbrios observados e tratados no procedimento de tais REVISÕES ORDINÁRIAS somente poderão ser recompostos pelos demais meios estabelecidos nesta Cláusula". Ainda, especificamente para os novos investimentos, o contrato dispõe que: "23.3.1. A prorrogação de PRAZO DA CONCESSÃO, tratada na alínea 'i' da Cláusula 23.1. acima, para fins de recomposição do equilíbrio econômico-financeiro causado por eventuais novos investimentos que venham a ser incorporados nas REVISÕES ORDINÁRIAS ou nas REVISÕES EXTRAORDINÁRIAS, não poderá acrescer à CONCESSÃO prazo adicional superior a 15 (quinze) anos, considerados os impactos agregados causados por tais novos investimentos" (SÃO PAULO [Estado]. Agência de Transporte do Estado de São Paulo. *Lote Rodoanel Norte*. São Paulo, [2020]. Disponível em: http://www.artesp.sp.gov.br/Style%20Library/extranet/novas-paginas/CustomPage.aspx?page=55. Acesso em: 20 out. 2020). É importante destacar que se trata de cláusula extraída do contrato licitado em 2018. Há outro contrato atualmente em consulta pública, relativo ao mesmo projeto.

# 6. A POSSIBILIDADE DE A CONCESSIONÁRIA RESISTIR À INCLUSÃO DE NOVOS INVESTIMENTOS

Questão importante que se coloca no contexto das discussões travadas nesta obra é a possibilidade de a concessionária opor-se à inclusão de novos investimentos em contratos de parceria. Isto é, a partir da premissa de inaplicabilidade dos §§ 1º e 2º do art. 65 da Lei Federal n. 8.666/1993 aos contratos de parceria, poderia a concessionária resistir a eventual demanda do concedente para inclusão de novos investimentos em seu contrato de parceria, mesmo que tais investimentos sejam cabíveis aplicando-se os contornos qualitativos propostos nesta obra?

## 6.1. Dilema normativo

Inicialmente, é preciso qualificar as consequências da premissa adotada. Primeiro, não aplicar os §§ 1º e 2º do art. 65 da Lei Federal n. 8.666/1993 significa inexistir *ex ante* limites quantitativos à mutabilidade contratual, e, portanto, à inclusão de novos investimentos nos contratos de parceria (embora, evidentemente, devam existir os contornos qualitativos explicados no Capítulo 4).

Segundo, fica a dúvida quanto a se a adoção da premissa significa que, particularmente para os acréscimos ou as supressões de escopo nos contratos de parceria, haveria exceção à possibilidade de alteração unilateral dos contratos pela Administração Pública. Afastada a previsão legal que autoriza a Administração Pública a exigir – e a contratada a aceitar – acréscimos ou supressões de escopo, como ficam os poderes exorbitantes da Administração Pública nesse particular? Acréscimos ou supressões só poderiam ocorrer mediante acordo entre as partes?

É improvável que a inaplicabilidade dos §§ 1º e 2º do art. 65 da Lei Federal n. 8.666/1993 aos contratos de parceria tenha o condão de impedir a alteração unilateral desses instrumentos pela Administração Pública.[189] De igual modo, não é razoável que, nesse cenário, a concessionária esteja obrigada a aceitar quaisquer acréscimos e supressões de escopo, mesmo que qualitativamente compatíveis com o objeto contratual. Esse dilema pode ser equacionado pela análise do disposto no art. 58, I, §§ 1º e 2º, da Lei Federal n. 8.666/1993.[190]

[189] É importante destacar a relevância e abrangência dos poderes exorbitantes da administração na doutrina jurídica. Ver, por todos: "Essa necessidade de alteração – que deve ser devidamente motivada – pode decorrer de mudanças na situação de fato, ou seja, de circunstâncias de variada natureza que recomendem a mudança de cláusulas regulamentares do contrato [...]. E também pode decorrer de alterações na situação de direito: a lei que disciplinava o serviço sofre alterações, que acarretam a necessidade de alterar as cláusulas regulamentares do serviço. [...] Quanto ao princípio da mutabilidade, cabe destacar que a ele se submetem o concessionário e também os usuários do serviço público. Significa, esse princípio, que as cláusulas regulamentares do contrato podem ser unilateralmente alteradas pelo poder concedente para atender a razões de interesse público. Nem o concessionário, nem os usuários do serviço podem opor-se a essas alterações: inexiste direito adquirido à manutenção do regime jurídico vigente no momento da celebração do contrato. Se é o interesse público que determina tais alterações, não há como opor-se a elas" (DI PIETRO, Maria Sylvia Zanella. *Parcerias na Administração Pública*. São Paulo: Forense, 2002, p. 80).

[190] "Art. 58. O regime jurídico dos contratos administrativos instituído por esta Lei confere à Administração, em relação a eles, a prerrogativa de: I – modificá-los, unilateralmente, para melhor adequação às finalidades de interesse público, respeitados os direitos do contratado; [...] § 1º As cláusulas econômico-financeiras e monetárias dos contratos administrativos não poderão ser alteradas sem prévia concordância do contratado. § 2º Na hipótese do inciso I deste artigo, as cláusulas econômico-financeiras do contrato deverão ser revistas para que se mantenha o equilíbrio contratual" (BRASIL. *Lei n. 8.666, de 21 de junho de 1993.* Regulamenta o art. 37, inciso XXI, da Constituição Federal, institui normas para licitações e contratos da Administração Pública e dá outras providências. Brasília, DF: Presidência da República, [1993]. Disponível em: http://www.planalto.gov.br/ccivil_03/leis/l8666cons.htm. Acesso em: 19 set. 2020). Destaca-se que essa previsão normativa foi preservada na Lei 14.133 de 1º de abril de 2021 (que revogou a Lei 8.666/93) nos seguintes termos: "Art. 104. O regime jurídico dos contratos instituído por esta Lei confere à Administração, em relação a eles, as prerrogativas de:
I – modificá-los, unilateralmente, para melhor adequação às finalidades de interesse público, respeitados os direitos do contratado;
II – extingui-los, unilateralmente, nos casos especificados nesta Lei;

Tais dispositivos estabelecem que, embora a Administração Pública tenha a prerrogativa de alterar unilateralmente os contratos administrativos, tais modificações devem respeitar os direitos do contratado e não podem modificar as cláusulas econômico-financeiras e monetárias sem prévia concordância deste. Ainda, se a alteração unilateral resultar em modificação das cláusulas econômico-financeiras do contrato, além da anuência do contratado, tais disposições deverão ser revistas para que se mantenha o equilíbrio contratual.

O conceito de "cláusulas econômico-financeiras e monetárias" abrange as disposições contratuais que versam sobre os encargos da concessionária e sua correspondente remuneração, por meio de tarifa e/ou de pagamentos públicos, bem como de prazo, montante e condições de recebimento dessa remuneração.[191] Da perspectiva da concessionária, esses elementos impactam

III – fiscalizar sua execução;
IV – aplicar sanções motivadas pela inexecução total ou parcial do ajuste;
V – ocupar provisoriamente bens móveis e imóveis e utilizar pessoal e serviços vinculados ao objeto do contrato nas hipóteses de:
a) risco à prestação de serviços essenciais;
b) necessidade de acautelar apuração administrativa de faltas contratuais pelo contratado, inclusive após extinção do contrato.
§ 1º As cláusulas econômico-financeiras e monetárias dos contratos não poderão ser alteradas sem prévia concordância do contratado.
§ 2º Na hipótese prevista no inciso I do caput deste artigo, as cláusulas econômico-financeiras do contrato deverão ser revistas para que se mantenha o equilíbrio contratual."
Desse modo, as colocações feitas nessa obra referenciadas no Art. 58 da Lei 8.666/93 mantem-se inalteradas sob a nova legislação. (BRASIL. *Lei n. 14.133, de 1º de abril de 2021.* Lei de Licitações e Contratos Administrativos. Brasília, DF: Presidência da República, [2021]. Disponível em: http://www.planalto.gov.br/ccivil_03/_ato2019-2022/2021/lei/L14133.htm. Acesso em: 25 jun. 2121)

[191] Na visão da doutrina: "Em todo contrato administrativo, existem cláusulas de duas naturezas: as cláusulas econômicas e as cláusulas regulamentares do serviço, da obra, do fornecimento. As primeiras são inalteráveis unilateralmente, porque fixam a remuneração e os direitos do contratante perante a Administração e estabelecem o equilíbrio financeiro a ser mantido durante a execução financeira do contrato; as segundas – as regulamentares –, são mutáveis unilateralmente pela Administração, conforme as exigências do interesse público que o contrato visa a atender" (CRETELLA JR., José. *Licitações e contratos do Estado.* 2. ed. Rio de Janeiro: Forense, 1999).
E na da jurisprudência: "Registrou-se que o art. 65, I, da Lei de Licitações, especifica os casos em que cabível a alteração unilateral do contrato pela Administração: quando houver modificação do projeto ou das especificações, para melhor adequação técnica aos seus objetivos

o volume de recursos (próprio e de terceiros) necessários à consecução de seus encargos, o prazo de amortização dos investimentos e outros *covenants* relevantes para a saúde financeira da concessionária. Daí por que a alteração das condições econômico-financeiras e monetárias requer concordância da concessionária, sob pena de gerar impactos que afetem a sua capacidade de fazer frente às obrigações contratuais.

No contexto das parcerias, a vedação à alteração das "cláusulas econômico-financeiras e monetárias" dialoga também com a proteção aos interesses dos financiadores da concessionária. Nesse sentido, reconhece-se que a viabilidade das parcerias pressupõe a viabilidade de financiar o objeto subjacente. Isto é, alterações no arranjo de remuneração da concessionária impactam diretamente as condições do financiamento, por exemplo, o Índice de Cobertura do Serviço da Dívida (ICSD)[192] e outros *covenants* comuns aos contratos de financiamento. Daí que o consentimento da concessionária pressupõe, em certos casos, a concordância do financiador, na medida em que o pagamento da dívida pode ser impactado por modificações das "cláusulas econômico-financeiras e monetárias".

Ao cotejar as regras do art. 58, I, e dos §§ 1º e 2º da Lei Federal n. 8.666/1993 com a alteração contratual que insere novos investimentos na

(alteração qualitativa); quando necessária a modificação do valor contratual em decorrência de acréscimo ou diminuição quantitativa de seu objeto, nos limites legais permitidos (alteração quantitativa). A possibilidade de alteração unilateral do contrato pela Administração Pública somente abrange as cláusulas regulamentares ou de serviço (as que dispõem sobre o objeto do contrato e sua execução). Nunca podem ser modificadas unilateralmente as denominadas cláusulas econômico-financeiras e monetárias dos contratos, que estabelecem a relação entre a remuneração e os encargos do contratado, relação esta que deve ser mantida durante toda a execução do contrato. A impossibilidade de alteração unilateral de tais cláusulas e a necessidade de manutenção do equilíbrio econômico-financeiro do contrato estão expressamente previstas nos §§ 1º e 2º do art. 58 da Lei nº 8.666/93" (BRASIL. Superior Tribunal de Justiça. *Agravo em Recurso Especial 471.572*. Processual civil, civil, administrativo e constitucional. Recurso de agravo. Ação indenizatória. Obra pública. Descabimento. Teoria da imprevisão. Descabimento [...]. Agravante: Engemaia e Companhia Ltda. Agravado: Distrito Estadual de Fernando de Noronha. Relator: Ministro Og Fernandes. Julgado em: 08.04.2014. *DJe*: 24.04.2014. Disponível em: https://processo.stj.jus.br/processo/revista/documento/mediado/?componente=MON&sequencial=34814813&tipo_documento=documento&num_registro=201400237923&data=20140424&formato=PDF. Acesso em: 23 maio 2021).

[192] O ICSD representa a capacidade de pagamento da dívida (financiamento) pela concessionária e geralmente é um dos *covenants* assumidos no contrato de financiamento.

parceria, conclui-se que – exceto na hipótese específica de reequilíbrio contratual completo (conforme discutido no tópico 6.2) – a inclusão de novos investimentos na parceria sempre exigirá concordância da concessionária, visto que, invariavelmente, tal alteração implica modificação das cláusulas econômico-financeiras e monetárias do contrato. Isto é, com exceção da hipótese de reequilíbrios completos, a inclusão de novos investimentos sempre impactará, de algum modo (forma, dimensão, prazo), as regras de remuneração da concessionária e, portanto, exigirá a sua concordância.

Por fim, vale mencionar que a exigência de consensualidade para alteração dos contratos celebrados entre setor público e setor privado, típica dos contratos em geral, tem ganhado progressiva receptividade na legislação. Em especial, destaca-se a Lei Federal n. 13.303/2016 (Lei das Estatais), que dispôs que "os contratos regidos por esta Lei somente poderão ser alterados *por acordo entre as partes*, vedando-se ajuste que resulte em violação da obrigação de licitar".[193] Como se vê, trata-se de estabelecer, para as empresas estatais, regime que prestigie a consensualidade, apartado daquele previsto na Lei Federal n. 8.666/1993, lastreado no uso das prerrogativas unilaterais da Administração Pública como mecanismo para assegurar o atingimento do interesse público.

## 6.2. Reequilíbrios completos e incompletos

O equilíbrio contratual, como a própria expressão sugere, tem duas perspectivas: a econômica e a financeira. De forma bastante simplificada, a perspectiva econômica é aquela que analisa a viabilidade e o retorno do

[193] Art. 72. Em reforço, também merece destaque o art. 81: "Os contratos celebrados nos regimes previstos nos incisos I a V do art. 43 contarão com cláusula que estabeleça a possibilidade de alteração, *por acordo entre as partes*, nos seguintes casos: [...]" (BRASIL. *Lei n. 13.303, de 30 de junho de 2016*. Dispõe sobre o estatuto jurídico da empresa pública, da sociedade de economia mista e de suas subsidiárias, no âmbito da União, dos Estados, do Distrito Federal e dos Municípios. Brasília, DF: Presidência da República, [2016]. Disponível em: http://www.planalto.gov.br/ccivil_03/_ato2015-2018/2016/lei/l13303.htm#:~:text=L13303&text=LEI%20N%C2%BA%2013.303%2C%20DE%2030%20DE%20JUNHO%20DE%202016.&text=Disp%C3%B5e%20sobre%20o%20estatuto%20jur%C3%ADdico,Distrito%20Federal%20e%20dos%20Munic%C3%ADpios.&text=Art. Acesso em: 20 set. 2020. Grifo nosso).

projeto a partir de métricas como o VPL do projeto.[194] Então, quando há desequilíbrio decorrente da inserção de novo investimento na parceria, o contrato precisa ser reequilibrado de modo a preservar a viabilidade econômica do projeto.

Já a perspectiva financeira preocupa-se com a geração e o fluxo de caixa do projeto, isto é, sua capacidade de gerar liquidez para fazer frente às obrigações da concessionária, como o pagamento pela execução das obras ao epecista e do serviço da dívida contraída. Essa perspectiva, embora fundamental para o êxito do projeto, é muitas vezes (mas nem sempre)[195] negligenciada quando se discute o reequilíbrio contratual. Quando o contrato de parceria é reequilibrado apenas da sua perspectiva econômica ou financeira, e não de ambas, está-se diante de um "reequilíbrio incompleto".[196]

A expressão foi cunhada em 2015 por Mauricio Portugal Ribeiro, quando publicou artigo em que apontou como, a partir de exemplos concretos, os contratos de parceria são por vezes reequilibrados apenas econômica (a exemplo dos reequilíbrios realizados mediante prazo adicional no contrato)

[194] *Vide* nota de rodapé n. 129.

[195] Vale mencionar aqui o chamado Fator C, presente nos contratos de concessão rodoviária federal a partir da 3ª etapa Procofe, que é um mecanismo de reequilíbrio contratual voltado para capturar e reequilibrar especificamente eventos de desequilíbrio *financeiro* dos contratos. *Vide* a definição contratual: "Fator C: redutor ou incrementador da Tarifa Básica de Pedágio, utilizado como mecanismo de reequilíbrio do Contrato aplicável sobre eventos que gerem impactos exclusivamente na receita e nas verbas indicadas, conforme a metodologia prevista no Anexo 6" (BRASIL. Agência Nacional de Transportes Terrestres. *Contrato de Concessão n. 01/2019. Parte VII. Edital de concessão n. 01/2018*. Brasília, [11.01.2019], p. 7. Disponível em: http://www.ccrviasul.com.br/resources/files/pages/0cd385fb472142269798755b59b83a5f_anexo-5-contrato-de-concessao-n-01-2019.pdf. Acesso em: 20 set. 2020).

[196] RIBEIRO, Mauricio Portugal. Reequilíbrios incompletos de contratos de concessão e PPP: reequilíbrio econômico (que não caracteriza reequilíbrio financeiro) e reequilíbrio financeiro (que não caracteriza reequilíbrio econômico). *Portugal Ribeiro Advogados*, São Paulo, 1º.11.2015. Disponível em: http://www.portugalribeiro.com.br/reequilibrios-incompletos-de-contratos-de-concessao-e-ppp-reequilibrio-economico-que-nao-caracteriza-reequilibrio-financeiro-e-reequilibrio-financeiro-que-nao-caracteriza-reequilibrio-economico/. Acesso em: 19 maio 2019.

ou financeiramente. Quando o contrato não é reequilibrado, simultaneamente, econômica e financeiramente, está-se diante de um reequilíbrio incompleto.[197]

Embora essa reflexão seja rara na doutrina jurídica,[198] é importante salientar que nosso ordenamento assegura à concessionária o direito, em qualquer hipótese, ao reequilíbrio completo: econômico e financeiro do contrato.

Interessante notar que, apesar da escassa elaboração teórica sobre o assunto, alguns contratos de parceria passaram a apresentar preocupação com os efeitos nefastos dos reequilíbrios incompletos. Isso se manifesta nas cláusulas que: (i) limitam a inclusão de novos investimentos que impactem negativamente a saúde financeira da concessionária, expressada na nota de risco atribuída à concessionária e/ou à sua dívida, quando mobiliária;[199] e (ii) restringem os reequilíbrios por extensão de prazo contratual, forçando, por consequência, mecanismos de recomposição que reequilibrem o

[197] "Em várias situações entre nós, as regras sobre o reequilíbrio dos contratos e a forma como elas são aplicadas resultam em reequilibrar o contrato apenas economicamente (mas não financeiramente), ou apenas financeiramente (mas não economicamente). Isso significa que as regras e práticas criadas para recomposição do equilíbrio econômico-financeiro são insuficientes para dar completa eficácia à distribuição de riscos contratuais. Em outras palavras, a atribuição pelos contratos de concessão e PPP de riscos a uma das partes não necessariamente exime as outras partes de todas as consequências gravosas de tais eventos. [...]" (Ibidem).

[198] A única menção à distinção entre equilíbrio econômico e equilíbrio financeiro encontrada na literatura jurídica foi a seguinte passagem: "Coube a MARIO HENRIQUE SIMONSEN – doublé de economista e (eventualmente) de jurista – fazer a distinção entre os dois aspectos da garantia constitucional, ou seja, entre o equilíbrio econômico e o financeiro. Cabe, aliás, salientar que, enquanto as Constituições de 1934 e de 1946 se limitavam a garantir, ao concessionário, lucros que deviam constituir uma retribuição justa e adequada do capital, os textos constitucionais de 1967 e 1969 e a Lei nº 8.987, de 13 de fevereiro de 1995, fazem a distinção entre a justa remuneração do capital e a garantia do 'equilíbrio econômico e financeiro do contrato'. No caso, esclareceu o douto e saudoso economista que, enquanto a equação econômica se referia à rentabilidade global do contrato, a equação financeira significava a manutenção das entradas (receitas) e saídas (desembolsos) de recursos financeiros (*input* e *output*), no patrimônio do concessionário, na forma e no ritmo inicialmente previstos pelo contrato. Caso tal equilíbrio financeiro (e não econômico) não se mantivesse, impunha-se o ressarcimento, pelo concedente, dos prejuízos sofridos pelo concessionário, que não tinha a obrigação de financiar terceiros e arcar com o respectivo ônus" (WALD, Arnoldo. O direito da regulação, os contratos de longo prazo e o equilíbrio econômico-financeiro. *Direito Público*, n. 8, p. 119, abr.-maio-jun. 2005).

[199] *Vide* a discussão desenvolvida no tópico 5.4 e, em especial, o exemplo de redação contratual transcrito na nota de rodapé n. 187.

contrato também financeiramente.[200] Conforme já discutido, a preocupação subjacente a disposições dessa natureza é sobretudo com a "financiabilidade" do projeto.

Há circunstâncias nas quais o reequilíbrio incompleto do contrato pode, inclusive, inviabilizar a própria execução contratual, como no exemplo hipotético em que um desequilíbrio que afete diretamente a receita da concessionária – como o advento de normativo que amplie substancialmente o rol de gratuidades de transporte público, quando a concessionária é remunerada por tarifa pública – seja reequilibrado exclusivamente pela inclusão de prazo adicional na concessão, resultando em um fluxo de caixa insuficiente para que a concessionária faça frente às despesas operacionais e ao serviço da dívida do projeto. Esse cenário também é problemático para os financiadores: se as receitas da concessão ficarem abaixo desses patamares, isso implicará a exigência de garantias corporativas adicionais por parte dos financiadores da concessionária, que veem nessa situação de fragilidade o comprometimento da capacidade do projeto de se viabilizar e, por consequência, honrar suas dívidas.

Por fim, a questão dos reequilíbrios incompletos é particularmente grave nos casos de inclusão de novos investimentos diante da necessidade de dispêndios adicionais de recursos (próprios e de terceiros) para fazer frente às obras adicionais. Nessas hipóteses, o reequilíbrio incompleto pode mesmo inviabilizar a execução do novo investimento, especialmente quando a concessionária necessitar de caixa (reequilíbrio financeiro) para cumprir as novas obrigações assumidas.

## 6.3. Quando a concessionária pode opor-se à inclusão de novos investimentos

É justamente em razão dessas considerações que se defende que a concessionária poderá resistir à inclusão de novos investimentos sempre que a recomposição proposta contemple reequilíbrios incompletos.

[200] *Vide* a discussão desenvolvida no tópico 5.4 e, em especial, o exemplo de redação contratual transcrito na nota de rodapé n. 188.

Isso porque a realização de novos investimentos requer que a concessionária tenha liquidez para executá-los. Essa liquidez pode ser produto de geração de caixa operacional, de aportes de capital próprio dos acionistas e de obtenção de dívida adicional (capital de terceiros) pela concessionária.[201]

Nos casos em que a concessionária tem capacidade adicional de endividamento ou em que os seus acionistas têm liquidez suficiente para realizar os novos investimentos e estão dispostos a fazê-lo e a ter o contrato reequilibrado, por exemplo, apenas por aumento de prazo, o problema do reequilíbrio incompleto não se apresenta, pois a concessionária e seus acionistas têm condições de realizar o investimento e estão de acordo em obter um reequilíbrio incompleto, meramente econômico.[202]

Da perspectiva jurídica, isso significa a concordância da contratada com a alteração das cláusulas econômico-financeiras e monetárias do contrato de parceria, nos termos do art. 58, § 1°, da Lei Federal n. 8.666/1993.[203] Incontroverso, portanto, que as partes podem, de comum acordo, decidir pela inclusão de novos investimentos que atendam aos limites qualitativos tratados nesta obra, ainda que disso resulte um reequilíbrio contratual incompleto.

Destaca-se que, ainda que inexistisse previsão legal assegurando a concordância da concessionária na alteração das condições econômico-financeiras do contrato (art. 58 da Lei Federal n. 8.666/1993), não faria sentido exigir que ela aceitasse a inclusão de novos investimentos diante de reequilíbrios incompletos.

Isso porque exigir que a concessionária esteja sempre disponível para equacionar financeiramente a realização de eventuais novos investimentos incluídos no contrato pelo concedente seria o mesmo que exigir que a concessionária e seus acionistas mantivessem capital (liquidez) sob reserva para tanto. Isso aumentaria desnecessariamente o custo financeiro do projeto, o que impactaria diretamente o custo da tarifa para os usuários ou da

[201] PINTO, Gabriela Miniussi Engler; RIBEIRO, Mauricio Portugal. Pode o concessionário se opor à imposição de novos investimentos em contratos de concessão e PPP? Em quais circunstâncias? *Portugal Ribeiro Advogados*, São Paulo, 2017. Disponível em: http://www.portugalribeiro.com.br/wpp/wp-content/uploads/pode-o-concessionario-se-opor-a-novos-investimentos-1.pdf. Acesso em: 19 maio 2019.

[202] Ibidem.

[203] Ibidem.

contraprestação para o estado e, portanto, para os contribuintes. Seria algo ineficiente em vista do alto custo de manter capital ocioso, particularmente capital próprio dos acionistas, cujo custo é, em regra, muito maior que o custo do próprio concedente de se endividar, quando da necessidade de realizar o novo investimento para equacionamento das exigências de liquidez para a sua realização.[204,205]

Não obstante essa reflexão, o contrato de subconcessão da Ferrovia Norte--Sul, licitado pelo Governo Federal em 2019, proíbe que a subconcessionária se oponha à inserção de novos investimentos no projeto.[206]

Há circunstâncias, contudo, nas quais a concessionária não poderá anuir com o reequilíbrio incompleto do contrato. Isso ocorre geralmente quando ela está com a sua capacidade de endividamento integralmente tomada (o que é comum nos primeiros anos da concessão) e seus acionistas também estão sem liquidez e sem capacidade de endividamento adicional, por qualquer motivo – por exemplo, porque acabaram de realizar um novo ciclo de investimentos.[207]

Nesse cenário, nem a concessionária, nem seus acionistas teriam condições de mobilizar o capital necessário para realizar os investimentos adicionais pretendidos pelo concedente. Assim, enquanto não houver uma proposta de

[204] Ibidem.

[205] Para uma estimativa da diferença do custo de capital para a concessionária e do custo de endividamento do poder concedente, *vide* o seguinte artigo: RIBEIRO, Mauricio Portugal; MANDEL, Denise Nefussi. O atraso em reequilibrar contratos de concessão e PPP pode ser enquadrado como improbidade administrativa? *Portugal Ribeiro Advogados*, São Paulo, 13.09.2015. Versão preliminar para discussão. Disponível em: https://portugalribeiro.com.br/wp-content/uploads/o-atraso-em-reequilibrar-concessoes-e-ppp-como-improbidade--administrativa-publicado2-em-13-09-2015.pdf. Acesso em: 13 jun. 2021.

[206] Cláusula 7.2: "A Subconcessionária não poderá se opor a realização dos Investimentos Adicionais, sendo-lhe assegurado o direito ao reequilíbrio econômico-financeiro do Contrato" (BRASIL. Agência Nacional de Transportes Terrestres. *Rumo Malha Central S.A. Contrato de Subconcessão. Edital de concorrência internacional n. 02/2018*. Goiás, [2019], p. 15. Disponível em: https://portal.antt.gov.br/documents/359178/1136795/Contrato+de+Subconcess%C3%A3o.pdf/e4739acb-5bf1-d892-8d4f-85e6c3bfccc6?t=1593389523810. Acesso em: 13 jun. 2021).

[207] PINTO, Gabriela Miniussi Engler; RIBEIRO, Mauricio Portugal. Pode o concessionário se opor à imposição de novos investimentos em contratos de concessão e PPP? Em quais circunstâncias? *Portugal Ribeiro Advogados*, São Paulo, p. 3, 2017. Disponível em: http://www.portugalribeiro.com.br/wpp/wp-content/uploads/pode-o-concessionario-se-opor-a-novos--investimentos-1.pdf. Acesso em: 19 maio 2019.

reequilíbrio contratual completo – econômico e financeiro –, a concessionária poderia recusar-se a realizar os novos investimentos.

Por outro lado, exceto no caso de novos investimentos para expansão de infraestrutura, a concessionária estará obrigada a aceitar a inclusão do novo investimento cujo escopo esteja dentro dos contornos qualitativos já traçados neste livro sempre que o respectivo reequilíbrio for completo: econômico e financeiro.

A forma clássica do reequilíbrio completo contempla o pagamento à concessionária ao longo da realização dos investimentos (*pari passu*), geralmente por marco ou por etapa de investimento, conforme pactuado entre as partes. Outra possibilidade é a substituição de investimentos, isto é, a exclusão de investimentos, já previstos, que se realizariam no mesmo cronograma do novo investimento. A ressalva, nesse caso, é a necessidade de eventual anuência dos financiadores sobre a substituição do investimento, supondo que o investimento previsto no contrato já é objeto de contrato de financiamento. Obtida a anuência dos financiadores, a substituição de investimentos configuraria um reequilíbrio completo do contrato, pois equacionaria o desequilíbrio tanto econômico (manutenção da taxa de retorno de referência do projeto) quanto financeiro – a necessidade de liquidez para realização do investimento.[208]

No caso dos novos investimentos que se enquadrem na categoria de expansão de infraestrutura (*vide* tópico 2.3), é preciso qualificar a afirmação de que a concessionária é obrigada a aceitá-los diante de reequilíbrio completo. Isso porque, a depender do novo investimento em discussão, pode haver alteração no perfil de risco do projeto, ainda que preservadas as condições econômico-financeiras do contrato na sua completude. Nessas hipóteses, a concessionária poderia opor-se ao novo investimento para expansão em infraestrutura, mesmo que diante de um reequilíbrio completo.

Isso se verificaria, por exemplo, em uma concessão rodoviária na qual o concedente pretendesse inserir novo investimento para construção de uma ponte, cuja complexidade técnica, do ponto de vista de engenharia, agregaria um risco construtivo antes inexistente no projeto. Em um caso como esse, ainda que a concessionária fosse reequilibrada de forma completa (econômica e financeiramente), haveria um custo adicional intangível, não reequilibrável,

[208] Ibidem.

correspondente a esse acréscimo no perfil de risco do projeto, que a concessionária não concordou em assumir quando da celebração da parceria. Em razão disso, seria possível à concessionária resistir à inserção do novo investimento. Evidentemente, no caso concreto, seria necessário avaliar a natureza do novo investimento e aferir objetivamente se, de fato, a sua execução agregaria risco antes inexistente no projeto. Somente nos casos em que houver inequívoco acréscimo de risco é que estará legitimada eventual recusa da concessionária na assunção do novo investimento.

Em conclusão, observados os demais limites qualitativos aplicáveis à mutabilidade contratual, a concessionária poderia opor-se à inclusão de novos investimentos somente nos casos de reequilíbrio incompleto (apenas econômico ou financeiro) do contrato de parceria. Além disso, caso o novo investimento se enquadrasse na categoria de expansão de infraestrutura, mesmo diante de um reequilíbrio completo, a concessionária poderia resistir ao encargo se ele representasse um acréscimo relevante no perfil de risco originário do projeto.

É preciso reconhecer, porém, que a necessidade de consensualidade proposta nesta obra ainda não é realidade na estruturação de projetos no Brasil. Quando o contrato de parceria regula o tema, o que ocorre na minoria dos casos, normalmente o concedente reserva um volume máximo de novos investimentos exigíveis (em geral, um percentual dos investimentos totais previstos), protegendo a concessionária e preservando o perfil de risco de crédito, o que não corresponde, via de regra, ao reequilíbrio completo.

Nesses casos, a exemplo das concessões paulistas, a consensualidade seria necessária apenas quando a demanda por novos investimentos excedesse o volume máximo estabelecido. Em outros casos, como nas concessões ferroviárias federais, a concessionária fica obrigada a aceitar novos investimentos, sem limites nem ressalvas, o que aumenta substancialmente a percepção de risco desses projetos no contexto da regulação contratual para inserção de investimentos adicionais.

# 7. MODELAGEM CONTRATUAL DE INVESTIMENTOS NAS PARCERIAS

Depois de refletir sobre a dicotomia investimentos contratualizados e não contratualizados e seus desdobramentos, sobre as hipóteses nas quais a inserção de novos investimentos nos contratos de parceria é mais recorrente e seus limites qualitativos, sobre os mecanismos de recomposição do equilíbrio contratual nesses casos e a possibilidade de a concessionária resistir à inclusão de novos investimentos, é importante avaliar como tais temas têm sido (e deveriam ser) tratados no contexto da modelagem contratual.

## 7.1. O atual cenário da modelagem contratual

Em verdade, o tratamento contratual sobre novos investimentos é ainda algo incipiente. São raros os contratos que fazem menção à inclusão de investimentos adicionais. A vasta maioria é silente sobre o assunto. Dos poucos que têm alguma referência ao tema, em geral, trata-se de algo lacônico, que pouco contribui para efetivamente regrar a inserção de novos investimentos em contratos de parceria.

Tal constatação fica clara na amostragem de parcerias relevantes licitadas no passado recente,[209] conforme o Quadro 1.

[209] A seleção da amostragem buscou exemplos com transversalidade setorial e, em menor medida, também federativa, focando em projetos licitados nos últimos cinco anos. A proposta é meramente exemplificativa, sem pretensão de esgotar o levantamento.

## Quadro 1 – Amostragem de parcerias relevantes licitadas no passado recente

| SETOR | ENTE FEDERATIVO | PROJETO | REGRA SOBRE INCLUSÃO DE NOVOS INVESTIMENTOS |
|---|---|---|---|
| **Aeroportuário** | União | Concessão dos aeroportos integrantes dos blocos Nordeste, Centro-Oeste e Sudeste | "5.2. Constituem riscos suportados pelo Poder Concedente, que poderão ensejar Revisão Extraordinária, desde que impliquem alteração relevante de custos ou receitas da Concessionária, nos termos do item 6.24 deste contrato: [...]<br>5.2.2. investimentos não previstos em equipamentos ou obras de infraestrutura decorrentes de nova exigência da Anac ou regulamentação e legislação públicas brasileiras supervenientes."[210] |
| **Portuário** | União | Arrendamento de área denominada VDC 12 | "7.2 Atribuições e Prerrogativas do Poder Concedente, da Antaq e da Administração do Porto [...]<br>(ii) Compete à Antaq:<br>Analisar as propostas de realização de investimentos não previstos no presente Contrato, de forma instrutória, com vistas à aprovação do Poder Concedente.<br>[...]<br>14.1.3 O Poder Concedente deverá instaurar concomitante procedimento de recomposição do equilíbrio econômico-financeiro do Contrato, caso determine ou autorize previamente investimentos pela Arrendatária dentro ou fora do arrendamento na infraestrutura do Porto Organizado, bem como eventuais execuções de serviços de interesse público ou expansão ou redução da área arrendada."[211] |

[210] BRASIL. Agência Nacional de Aviação Civil. *Contrato de Concessão para ampliação, manutenção e exploração dos aeroportos integrantes dos blocos Nordeste, Centro-Oeste e Sudeste.* Brasília. p. 36. Disponível em: https://www.anac.gov.br/assuntos/paginas-tematicas/concessoes/nova-rodada/contratos-e-anexos/contrato.pdf. Acesso em: 20 set. 2020.

[211] BRASIL. Agência Nacional de Transportes Aquaviários. *Minuta do Contrato d*e Arrendamento. Brasília. p. 27 e 42. Disponível em: http://web.antaq.gov.br/Sistemas/WebServiceLeilao/DocumentoUpload/Audiencia%2037/20181217_VDC12_Minuta_de_Contrato_versão_final.pdf. Acesso em: 12 out. 2020.

| | | | |
|---|---|---|---|
| **Metroferroviário** | União | Subconcessão da EF-151 - SP/MG/GO/TO (Ferrovia Norte-Sul) | (Definições) "Investimentos Adicionais: intervenções, obras, atividades e serviços previstos no Caderno de Obrigações, mas que venham a ser considerados necessários para a adequada prestação do serviço, mediante solicitação ou autorização da ANTT.<br>[...]<br>7.1 A ANTT poderá determinar, de forma unilateral, a realização de Investimentos Adicionais, cujas condições e limitações serão estabelecidas em ato específico.<br>7.2 A Subconcessionária não poderá se opor a realização dos Investimentos Adicionais, sendo-lhe assegurado o direito ao reequilíbrio econômico-financeiro do Contrato."[212] |
| **Rodoviário** | União | Concessão da rodovia BR-364/365/MG/GO | "17.5 Revisão Quinquenal<br>17.5.1 Revisão quinquenal é a revisão decorrente de alterações, inclusões, exclusões, antecipações ou postergações de obras e serviços, com o objetivo de compatibilizar o PER com as necessidades apontadas por usuários, Concessionária e corpo técnico da ANTT, oriundas da dinâmica do Sistema Rodoviário. [...]<br>21.7 Projeto para novos Investimentos<br>21.7.1 Na hipótese de novos investimentos ou serviços solicitados pela ANTT e não previstos no Contrato, a ANTT poderá requerer à Concessionária, previamente ao processo de recomposição do equilíbrio econômico-financeiro, a elaboração de projeto das obras e serviços nos termos de regulamentação específica."[213] |

212 BRASIL. Agência Nacional de Transportes Terrestres. *Rumo Malha Central S.A. Contrato de Subconcessão. Edital de concorrência internacional* n. 02/2018. Goiás, [2019], p. 6 e 15. Disponível em: https://portal.antt.gov.br/documents/359178/1136795/Contrato+de+Subconcess%C3%A3o.pdf/e4739acb-5bf1-d892-8d4f-85e6c3bfccc6?t=1593389523810. Acesso em: 13 jun. 2021.

213 BRASIL. Agência Nacional de Transportes Terrestres. *Contrato de concessão.* Parte VII. Edital de Concessão n. 01/2019. Brasília, p. 48 e 64. Disponível em: http://antt-prd.antt.gov.br/rodovias/arquivos/Projetos/BR364365MGGO.html. Acesso em: 12 out. 2020.

| **Metroferroviário** | Estado da Bahia | Concessão patrocinada para implantação e operação do VLT do subúrbio | "27.2.12.2 Na hipótese de inclusão de novos investimentos ou obrigações não contemplados originalmente no objeto deste CONTRATO, assim entendidos como aqueles previstos na PROPOSTA ECONÔMICA e no Projeto de Referência, constantes respectivamente dos Anexos 3 e 4, o processo de recomposição será realizado de forma que seja nulo o valor presente líquido do fluxo de caixa marginal projetado em razão do evento que ensejou o desequilíbrio, considerando (i) os fluxos dos dispêndios marginais resultantes do evento que deu origem à recomposição e (ii) os fluxos das receitas marginais resultantes da recomposição do equilíbrio econômico-financeiro."[214] |
|---|---|---|---|
| **Rodoviário** | Estado do Mato Grosso do Sul | Concessão de trechos da rodovia estadual MS-306 e da rodovia federal BR-359 | "3.2. O presente Contrato poderá ser prorrogado, a exclusivo critério do Poder Concedente, por até 30 (trinta) anos, nas seguintes hipóteses: [...]<br>(iv)Para recomposição do equilíbrio econômico-financeiro, quando exigidos pelo Poder Concedente novos investimentos ou serviços, não previstos no PER, ou em decorrência de sua alteração. [...]<br>20.6.Projeto para novos Investimentos<br>20.6.1.Na hipótese de novos investimentos ou serviços solicitados pela Agepan ou Poder Concedente e não previstos no Contrato, a Agepan poderá requerer à Concessionária, previamente ao processo de recomposição do equilíbrio econômico-financeiro, a elaboração de projeto das obras e serviços."[215] |

Fonte: Elaboração própria.

[214] BAHIA. *VLT/Monotrilho de Salvador.* Contrato 01/2019. Salvador, 2019. Disponível em: http://www.sedur.ba.gov.br/modules/conteudo/conteudo.php?conteudo=44. Acesso em: 10 out. 2020.

[215] MATO GROSSO DO SUL. Escritório de Parcerias Estratégias. *Documentos Concorrência n. 001/2019.* Mato Grosso do Sul. Disponível em: http://www.epe.segov.ms.gov.br/?page_id=6153. Acesso em: 12 out. 2020.

Dessa realidade, destacam-se como exceção os contratos de concessão do estado de São Paulo licitados a partir de 2016,[216] que passaram a tratar de forma bem mais detalhada a questão da inserção de novos investimentos, de várias perspectivas.

Entre as inovações nessa seara, merecem atenção: (i) o esforço para prever contratualmente o universo de possíveis eventuais novos investimentos, de modo a amparar tal alteração contratual, se necessária;[217] (ii) o sistema

[216] Dos quais se destacam: (i) a Concessão Rodoviária do Lote Centro-Oeste Paulista; (ii) a Concessão da Rodovia dos Calçados; (iii) a Concessão Rodoviária do Trecho Norte do Rodoanel; (iv) a Concessão das Linhas 5 e 17 do metrô; (v) a Concessão da Linha 15 do Monotrilho; (vi) a Concessão Rodoviária do Lote Piracicaba-Panorama; e (vii) a Concessão das Linhas 8 e 9 da CPTM.

[217] Por exemplo, o caso da Linha 15 – Monotrilho: "1.1. O objeto da LICITAÇÃO é a CONCESSÃO onerosa da prestação do serviço público de transporte de passageiros da LINHA 15 da REDE METROVIÁRIA DE SÃO PAULO, com tecnologia de monotrilho, compreendendo as atividades e encargos, relativos à: [...] 1.1.4. Realização de INVESTIMENTOS ADICIONAIS, assim considerados aqueles necessários à garantia de continuidade, de funcionalidade, de qualidade, de segurança e de expansão do SERVIÇO CONCEDIDO ou da infraestrutura a ele associada, essenciais à própria natureza do CONTRATO, nos termos da Cláusula 5.6 e CAPÍTULO XI do CONTRATO. [...] (definição) INVESTIMENTOS ADICIONAIS: Investimentos necessários para alteração e para expansão do serviço e consequente modernização, aperfeiçoamento e ampliação dos equipamentos e das instalações, conforme previsto no artigo 23, inciso V, da Lei Federal nº 8.987/1995, que se revelarem relacionados à própria natureza do CONTRATO, e que não se qualifiquem como investimentos que, por força do CONTRATO, sejam de responsabilidade ou risco da CONCESSIONÁRIA, nos termos da Cláusula 5.6 e Capítulo XI. [...] CAPÍTULO XI. INVESTIMENTOS ADICIONAIS Cláusula 52. INVESTIMENTOS ADICIONAIS 52.1. Consideram-se INVESTIMENTOS ADICIONAIS passíveis de incorporação ao CONTRATO, como encargo da CONCESSIONÁRIA, aqueles que, não sendo decorrentes das condições originais contratadas, ou necessários ao atendimento das obrigações contratuais originais ou do dever de manutenção da atualidade na prestação do SERVIÇO CONCEDIDO, sejam necessários para alteração e para expansão do SERVIÇO CONCEDIDO e consequente modernização, aperfeiçoamento e ampliação dos equipamentos e das instalações, conforme previsto no artigo 23, inciso V, da Lei Federal nº 8.987/1995, que se revelarem relacionados à própria natureza do CONTRATO, tais como: (i) obras civis, prestação de serviços ou aquisição de novos equipamentos decorrentes da necessidade de melhoria na qualidade ou na segurança do serviço público prestado pela CONCESSIONÁRIA, tais como as com objetivo de otimização de fluxo de pessoas, de aumento no conforto de USUÁRIOS, de aumento na segurança da operação e dos USUÁRIOS; (ii) melhoria dos sistemas inerentes à execução do objeto da CONCESSÃO, tais como sistemas de sinalização, de comunicação, de controle, de supervisão, de energia, de ventilação, de segurança, de gestão, de arrecadação, de planejamento operacional, elétricos, de drenagem, hidráulico, dentre outros; (iii) reformas e melhorias na infraestrutura implantada; (iv) obras civis, prestação de serviços ou aquisição

SISDEMANDA (mencionado no tópico 2.3), desenvolvido para concessões rodoviárias com o objetivo de obter da sociedade insumos sobre quais novos investimentos são relevantes para a população diretamente afetada pelos projetos,[218] o que confere ainda mais legitimidade social – especialmente para subsunção ao requisito de necessidade, explorado anteriormente; (iii) o estabelecimento de limites quantitativos à inserção de novos investimentos, definidos, em alguns casos, em 15% do montante inicial total de investimentos sob a responsabilidade da concessionária;[219] (iv) a definição de limites à inclusão de investimentos adicionais associados à saúde financeira da concessionária e à sua capacidade de manter os *covenants* dos financiamentos existentes e de contrair financiamentos adicionais; e (v) o detalhamento de procedimentos para inclusão de novos investimentos.[220]

de novos equipamentos que, devido às sinergias técnicas, aos alinhamentos necessários para compatibilização da LINHA 15 com eventuais trechos expandidos, bem como melhoria de interfaces, mitigação de riscos, ganho de eficiência e minimização de perdas, sejam técnica e economicamente melhor executados pela CONCESSIONÁRIA, em razão de sua posição enquanto prestadora do SERVIÇO CONCEDIDO e operadora da infraestrutura relacionada à CONCESSÃO; (v) aquisição ou atualização de material rodante em razão de mudança de tecnologia solicitada pelo PODER CONCEDENTE ou em decorrência da necessidade de operação de eventuais trechos expandidos, não se confundindo com as aquisições ou atualizações de material rodante tratados nos termos da Cláusula 13, realizadas para manter a atualidade do SERVIÇO CONCEDIDO ou para atender crescimento de demanda sem alteração na infraestrutura relacionada à CONCESSÃO. 52.1.1. Não poderão ser incluídos como INVESTIMENTOS ADICIONAIS: (i) a totalidade das obras civis, o fornecimento de todos os equipamentos e sistemas que sejam necessários à expansão da LINHA 15, salvo aquelas decorrentes dos alinhamentos e sinergias que se enquadrem no disposto na Cláusula 52.1, inciso (iv); e (ii) os encargos cuja realização, pela CONCESSIONÁRIA, não sejam financiáveis, segundo os critérios indicados na Cláusula 52.7, no caso de nova emissão de instrumento de mercado de capitais ou de aquisição de nova dívida bancária" (SÃO PAULO [Estado]. Secretaria dos Transportes Metropolitanos. *Processo STM n. 000816/2017 – Concessão Linha 15 Prata. Minuta de Contrato de Concessão n. /2017.* São Paulo, [2017], p. 33-34, 207-208. Disponível em: https://www.google.com/url?sa=t&rct=j&q=&esrc=s&source=web&cd=&ved=2ahUKEwiv-c74kqvsAhWTK7kGHQRMCGsQFjAAegQIAhAC&url=http%3A%2F%2Fwww.parcerias.sp.gov.br%2FParcerias%2FDocumento%2FDownload%3Fcodigo%3D29032&usg=AOvVaw1QfwxgIGOwOASI99sDw4Fr. Acesso em: 10 out. 2020).

218 *Vide* nota de rodapé n. 71.

219 *Vide* nota de rodapé n. 187.

220 Novamente, vale citar o exemplo da Linha 15 – Monotrilho: "Cláusula 53. PROCEDIMENTO 53.1. Tanto o PODER CONCEDENTE, em decorrência de sua competência para realizar a fiscalização e o planejamento do SISTEMA METROFERROVIÁRIO, quanto a

CONCESSIONÁRIA, em sua obrigação de melhor executar o SERVIÇO CONCEDIDO, poderão propor a realização de INVESTIMENTOS ADICIONAIS. 53.2. Caberá ao PODER CONCEDENTE autorizar a realização, pela CONCESSIONÁRIA, de INVESTIMENTOS ADICIONAIS, na forma prevista neste CONTRATO. 53.3. O PODER CONCEDENTE poderá, independentemente de concordância por parte da CONCESSIONÁRIA, realizar investimentos que poderiam ser caracterizados como INVESTIMENTOS ADICIONAIS, nos termos do CONTRATO, por si, por outras entidades do ESTADO, ou mediante contratações de terceiros, desde que técnica e economicamente seja mais vantajoso ao interesse público, sem que disto decorra qualquer direito à CONCESSIONÁRIA, respeitando as diretrizes de convivência previstas na Cláusula 8 e no ANEXO XVI – DIRETRIZES DE CONVIVÊNCIA. Nesta hipótese, caso da realização dos investimentos decorra desequilíbrio econômico-financeiro do CONTRATO, conforme previsto no CAPÍTULO X, poderá a CONCESSIONÁRIA pleitear a recomposição do equilíbrio econômico-financeiro do CONTRATO. 53.4. Quando a CONCESSIONÁRIA julgar oportuno ou necessário, poderá apresentar requerimento para a realização de INVESTIMENTOS ADICIONAIS, contendo os seguintes requisitos: (i) justificativas para a realização do INVESTIMENTO ADICIONAL, contendo obrigatoriamente as melhorias esperadas na qualidade, regularidade, continuidade, eficiência, efetividade, segurança, atualidade, generalidade, transparência e cortesia na prestação do serviço público decorrentes da intervenção; (ii) demonstração da compatibilidade do investimento proposto com a Cláusula 52.1 deste CONTRATO; (iii) detalhamento do investimento a ser realizado, incluindo impactos técnicos e econômico-financeiros na CONCESSÃO, bem como cronograma de execução, prazos e custos para implantação da intervenção; e (iv) apresentação do respectivo projeto básico, projeto funcional ou termo de referência. 53.4.1. Apresentado o requerimento pela CONCESSIONÁRIA, o PODER CONCEDENTE realizará a análise da admissibilidade da proposta de INVESTIMENTOS ADICIONAIS, podendo rejeitá-la ou manifestar-se pela admissibilidade da proposta, dando prosseguimento ao procedimento de inclusão dos INVESTIMENTOS ADICIONAIS no objeto do CONTRATO, e conferindo a não objeção ao projeto básico, ao projeto funcional ou ao termo de referência apresentado. 53.4.1.1. Julgada admissível a proposta de INVESTIMENTOS ADICIONAIS, após a decisão do PODER CONCEDENTE prevista na Cláusula 53.4.1, a CONCESSIONÁRIA deverá: (i) elaborar planejamento detalhado da intervenção, considerando as condicionantes de acesso à infraestrutura e as interferências com a operação comercial de outros serviços públicos, em especial as demais linhas e infraestruturas componentes do SISTEMA METROFERROVIÁRIO; (ii) indicar o tratamento ambiental proposto em relação aos INVESTIMENTOS ADICIONAIS; e (iii) apresentar o projeto executivo da intervenção, se o caso. 53.4.1.2. A rejeição da proposta de INVESTIMENTOS ADICIONAIS, a que se refere a Cláusula 53.4.1, não conferirá à CONCESSIONÁRIA o direito a qualquer espécie de reequilíbrio econômico-financeiro ou reembolso dos custos incorridos com a elaboração do requerimento. 53.5. Quando o PODER CONCEDENTE julgar oportuno ou necessário, poderá apresentar notificação à CONCESSIONÁRIA para a realização de INVESTIMENTOS ADICIONAIS, contendo os seguintes requisitos: (i) justificativas para a realização do INVESTIMENTO ADICIONAL, contendo as melhorias esperadas na qualidade, regularidade, continuidade, eficiência, efetividade, segurança, atualidade, generalidade, transparência e cortesia na prestação do serviço público decorrentes da intervenção; (ii) demonstração da compatibilidade do investimento proposto com a Cláusula 52.1 deste CONTRATO; (iii) requerimento de detalhamento, pela CONCESSIONÁRIA, no prazo previsto na notificação, do investimento a ser realizado, incluindo impactos técnicos e econômico-financeiros na CONCESSÃO, bem como cronograma de execução, prazos e custos para implantação da intervenção; e (iv) requerimento de apresentação, pela CONCESSIONÁRIA, no prazo previsto na notificação, do respectivo projeto básico, projeto funcional ou termo de referência. 53.5.1. Apresentados os documentos requeridos pelo PODER CONCEDENTE em sua notificação, o PODER CONCEDENTE decidirá quanto à realização da intervenção pela CONCESSIONÁRIA, podendo, para tanto, solicitar modificações de natureza técnica em relação aos documentos apresentados pela CONCESSIONÁRIA ou dar prosseguimento ao procedimento de inclusão dos INVESTIMENTOS ADICIONAIS no objeto do CONTRATO, e conferindo a não objeção ao projeto básico, ao projeto funcional ou ao termo de referência apresentado, solicitando, nesta oportunidade: (i) planejamento detalhado da intervenção, considerando as condicionantes de acesso à infraestrutura e as interferências com a operação comercial de outros serviços públicos, em especial as demais linhas e infraestruturas componentes do SISTEMA METROFERROVIÁRIO; (ii) indicação do tratamento ambiental em relação aos INVESTIMENTOS ADICIONAIS; e (iii) apresentação do projeto executivo da intervenção, se o caso. 53.6. Sendo julgado admissível o requerimento apresentado pela CONCESSIONÁRIA, na forma prevista na Cláusula 53.4.1, ou nas situações em que o procedimento for iniciado por ato do PODER CONCEDENTE, na forma prevista na Cláusula 53.5, a CONCESSIONÁRIA será ressarcida, ao final do procedimento, de todos os custos comprovadamente incorridos com o aprofundamento da proposta, e exclusivamente quanto às etapas previstas nas Cláusulas 53.4, 53.4.1.1, 53.5, (iii) e (iv), e 53.5.1, caso a realização dos INVESTIMENTOS ADICIONAIS não seja aprovada. 53.6.1. Previamente à decisão do PODER CONCEDENTE a que alude a Cláusula 53.6, deverá haver o empenho dos valores que serão despendidos pelo PODER CONCEDENTE, ou indicação da forma de reequilíbrio econômico-financeiro eleita pelo PODER CONCEDENTE, observado o disposto na Cláusula 50.13. 53.6.2. O ressarcimento previsto na Cláusula 53.6 é condicionado à cessão dos direitos autorais de todo o material produzido pela CONCESSIONÁRIA na elaboração do requerimento ou em seu aprofundamento, em benefício do PODER CONCEDENTE. 53.7. Cumpridas as etapas previstas nas Cláusulas 53.4 a 53.6, o PODER CONCEDENTE deverá decidir quanto à autorização para que a CONCESSIONÁRIA execute os INVESTIMENTOS ADICIONAIS, conferindo, em caso positivo e se o caso, a não objeção ao projeto executivo apresentado. 53.7.1. A autorização prevista na Cláusula 53.7 deverá ser formalizada por termo aditivo ao CONTRATO, no qual poderá ser prevista disciplina específica para alocação de riscos e responsabilidades entre as PARTES, disciplina de penalizações cabíveis pelo descumprimento de prazos ou de outras condições estabelecidas na autorização, caso a disciplina geral prevista neste CONTRATO não for tida como adequada ao INVESTIMENTO ADICIONAL a ser realizado, dentre outros assuntos que demandarem previsão específica. 53.8. O PODER CONCEDENTE poderá, a qualquer tempo, pedir esclarecimentos ou complementação de informações referentes ao requerimento para a realização de INVESTIMENTOS ADICIONAIS" (SÃO PAULO [Estado]. Secretaria dos Transportes Metropolitanos. *Processo STM n. 000816/2017 – Concessão Linha 15 Prata. Minuta de Contrato de Concessão n. /2017.* São Paulo, [2017], p. 210-215. Disponível em: https://www.google.com/url?sa=t&rct=j&q=&esrc=s&source=web&cd=&ved=2ahUKEw

Nem todas essas inovações, é verdade, têm respaldo nas ideias defendidas nesta obra, em especial a autorização para inserção unilateral de novos investimentos em até 15% do valor dos investimentos iniciais, ainda que protegido o perfil do risco de crédito da concessionária. O ideal seria a regra de consensualidade com os contornos propostos no Capítulo 6. Não obstante, o esforço de modelar o tema contratualmente já é, em si mesmo, vanguardista e aponta na direção das melhores práticas.

Como já discutido, eventual argumento de que o tema da inserção de novos investimentos poderia (ou mesmo deveria) ser tratado em âmbito normativo não resolve o problema da falta de norte – seja regulamentar, seja contratual –, já que, conforme demonstrado no Capítulo 3, a tônica das disposições regulatórias é sobretudo procedimental, e não substancial. Ou seja, há pouca orientação ao gestor no tocante aos efetivos limites qualitativos à inserção de novos investimentos nos contratos de parceria.

É nesse contexto que ganha importância a modelagem contratual para inclusão de novos investimentos, na linha do que o estado de São Paulo já vem fazendo.

## 7.2. Melhores práticas na modelagem contratual de investimentos

### *7.2.1. A importância dos investimentos contratualizados*

Inicialmente, é fundamental que o contrato de parceria trate adequadamente do universo dos investimentos contratualizados (discutidos no Capítulo 1). Isto é, o processo de estruturação do projeto precisa se debruçar com especial atenção sobre os objetivos que se pretendem alcançar com a parceria – especialmente em termos de encargos – para que investimentos contratualizados, contingentes ou não, precificados *ex ante* ou *ex post*, sejam adequadamente tratados.

iv-c74kqvsAhWTK7kGHQRMCGsQFjAAegQIAhAC&url=http%3A%2F%2Fwww.parcerias.sp.gov.br%2FParcerias%2FDocumento%2FDownload%3Fcodigo%3D29032&usg=AOvVawlQfwxgIGOwOASI99sDw4Fr. Acesso em: 10 out. 2020).

Não refletir apropriadamente sobre o rol dos investimentos contratualizados pode ser, em certos casos, a linha divisora que legitima (ou não) determinado investimento. Por exemplo, os investimentos para converter uma rodovia em *free flow*, caso não previstos como investimentos contratualizados contingentes, podem gerar dúvida sobre sua pertinência como novos investimentos, se submetidos à metodologia proposta nesta obra. Em particular, pode haver zona cinzenta na sua submissão aos requisitos de necessidade e vinculação.

A prescrição parece óbvia, mas hoje boa parte das discussões sobre novos investimentos gira em torno de investimentos que deveriam ter sido contratualizados na parceria e não o foram.

Nesse particular, o investimento contratualizado contingente precificado *ex post* (discutido no tópico 1.2.3) pode ter especial utilidade para contemplar investimentos que porventura sejam necessários, sem onerar antecipadamente o projeto ou submeter os estudos de viabilidade a esforço de futurologia na precificação dos investimentos, nem enveredar pela complexa discussão acerca dos limites qualitativos à mutabilidade contratual para inserção de novos investimentos.

Trata-se de mecanismo semelhante ao estoque de melhorias (discutido nos tópicos 1.2.4 e 5.3), mas com precificação *ex post*, e não *ex ante* (como existe hoje).[221] Isto é, uma previsão de investimentos contratualizados que podem ser demandados a critério do concedente ou exigidos quando atingido um gatilho previamente determinado em contrato, mas que serão precificados se e quando forem requisitados.[222]

A opção pela precificação *ex post* oferece um conjunto de vantagens para a estruturação do projeto e torna a modelagem financeira do empreendimento mais atrativa (na medida em que reduz o *capex*). Reconhece-se, porém, que nem todos os tipos de parceria serão mais bem atendidos por essa mecânica. Por exemplo, a sistemática dos investimentos contratualizados contingentes precificados *ex post* funcionará melhor naquelas parcerias que puderem proporcionar formas de reequilíbrio contratual que assegurem à concessionária

[221] À semelhança do que era o estoque de melhorias no âmbito das concessões rodoviárias da 3ª etapa Procofe. *Vide* nota de rodapé n. 37.

[222] O exemplo mais aderente a essa modelagem consta da concessão das Linhas 8 e 9 da CPTM, em São Paulo. *Vide* nota de rodapé n. 15.

liquidez e, portanto, capacidade de realizar os investimentos, como no caso das parcerias que têm remuneração tarifária, ainda que parcial. Por outro lado, parcerias remuneradas apenas com pagamentos públicos aumentarão a percepção de risco da concessionária, que dependerá da disponibilidade de recursos públicos futuros para ser reequilibrada pela execução dos investimentos.

Subjacente a essas considerações está a constatação de que a modelagem dos investimentos contratualizados contingentes precificados *ex post* precisa estar associada a mecanismos e regras claras de reequilíbrio contratual que assegurem também liquidez – o reequilíbrio financeiro – à concessionária, de modo a viabilizar fluxo de caixa para a execução dos investimentos. Isto é, se o reequilíbrio pela execução dos investimentos contratualizados contingentes, quando acionado o correspondente gatilho, for sempre realizado por prazo, por exemplo, evidentemente isso dificultará o cumprimento das obrigações de investimento pela concessionária. Então, é importante que o reequilíbrio por prazo seja limitado nesses casos.

Essas colocações inserem-se no contexto das preocupações com a financiabilidade dos investimentos contratualizados, porém não precificados, nos estudos de viabilidade do projeto, e, portanto, não considerados para fins de determinação dos montantes de *equity* e dívida necessários para consecução do projeto. Isso é particularmente sensível da perspectiva do financiador do projeto, que precisa avaliar a capacidade do acionista (*sponsor*) de fazer frente às obrigações assumidas com a parceria.

A modelagem de investimentos precificados *ex post* cria uma zona de incerteza sobre o efetivo volume de investimentos que a concessionária terá de executar, e financiadores são avessos a incertezas. Desse modo, é importante que a modelagem desses investimentos tenha contornos claros sobre: (i) a natureza dos investimentos contratualizados contingentes e precificados *ex post*, com o máximo de detalhes e contexto possível, de modo que um investidor tenha condições de dimensionar a grandeza das exigências formuladas; (ii) os gatilhos que poderão acionar esses investimentos e em quais circunstâncias eles se materializarão – por exemplo, se o gatilho está associado à demanda pela infraestrutura ou se é de livre exercício pelo concedente, a seu critério; (iii) as regras e os parâmetros mínimos para a precificação dos investimentos, que dependerão muito do setor de infraestrutura da parceria, mas que podem amparar-se nas regras para precificar novos investimentos (discutidas no tópico 5.1); e (iv) a forma de reequilíbrio para inserção desses investimentos, de modo a assegurar a capacidade de caixa da concessionária para executar a intervenção e manter os *covenants* acordados nos contratos de financiamento, bem como assegurar o perfil de risco de eventuais novas dívidas que precisem ser contraídas para executar os investimentos. É possível, ainda, que o caso concreto justifique o estabelecimento de um valor máximo para dispêndio com esses investimentos, a fim de conferir maior previsibilidade a essas obrigações para o financiador do projeto.

Importante lembrar que a ênfase nos investimentos contratualizados contingentes tem também o benefício de afastar discussões sobre a possibilidade de a concessionária resistir à realização dos investimentos, desde que devidamente reequilibrados (conforme discutido no Capítulo 6). Uma vez previstos contratualmente – e sem prejuízo de outros parâmetros limitadores associados à capacidade e saúde financeira da concessionária –, não há falar em oposição por parte da concessionária, dado que o investimento já foi previsto contratualmente.

Não obstante a importância da modelagem dos investimentos contratualizados, é preciso reconhecer que: (i) nem todas as necessidades podem ser antecipadas com objetividade; e (ii) a previsão dos investimentos contratualizados encontra limite na capacidade do responsável pela estruturação do projeto de definir minimamente os contornos do investimento que se pretende contratualizar, sob pena de se estar diante de obrigações genéricas, de exigibilidade duvidosa, tal como exemplificado pelas obrigações genéricas de manutenção da atualidade dos serviços, que, no limite, podem ser consideradas obrigações nulas (*vide* tópico 2.1.1).

Alcançada essa fronteira da modelagem contratual, é preciso voltar-se à regulação dos novos investimentos.

### *7.2.2. O regramento dos novos investimentos*

Esgotada a regulação dos investimentos contratualizados, é fundamental que o contrato trate objetivamente da inserção de novos investimentos para os casos em que eventual demanda superveniente por investimento se manifeste e não possa ser equacionada a partir dos mecanismos contratuais existentes.[223] Naturalmente, não será possível prever todas as intercorrências que demandarão investimentos em contratos de longo prazo, como nos de parcerias.

Para esses casos é importante que o contrato preveja (i) as hipóteses, ainda que genéricas, nas quais novos investimentos, ainda não contratualizados, podem ser exigidos, de modo a estabelecer lastro para eventual enquadramento futuro; e (ii) o procedimento para isso ocorrer, contemplando (ii.a) as regras de reequilíbrio contratual, (ii.b) os limites associados aos impactos que a inclusão de novos investimentos pode ter sobre a saúde financeira do projeto e (ii.c) a possibilidade de a concessionária opor-se à inclusão de novos investimentos quando o reequilíbrio dela decorrente for incompleto ou quando elevar objetivamente o perfil de risco do projeto.

De tudo, talvez o mais importante seja o item (i), que deverá estabelecer as bases para aferir se o novo investimento está, ou não, dentro dos limites qualitativos à mutabilidade dos contratos de parcerias. É o primeiro e mais relevante crivo para avaliar a pertinência do novo investimento. Assim, faz sentido, inclusive, refletir sobre regramento contratual mais voltado aos requisitos para a legitimidade do novo investimento – *necessidade* e *vinculação*

[223] Isso vai ao encontro da recomendação formulada pelo Relatório Técnico da Secretaria de Fiscalização de Infraestrutura Rodoviária e de Aviação Civil, elaborado para análise dos estudos para concessão das RIS (BR-101/290/386/448/RS): "139. Cabe frisar o disposto no art. 22 da Lei 13.448/2017, o qual dispõe que os limites fixados nos §§ 1º e 2º do art. 65 da Lei 8.666/93 não são aplicáveis para as alterações contratuais das concessões, mas não indicou quais seriam os limites aplicáveis, permanecendo uma lacuna legal quanto à matéria. 140. Considerando que o princípio licitatório tem *status* constitucional e que o ordenamento não permite alterações contratuais que desvirtuem o objeto da licitação, entende-se que a definição de limites e de condicionantes do que pode – e, principalmente, do que não pode – ser incluído na concessão deve ser estabelecido em cada caso concreto. Por óbvio, estes limites e premissas devem ser estabelecidos previamente à licitação da rodovia, de maneira a fornecer a todos os interessados o exato objeto do contrato e o que poderá ser inserido durante seu prazo de vigência" (BRASIL. Tribunal de Contas da União. *Processo/Desestatização 028.343/2017-4*. Desestatização. Agência Nacional de Transportes Terrestres [ANTT]. Acompanhamento. Primeiro estágio de concessão do lote rodoviário denominado Rodovia de Integração do SUL – RIS [...]. Interessado: Agência Nacional de Transportes Terrestres. Relator: Bruno Dantas. Data da sessão: 23.05.2018. Disponível em: https://pesquisa.apps.tcu.gov.br/#/documento/acordao-completo/1174%252F2018/%2520/DTRELEVANCIA%2520desc%252C%2520NUMACORDAOINT%2520desc/0/%2520?uuid=f110d460-fa6e-11ea-914b-478010ad44a9. Acesso em: 20 set. 2020).

para os novos investimentos em manutenção da atualidade dos serviços e para enfrentamento de questões prementes, além do requisito da *viabilidade*, com todas as suas dimensões, para os novos investimentos em expansão de infraestrutura – do que para o próprio investimento em si, que é, naturalmente, muito mais difícil de ser antecipado. Seria um novo ângulo para regramento do tema, direcionado para um processo estruturado de justificação da inserção do novo investimento.

A análise de subsunção aos requisitos de legitimidade para inclusão do novo investimento poderia constar, inclusive, de procedimento prévio contratualmente regulado para avaliação do novo investimento com o objetivo de permitir que as partes determinem, tanto das suas respectivas perspectivas quanto da ótica do próprio empreendimento, se o novo investimento é necessário, vinculado, viável, compatível tecnicamente e suficiente, ou não – e o que seria preciso fazer para tanto.

No tocante ao item (ii), é importante que o contrato expresse tanto os parâmetros para mensuração do desequilíbrio decorrente da inserção do novo investimento quanto as regras para definição da forma de recomposição do desequilíbrio. Para os *inputs* no fluxo de caixa marginal que dimensionará o novo investimento e seus impactos, propõem-se os critérios e parâmetros discutidos no tópico 5.1: a definição da taxa de desconto a partir de uma *proxy* de mercado acrescida de prêmio de risco; a precificação dos novos investimentos a partir de critérios de mercado referenciados em projetos ou obras similares e, na ausência destes, em orçamentos obtidos junto ao mercado; e a definição das receitas marginais de acordo com a natureza da parceria, que deverá considerar, conforme discutido no tópico 5.1.3 e caso aplicável ao projeto, a assunção ou não do risco de demanda associado ao novo investimento.

Mensurado o desequilíbrio, também é importante que o contrato regre os contornos para o reequilíbrio pela inclusão dos novos investimentos. Primeiro, a fim de esclarecer as possíveis formas de recomposição contratual e sua aderência às especificidades do novo investimento, criando os incentivos adequados para que os mecanismos de recomposição preservem a capacidade da concessionária de executar suas obrigações. Nesse particular, estão as preocupações associadas à manutenção do perfil de risco financeiro do projeto, consubstanciadas na preservação do *rating* da concessionária (ou de sua dívida mobiliária) e outros *covenants* financeiros em relação tanto às dívidas já contraídas pela concessionária quanto a financiamentos que porventura se façam necessários para execução dos novos investimentos. Como já discutido, é importante resistir às limitações de inserção de novos investimentos de ordem quantitativa, na medida em que isso pode representar, no futuro, mais problemas do que soluções.

Segundo, o contrato deve estipular regras claras sobre a anuência da concessionária em relação aos novos investimentos de iniciativa do concedente. Conforme defendido nesta obra, a concessionária poderá opor-se aos novos investimentos cujo procedimento de reequilíbrio não resulte em uma recomposição completa, econômica e financeira, da concessão. No caso de novos investimentos para expansão de infraestrutura, haverá ainda a questão sobre eventual introdução de risco adicional ao projeto, não capturado pelo procedimento de reequilíbrio. Nesses casos, desde que efetivamente demonstrado o agravamento no perfil de risco da parceria, defende-se que a concessionária poderia resistir à inclusão do novo investimento. Em qualquer cenário de recomposição contratual, porém, o novo investimento poderia ser incluído, conquanto houvesse consenso das partes.

Em conclusão, o regramento sobre a inserção de novos investimentos na modelagem contratual é fundamental para servir de guia no que deve ser o processo estruturado de avaliação, mensuração e adequação contratual para inclusão de investimentos adicionais na parceria. É o caminho mais seguro para conferir método e rigor às decisões do gestor público.

# CONCLUSÃO

A discussão sobre a inclusão de novos investimentos em contratos de parceria é urgente. O nível de maturidade que as parcerias têm hoje no Brasil, ainda que varie substancialmente conforme o setor de infraestrutura, impõe que o tema dos novos investimentos seja tratado de forma estruturada. Seja para os contratos celebrados na década de 1990 – na maioria omissos no regramento de novos investimentos e nos quais alterações desse tipo são recorrentes e imprescindíveis –, seja para contratos mais recentes – que já começam a enfrentar o desafio de regular a prática da inclusão de novos investimentos –, é preciso norte claro e organizado de como pensar o tema no contexto dos limites à mutabilidade contratual.

Não cabe mais apoiar a reflexão sobre novos investimentos no pensamento tradicional a respeito da mutabilidade contratual, respaldado nas regras de contratação administrativa de aplicação incompatível com as parcerias. É necessário superar a visão conservadora amparada no temor dos órgãos de controle e ancorar a análise em raciocínio estruturado que, embora complexo, possa oferecer respostas fundamentadas às hipóteses nas quais é cabível, ou não, a inclusão de novos investimentos em contratos de parceria. Tampouco se deve tratar novos investimentos como instrumento de política pública panaceia.

Com essas provocações como pano de fundo e baseada em extensa vivência profissional nos dilemas aqui debatidos, esta obra foi elaborada percorrendo diversos ângulos do tema de novos investimentos em contratos de parceria com o objetivo de oferecer reflexões úteis para os gestores públicos e operadores do direito que precisam lidar com o assunto.

Assim, de partida, foi explorado o conceito de investimento contratualizado como aquele previsto originalmente no contrato de parceria, seja como obrigação de investimento específico, seja como obrigação de desempenho. Destacou-se a possibilidade de o investimento contratualizado assumir caráter contingente, isto é, embora previsto no contrato de parceria como encargo da concessionária, ter sua exigibilidade condicionada à ocorrência de determinado gatilho, que pode ou não ser a termo definido, estar associado à demanda pela infraestrutura ou mesmo ser de uma decisão discricionária do concedente.

Ainda no contexto dos investimentos contratualizados contingentes, foram exploradas as alternativas de modelagem econômico-financeira, distinguindo as hipóteses de precificação *ex ante* – quando os proponentes devem considerar os custos associados aos investimentos contratualizados contingentes já na licitação, ainda que diante das incertezas quanto ao momento em que serão exigidos – das de precificação *ex post* – hipótese em que os investimentos contratualizados contingentes são precificados e reequilibrados se e quando se tornarem exigíveis, desonerando usuários e/ou concedente de arcar com esse ônus desde o princípio do projeto, o que, por outro lado, impõe lidar com as incertezas inerentes ao processo de reequilíbrio contratual, especialmente da perspectiva do acionista investidor.

Essa reflexão teve o objetivo de, ao final, definir os contornos do conceito de novos investimentos, ou investimentos não contratualizados, isto é, aqueles não previstos originalmente no contrato de parceria à época da licitação e que surgem de alguma necessidade pública superveniente, concreta e determinada.

A discussão ontológica é relevante na medida em que, se o investimento sob análise for um investimento contratualizado, mesmo que contingente, não fará sentido nenhum juízo sobre os limites à mutabilidade contratual para sua execução, visto que a avaliação de interesse público quanto à inclusão desses investimentos no contrato – e, portanto, de pertinência ao objeto contratual e aderência à sua finalidade – já foi feita à época da estruturação do projeto. Ou seja, somente haverá discussão acerca dos limites à mutabilidade contratual quando se estiver diante, rigorosamente, de um investimento não contratualizado: um novo investimento.

Circunscrito o objeto da obra – novos investimentos em contratos de parceria –, passou-se a expor as bases das respostas às seguintes questões: como estabelecer os limites à mutabilidade contratual para inserção de novos investimentos? Se não houver nenhum contorno contratual para definir a legitimidade da inclusão de determinado investimento adicional, como estabelecer a possibilidade jurídica do novo investimento?

As respostas a essas indagações têm duas dimensões: uma quantitativa – quais os limites quantitativos à inclusão de novos investimentos em parcerias? – e outra qualitativa – quais os contornos qualitativos para a legítima inserção de investimentos adicionais nas parcerias?

Na dimensão quantitativa, a conclusão foi pela inaplicabilidade, aos contratos de parceria, dos limites quantitativos de alteração contratual previstos nos §§ 1º e 2º do art. 65 da Lei Federal n. 8.666/1993, em decorrência de regime jurídico próprio das parcerias que as distingue das contratações públicas tradicionais, regidas por essa lei. Essa percepção foi ainda confirmada com o advento do art. 22 da Lei Federal n. 13.448/2017, que expressamente afastou a incidência dos §§ 1º e 2º do art. 65 da Lei Federal n. 8.666/1993 aos contratos de parceria. Embora a Lei Federal n. 13.448/2017 não tenha sido clara quanto à abrangência federativa, setorial e temporal do referido art. 22, defendeu-se a sua aplicabilidade abrangente, em decorrência da natureza dos contratos de parceria, (i) à União, aos estados e aos municípios; (ii) aos contratos de parceria de todos os setores de infraestrutura; e (iii) também aos contratos de parceria já celebrados quando da promulgação da Lei Federal n. 13.448/2017. Não obstante, reconhece-se que essa interpretação se beneficiaria sobremaneira de nova alteração legislativa que sedimentasse a abrangência do art. 22.

Na dimensão qualitativa, esta obra propõe que a resposta advirá da utilização de metodologia consistente em processo de duas etapas. A primeira etapa, de caráter classificatório, deve conferir enquadramento ao novo investimento em uma (ou mais) das três categorias propostas no Capítulo 2, ainda que não excludentes entre si: (i) novos investimentos para atualização dos serviços que requerem modernização; (ii) novos investimentos para execução de investimentos prementes, emergenciais ou necessários para prestação dos serviços; e (iii) novos investimentos para expansão de infraestrutura.

Já a segunda etapa, de caráter eliminatório, submete o novo investimento, conforme a(s) categoria(s) na(as) qual(is) ele se enquadra, a determinado conjunto de requisitos que, se atendidos de forma subsequente, ao final, atestam a possibilidade da legítima inserção do novo investimento no contrato de parceria como alteração contratual válida e adequada à finalidade pretendida. Por outro lado, se não superados os pressupostos de atendimento a qualquer dos requisitos que compõem a segunda etapa, então o novo investimento proposto extrapola os limites qualitativos para inserção na parceria em análise.

Em resumo, a proposta metodológica consiste em submeter ambos os novos investimentos para manutenção da atualidade dos serviços e os novos investimentos para enfrentamentos de situações prementes: (i) ao teste de *necessidade*, que busca aferir se a alteração contratual é necessária para a continuidade do serviço objeto da parceria, isto é, para atingir a finalidade que motivou a contratação; (ii) ao teste de *vinculação*, que avalia a compatibilidade e aderência da alteração contratual com o objeto da parceria.

Na análise de pertinência dos novos investimentos para expansão de infraestrutura, a metodologia acrescenta ainda o (iii) terceiro requisito, relativo à análise de *viabilidade* da alteração contratual pretendida em face da possibilidade de nova licitação para contratação do objeto do novo investimento. O requisito de *viabilidade* compreende, na metodologia proposta, quatro dimensões a serem analisadas separadamente, mas, no todo, indissociáveis entre si: (iii.a) a preservação do conceito do projeto, que se volta para a avaliação da lógica de concepção do projeto, em interface com o enquadramento jurídico da parceria; (iii.b) a viabilidade econômico-financeira, que identifica a possibilidade de o novo investimento ser ou não um projeto autônomo da perspectiva econômico-financeira; (iii.c) a viabilidade operacional, que analisa, a partir do caso concreto, a possibilidade do novo investimento de existir ou não de forma autônoma da ótica operacional e quais as implicações (*trade-offs*) de cada cenário; e, por fim, (iii.d) a proporcionalidade, como exercício de ponderação entre os objetivos perseguidos com a alteração contratual para inclusão do novo investimento e a alternativa de licitação em apartado, de modo a coibir excessos e evitar insuficiências.

Atendidos esses requisitos, conforme a(s) categoria(s) de novos investimentos em análise, a legitimidade da alteração contratual estará condicionada, ainda: (iv) à análise técnica de compatibilidade e suficiência do encargo que se pretende inserir na parceria; (v) ao reequilíbrio econômico-financeiro do contrato; e (vi) à anuência da concessionária nos casos em que a recomposição contratual resultar em um reequilíbrio incompleto (apenas econômico ou financeiro), e, no caso específico dos novos investimentos para expansão de infraestrutura, mesmo diante de um reequilíbrio completo, será necessária a anuência da concessionária se o novo investimento representar acréscimo relevante no perfil de risco originário do projeto. A Figura 1, a seguir, sintetiza a estrutura do raciocínio proposto.

**Figura 1 – Fluxo do processo analítico para inclusão de novos investimentos em contratos de parceria**

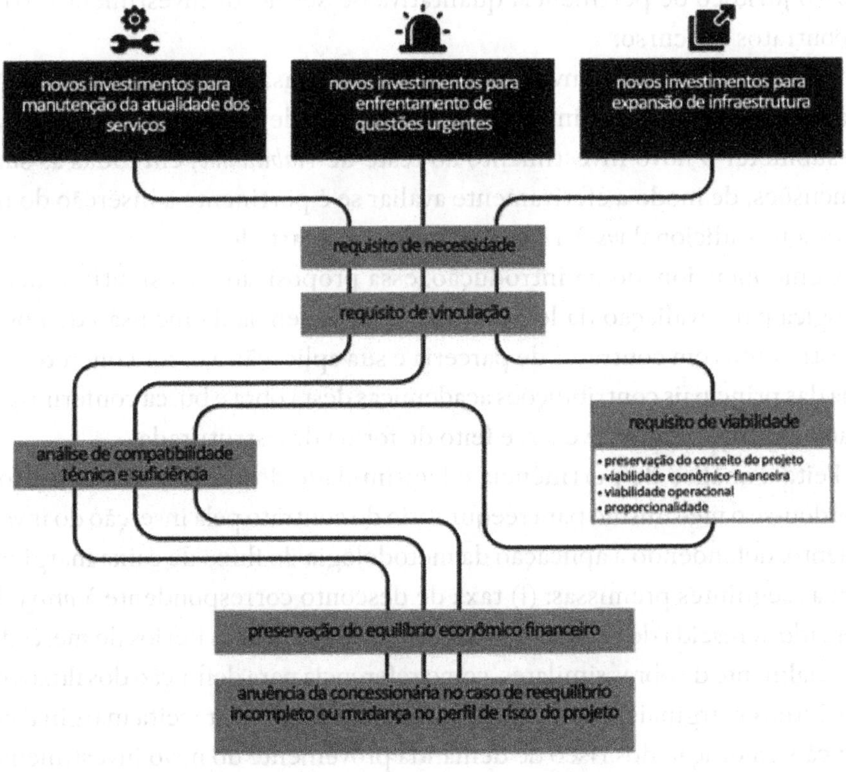


Fonte: Elaboração própria.

Ao aplicar a metodologia proposta a casos concretos, concluiu-se que os novos investimentos em atualização dos serviços e os novos investimentos para enfrentamento de situações emergenciais, ao se submeterem aos testes de *necessidade* e *vinculação*, em regra, atendem a esses requisitos de forma praticamente sumária, uma vez que a própria essência de tais investimentos indica essa subsunção. Nesse sentido, a inclusão de novos investimentos em contratos de parceria que se enquadrem nas referidas categorias deveria estar sujeita à avaliação de mera conformidade aos requisitos de *necessidade* e *vinculação*, isto é, a um juízo simplificado de viabilidade jurídica, pela própria natureza desses novos investimentos. Esse juízo simplificado significa que, desde que esses novos investimentos sejam destinados efetivamente à manutenção da atualidade dos serviços ou ao enfrentamento de situações urgentes para consecução do objeto da parceria (necessários) e pertinentes ao objeto da parceria (vinculados), o próprio enquadramento nessas categorias já seria o crivo jurídico de pertinência qualitativa desses novos investimentos para os contratos em curso.

Em relação aos novos investimentos para expansão de infraestrutura, não se aplica o mesmo juízo simplificado de viabilidade jurídica, sendo necessário submeter o novo investimento ao teste de *viabilidade*, em todas as suas dimensões, de modo a efetivamente avaliar se é pertinente a inserção do investimento adicional *vis-à-vis* sua licitação em apartado.

Como mencionado na introdução, essa proposição – a estrutura metodológica para avaliação da legitimidade e pertinência da inclusão de novos investimentos em contratos de parceria e sua aplicação a casos concretos – é uma das principais contribuições acadêmicas desta obra e busca conferir rigor a raciocínio que, muitas vezes, é feito de forma desestruturada.

Feita a análise de pertinência e legitimidade dos novos investimentos, abordou-se o mecanismo para reequilíbrio do contrato pela inserção do investimento, defendendo a aplicação da metodologia do fluxo de caixa marginal, com as seguintes premissas: (i) taxa de desconto correspondente à *proxy* de mercado acrescida de prêmio de risco; (ii) utilização de critérios de mercado, especialmente de obras similares, como referência para definição dos fluxos de dispêndios marginais; e (iii) determinação dos fluxos de receita marginal em atenção à alocação dos risco de demanda proveniente do novo investimento, conforme aplicável a cada tipo de parceria.

Na temática do reequilíbrio contratual, a obra também criticou a posição do TCU de defender que a precificação de novos investimentos esteja sujeita aos mesmos parâmetros de desconto ofertados por ocasião da licitação, como se ambas as grandezas guardassem relação direta, o que não parece fazer sentido. Não obstante, a crítica do controlador sobre o tema dos novos investimentos instigou o desenvolvimento de mecanismos alternativos para incluir e reequilibrar investimentos adicionais, a exemplo do estoque de melhorias. Trata-se de ferramenta interessante para modelar investimentos contingentes (precificados *ex ante* ou *ex post*), com espaço para aperfeiçoamentos, tendo por base a forma como utilizada pelo Governo Federal.

Ainda sobre reequilíbrio econômico-financeiro, discutiram-se as possíveis formas de recomposição contratual pela inclusão de novos investimentos. Embora seja livre sob a ótica legal e geralmente prerrogativa do poder concedente da perspectiva contratual, a definição da forma de recomposição deve levar em consideração a natureza singular da ocasião, de modo a assegurar a capacidade da concessionária de executar adequada e responsavelmente o novo investimento, inclusive da perspectiva da financiabilidade.

Essa questão é aprofundada na discussão sobre reequilíbrios completos (que recompõem o contrato igualmente das perspectivas econômica e financeira) e incompletos (que o recompõem apenas da perspectiva econômica ou da financeira), sendo estes preponderantes na maioria expressiva dos casos.

A discussão evidencia os riscos a que a concessionária está exposta quando se vê obrigada a executar novos investimentos e, portanto, realizar dispêndios expressivos, inclusive mediante a contratação de financiamento adicional (para além do financiamento já celebrado para as obrigações do contrato original). A depender das circunstâncias, o ônus associado à obrigação de realizar novos investimentos pode comprometer a capacidade da concessionária de, por exemplo, manter seus *covenants* financeiros e, por consequência, o perfil de risco financeiro do projeto. Daí por que é fundamental que as regras de inclusão de novos investimentos e da respectiva recomposição do equilíbrio econômico-financeiro levem em consideração os limites associados à preservação da saúde financeira da concessionária.

Mas não é só. Para além das regras que buscam resguardar a capacidade da concessionária de fazer frente às suas obrigações, propõe-se que a concessionária possa opor-se à inserção de novos investimentos quando o reequilíbrio correspondente for incompleto, sem prejuízo da possibilidade de se levar adiante a alteração contratual, desde que com a anuência da concessionária. Além disso, mesmo diante de reequilíbrios completos, defende-se que a concessionária poderá resistir a novos investimentos que, comprovadamente, agreguem risco adicional relevante à execução contratual.

Por fim, no tocante à modelagem contratual, de maneira geral (e sem considerar as especificidades de cada parceria), é fundamental que primeiro se identifiquem os investimentos necessários para a prestação dos serviços nos níveis exigidos, contratualizando-os adequadamente (seja como obrigação específica de investimento, seja como obrigação de desempenho), inclusive para discernir os investimentos contratualizados que podem ser tratados como contingentes, com o objetivo de antever as intervenções que porventura serão exigidas da concessionária.

Essa dinâmica proporciona previsibilidade e flexibilidade à gestão contratual, além de aplacar as discussões sobre a legitimidade da inserção do investimento da ótica dos limites qualitativos à mutabilidade do contrato de parceria. Ainda, a sugestão de modelagem é que, para os investimentos contratualizados contingentes, opte-se, sempre que possível, pela precificação *ex post*, a fim de evitar (i) onerar o projeto – e, portanto, usuários e/ou concedente – com previsão desse *capex* na modelagem original; e (ii) o exercício de futurologia na precificação de investimentos que podem se mostrar necessários apenas dez, vinte anos depois da estimativa inicial, o que significa inevitável incerteza tanto sobre custos quanto acerca da tecnologia construtiva aplicável.

Quanto aos novos investimentos em sentido estrito (investimentos não contratualizados), é fundamental que o contrato regule objetivamente a sua inserção, prevendo (i) as hipóteses, ainda que genéricas, nas quais eles podem ser exigidos, de modo a estabelecer lastro para eventual enquadramento futuro; e (ii) o procedimento para isso ocorrer, contemplando as regras de reequilíbrio contratual, os limites associados aos impactos que a inclusão de novos investimentos pode ter sobre a saúde financeira do projeto e a possibilidade de a concessionária opor-se à inclusão de novos investimentos nas circunstâncias já relatadas.

Em suma, é preciso pensar novos investimentos com naturalidade e método. Como característica inerente aos contratos de longo prazo, como são as parcerias, os novos investimentos não devem ser tratados de forma casuística, conforme os interesses do momento, e sim sob uma lógica estruturada de raciocínio na qual os meios justifiquem os fins.

## REFERÊNCIAS

ALEXY, Robert. *Teoria dos direitos fundamentais.* Trad. Virgílio Afonso da Silva. São Paulo: Malheiros, 2008.

ALVES, Lucas Leite; NUNES, Thiago Mesquita. Investimentos adicionais em concessões e parcerias público-privadas. *Revista da Procuradoria-Geral do Estado de São Paulo,* São Paulo, v. 89, jan./jun. 2019.

AMARAL, Antônio Carlos Cintra. *Ato administrativo, licitações e contratos administrativos.* São Paulo: Malheiros, 1995.

ANDRADE, Ronaldo José de. Incorporação de novas tecnologias em contratos de concessão: estudo de caso do setor rodoviário paulista. 2020. 83 f. Dissertação (Mestrado Profissional) – Fundação Getulio Vargas, Escola de Direito de São Paulo, São Paulo, 2020. Disponível em: http://bibliotecadigital.fgv.br/dspace/handle/10438/30045. Acesso em: 14 maio 2021.

BAHIA. Secretaria de Desenvolvimento Urbano. *VLT/Monotrilho de Salvador.* Contrato 01/2019. Salvador, 2019. Disponível em: http://www.sedur.ba.gov.br/modules/conteudo/conteudo.php?conteudo=44. Acesso em: 10 out. 2020.

BAHIA. Governo do Estado da Bahia. Secretaria de Desenvolvimento Urbano. *Contrato n. 01/2013. Contrato de Concessão Patrocinada para Implantação e Operação do Sistema Metroviário de Salvador e Lauro de Freitas.* Tomo 1/3. Disponível em: https://www.sefaz.ba.gov.br/administracao/ppp/projetos/metro_salvador_lauro/Contrato_do_Metro_n_01_2013_TOMO_01.pdf. Acesso em: 19 maio 2019.

BAHIA. Governo do Estado da Bahia. *Contrato de Concessão Administrativa. Concessão administrativa para gestão e operação de unidade hospital do Estado da Bahia. Hospital do Subúrbio.* Salvador, 28.05.2010 Disponível em: https://www.sefaz.ba.gov.br/administracao/ppp/Contrato_N30_2010_parte1.pdf. Acesso em: 20 set. 2020.

BARROSO, Luís Roberto. Alteração dos contratos de concessão rodoviária. *In*: OLIVEIRA, Farlei Martins Riccio (coord.). *Direito administrativo Brasil-Argentina*: estudos em homenagem a Agustín Gordillo. Belo Horizonte: Del Rey, 2007. p. 245-280.

BAUMOL, William J.; PANZAR, John C.; WILLIG, Robert D. *Contestable Markets and the Theory of Industry Structure.* Harcourt Brace Jovanovich, 1982.

BELO HORIZONTE. Prefeitura de Belo Horizonte. *3º Termo Aditivo ao Contrato de Concessão Administrativa n. 001/2012 para realização de obras e serviços de apoio, não pedagógicos, a unidades de ensino da rede municipal de educação básica do município de Belo Horizonte.* Minas Gerais, BH, 25.06.2014. Disponível em: http://pbhativos.com.br/arquivos/03-CONCESSOES-E-PPPS/03.3%20-%20PPP%20EDUCACAO/PPP%20Educacao/3TA%20PPP%20SMED%20assinado.pdf. Acesso em: 19 maio 2019.

BICALHO, Alécia Paolucci Nogueira; DIAS, Maria Tereza Fonseca (coord.). *Contratações públicas*: estudos em homenagem ao professor Carlos Pinto Coelho Motta. Belo Horizonte: Fórum, 2013.

BRASIL. Agência Nacional de Aviação Civil. *Contrato de concessão para ampliação, manutenção e exploração dos aeroportos integrantes dos blocos Nordeste, Centro-Oeste e Sudeste.* Brasília. Disponível em: https://www.anac.gov.br/assuntos/paginas-tematicas/concessoes/nova-rodada/contratos-e-anexos/contrato.pdf. Acesso em: 20 set. 2020.

BRASIL. Agência Nacional de Aviação Civil. *Contrato. Anexo 02 – Plano de Exportação Aeroportuária (atualizado até decisão n. 162.219).* Brasília, [2020]. Disponível em: https://www.anac.gov.br/assuntos/paginas-tematicas/concessoes/aeroportos-concedidos/galeao/documentos-relacionados/01contrato-de-concessao/anexo-02-plano-de-exploracao aeroportuaria-pea.pdf/view. Acesso em: 10 set. 2020.

BRASIL. Agência Nacional de Aviação Civil. *Contrato. Anexo 02 – Plano de Exportação Aeroportuária (atualizado até Termo Aditivo n. 004.2020).* Brasília, [2020]. Disponível em: https://www.anac.gov.br/assuntos/paginas-tematicas/concessoes/aeroportos concedidos/Confins/documentos-relacionados/01contrato-de-concessao/anexo-02 confins-plano-de-exploracao-aeroportuaria-pea.pdf/view. Acesso em: 10 set. 2020.

BRASIL. Agência Nacional de Aviação Civil. *Processo 00065.050525/2018-79.* Interessado: BH Airport – Concessionária do Aeroporto Internacional de Confins/SA – Belo Horizonte. Relator: Ricardo Bezerra. Julgado em: 13.02.2019. Disponível em: https://www.anac.gov.br/acesso-a-informacao/reunioes-da-diretoria-colegiada/reunioes-deliberativas-da-diretoria/2019/2o-reuniao-deliberativa-da-diretoria/00065-050525-2018-79/voto. Acesso em: 19 maio 2019.

BRASIL. Agência Nacional de Aviação Civil. *Resolução n. 528, de 28 de agosto de 2019.* Dispõe sobre procedimentos, formas de recomposição e as taxas de desconto dos fluxos de caixa marginais a serem adotados nos processos de Revisão Extraordinária dos Contratos de Concessão de infraestrutura aeroportuária federal. Brasília, DF: Diretoria da Agência Nacional de Aviação Civil, [2019]. Disponível em: https://www.in.gov.br/en/web/dou/-/resolucao-n-528-de-28-de-agosto-de-2019-213477619. Acesso em: 19 set. 2020.

BRASIL. Agência Nacional de Exploração de Infraestrutura Rodoviária. *Nota Técnica n. 01/2018/COOUT/Suinf. Processo: 50500.352371/2017-68.* Interessado: Suinf. Data: 11.04.2018. Disponível em: https://antt-hml.antt.gov.br/documents/359170/811889/Nota+T%C3%A9cnica+n%C2%BA+01-2018.pdf/e34d009b-18fa-85d5-b652-8324e67d015b?t=1592954389330. Acesso em: 21 maio 2021.

BRASIL. Agência Nacional de Transportes Aquaviários. *Minuta do Contrato de Arrendamento.* Brasília. Disponível em: http://web.antaq.gov.br/Sistemas/WebServiceLeilao/DocumentoUpload/Audiencia%2037/20181217_VDC12_Minuta_de_Contrato_versao_final.pdf. Acesso em: 12 out. 2020.

BRASIL. Agência Nacional de Transportes Terrestres. *Rodovia de Integração do Sul – RIS*. Brasília. Disponível em: https://antt-hml.antt.gov.br/edital-de-concessao-01-2018. Acesso em: 21 maio 2021.

BRASIL. Agência Nacional de Transportes Terrestres. *2º Termo Aditivo ao Contrato de Concessão da Rumo Malha Paulista S/A. – RMP, de 27 de maio de 2020*. Anexo 1: Caderno de Obrigações. Brasília. Disponível em: https://portal.antt.gov.br/rumo-malha-paulista-sa. Acesso em: 12 set. 2020.

BRASIL. Agência Nacional de Transportes Terrestres. *2º Termo Aditivo ao Contrato de Concessão da Rumo Malha Paulista S/A. – RMP, de 30 de dezembro de 1998*. Brasília, [27.05.2020]. Disponível em: https://portal.antt.gov.br/rumo-malha-paulista-sa. Acesso em: 12 set. 2020.

BRASIL. Agência Nacional de Transportes Terrestres. Resolução ANTT n. 5.859, de 3 de dezembro de 2019. Dispõe sobre o procedimento de inclusão, exclusão, alteração e reprogramação de obras e serviços previstos no Programa de Exploração da Rodovia, no âmbito das revisões quinquenais das concessões de rodovias federais reguladas pela Agência Nacional de Transportes Terrestres, e dá outras providências. *Diário Oficial da União*: seção 1. Brasília, [2019], p. 97-103. Disponível em: https://www.editoraroncarati.com.br/v2/Diario-Oficial/Diario-Oficial/RESOLUCAO-ANTT-N%C2%BA-5-859-DE-03-12-2019.html. Acesso em: 6 dez. 2019

BRASIL. Agência Nacional de Transportes Terrestres. *Contrato de Concessão n. 01/2019. Edital n. 001/2008*. Brasília, [2009]. Disponível em: https://portal.antt.gov.br/documents/359170/9f365606-cdfc-731f-42dd-97f581afd59d. Acesso em: 12 out. 2020.

BRASIL. Agência Nacional de Transportes Terrestres. *Rumo Malha Central S.A. Contrato de Subconcessão. Edital de concorrência internacional n. 02/2018*. Goiás, [2019]. Disponível em: https://portal.antt.gov.br/documents/359178/1136795/Contrato+de+Subconcess%C3%A3o.pdf/e4739acb-5bf1-d892-8d4f85e6c3bfccc6?t=1593389523810. Acesso em: 13 jun. 2021.

BRASIL. Agência Nacional de Transportes Terrestres. *Nota Técnica n. 38/2015/Geinv/Suinf*. Brasília, [2015]. Disponível em: https://portal.antt.gov.br/documents/359170/d7c0529c-2255-2cfb-f0a7-f5880de5cd9b. Acesso em: 12 out. 2020.

BRASIL. Agência Nacional de Transportes Terrestres. *Resolução n. 4.339, de 29 de maio de 2014*. Altera a Resolução n. 3.651, de 7 de abril de 2011. Brasília, [2014]. Disponível em: https://www.diariodasleis.com.br/busca/exibelink.php?numlink=227414. Acesso em: 10 out. 2020.

BRASIL. Agência Nacional de Transportes Terrestres. *Resolução n. 3.651, de 7 de abril de 2011*. Aprova a metodologia de recomposição do equilíbrio econômico-financeiro dos contratos de concessão de rodovias federais da 1ª Etapa, da 2ª Etapa – Fase I e do Polo Pelotas, em decorrência de novos investimentos e serviços. Brasília, DF: Diretoria da Agência Nacional de Transportes Terrestres, [2011]. Disponível em: http://ftp.antt.gov.br/acpublicas/apublica2010-112/Resolucao3651.pdf. Acesso em: 20 set. 2020.

BRASIL. Agência Nacional de Transportes Terrestres. *Contrato de Concessão. Edital n. 001/2008*. Brasília, [2009]. Disponível em: https://portal.antt.gov.br/documents/359170/9f365606-cdfc-731f-42dd-97f581afd59d. Acesso em: 12 out. 2020.

BRASIL. Agência Nacional de Transportes Terrestres. *Contrato de Concessão n. 01/2019. Parte VII. Edital de concessão n. 01/2018*. Brasília, [11.01.2019]. Disponível em: http://www.ccrviasul.com.br/resources/files/pages/0cd385fb472142269798755b59b83a5f_anexo-5-contrato-de-concessao-n-01-2019.pdf. Acesso em: 20 set. 2020.

BRASIL. Agência Nacional de Transportes Terrestres. *Contrato de Concessão Ferronorte*. Brasília, [1989]. Disponível em: https://portal.antt.gov.br/documents/359178/1134966/Contrato+de+Concess%C3%A3o.pdf/80b062a9-78f9-cd7b-3a56-07f590fb6bf6?t=1593385985707. Acesso em: 21 maio 2021.

BRASIL. Controladoria-Geral da União. *Relatório n. 201505623*. 2017. Disponível em: https://auditoria.cgu.gov.br/download/10200.pdf. Acesso em: 19 maio 2019.

BRASIL. [Constituição Federal (1988)]. *Constituição da República Federativa do Brasil de 1988*. Brasília, DF: Presidência da República, [2020]. Disponível em: http://www.planalto.gov.br/ccivil_03/constituicao/constituicao.htm. Acesso em: 20 set. 2020.

BRASIL. Justiça Federal. *I Jornada de Direito Administrativo. Propostas de Enunciados. Caderno Provisório*. Brasília, [2020]. Não publicado.

BRASIL. *Lei n. 13.448, de 5 de junho de 2017*. Estabelece diretrizes gerais para prorrogação e relicitação dos contratos de parceria definidos nos termos da Lei n. 13.334, de 13 de setembro de 2016, nos setores rodoviário, ferroviário e aeroportuário da administração pública federal, e altera a Lei n. 10.233, de 5 de junho de 2001, e a Lei n. 8.987, de 13 de fevereiro de 1995. Brasília, DF: Presidência da República, [2017]. Disponível em: http://www.planalto.gov.br/ccivil_03/_ato2015-2018/2017/lei/l13448.htm#:~:text=1%C2%BA%20Esta%20Lei%20estabelece%20diretrizes,e%20a%20Lei%20n%C2%BA%208.987%2C. Acesso em: 18 set. 2020.

BRASIL. *Medida Provisória n. 752, de 24 de novembro de 2016*. Documentos. Pareceres. Relatório Legislativo. Brasília: Deputado Sérgio de Souza, [2017]. Disponível em: https://www.congressonacional.leg.br/materias/medidas-provisorias/-/mpv/127644. Acesso em: 20 out. 2020.

BRASIL. *Lei n. 13.303, de 30 de junho de 2016*. Dispõe sobre o estatuto jurídico da empresa pública, da sociedade de economia mista e de suas subsidiárias, no âmbito da União, dos Estados, do Distrito Federal e dos Municípios. Brasília, DF: Presidência da República, [2016]. Disponível em: http://www.planalto.gov.br/ccivil_03/_ato2015-2018/2016/lei/l13303.htm#:~:text=L13303&text=LEI%20N%C2%BA%2013.303%2C%20DE%2030%20DE%20JUNHO%20DE%202016.&text=Disp%C3%B5e%20sobre%20o%20estatuto%20jur%C3%ADdico,Distrito%20Federal%20e%20dos%20Munic%C3%ADpios.&text=Art. Acesso em: 20 set. 2020.

BRASIL. *Decreto n. 8.033, de 27 de junho de 2013*. Regulamenta o disposto na Lei n. 12.815, de 5 de junho de 2013, e as demais disposições legais que regulam a exploração de portos organizados e de instalações portuárias. Brasília, DF: Presidência da República, [2013]. Disponível em: http://www.planalto.gov.br/ccivil_03/_Ato2011-2014/2013/Decreto/D8033.htm#:~:text=Art.,Portos%20da%20Presid%C3%AAncia%20da%20Rep%C3%BAblica. Acesso em: 19 set. 2020.

BRASIL. *Lei n. 12.815, de 5 de junho de 2013*. Dispõe sobre a exploração direta e indireta pela União de portos e instalações portuárias e sobre as atividades desempenhadas pelos operadores portuários; altera as Leis nºs 5.025, de 10 de junho de 1966, 10.233, de 5 de junho de 2001, 10.683, de 28 de maio de 2003, 9.719, de 27 de novembro de 1998, e 8.213, de 24 de julho de 1991; revoga as Leis nºs 8.630, de 25 de fevereiro de 1993, e 11.610, de 12 de dezembro de 2007, e dispositivos das Leis nºs 11.314, de 3 de julho de 2006, e 11.518, de 5 de setembro de 2007; e dá outras providências. Brasília, DF: Presidência da República, [2013]. Disponível em: http://www.planalto.gov.br/ccivil_03/_Ato2011-2014/2013/Lei/L12815.htm. Acesso em: 19 set. 2020.

BRASIL. *Decreto n. 6.424, de 4 de abril de 2008*. Altera e acresce dispositivos ao Anexo do Decreto n. 4.769, de 27 de junho de 2003, que aprova o Plano Geral de Metas para a Universalização do Serviço Telefônico Fixo Comutado prestado no Regime Público – PGMU. Brasília, DF: Presidência da República, [2008]. Disponível em: http://www.planalto.gov.br/ccivil_03/_Ato2007-2010/2008/Decreto/D6424.htm. Acesso em: 19 set. 2020.

BRASIL. *Lei n. 11.079, de 30 de dezembro de 2004*. Institui normas gerais para licitação e contratação de parceria público-privada no âmbito da administração pública. Brasília, DF: Presidência da República, [2004]. Disponível em: http://www.planalto.gov.br/ccivil_03/_ato2004-2006/2004/lei/l11079.htm#:~:text=Institui%20normas%20gerais%20para%20licita%C3%A7%C3%A3o,no%20%C3%A2mbito%20da%20administra%C3%A7%C3%A3o%20p%C3%BAblica.&text=Art.,Distrito%20Federal%20e%20dos%20Munic%C3%ADpios. Acesso em: 20 set. 2020.

BRASIL. [Código Civil (2002)]. *Lei n. 10.406, de 10 de janeiro de 2002*. Institui o Código Civil. Brasília, DF: Presidência da República, [2002]. Disponível em: http://www.planalto.gov.br/ccivil_03/leis/2002/l10406compilada.htm. Acesso em: 19 set. 2020.

BRASIL. *Lei n. 10.233, de 5 de junho de 2001*. Dispõe sobre a reestruturação dos transportes aquaviário e terrestre, cria o Conselho Nacional de Integração de Políticas de Transporte, a Agência Nacional de Transportes Terrestres, a Agência Nacional de Transportes Aquaviários e o Departamento Nacional de Infraestrutura de Transportes, e dá outras providências. Brasília, DF: Presidência da República, [2001]. Disponível em: http://www.planalto.gov.br/ccivil_03/leis/leis_2001/L10233.htm#:~:text=Disp%C3%B5e%20sobre%20a%20reestrutura%C3%A7%C3%A3o%20dos,Transportes%2C%20e%20d%C3%A1%20outras%20provid%C3%AAncias. Acesso em: 19 set. 2020.

BRASIL. *Lei n. 8.987, de 13 de fevereiro de 1995*. Dispõe sobre o regime de concessão e permissão da prestação de serviços públicos previsto no art. 175 da Constituição Federal, e dá outras providências. Brasília, DF: Presidência da República, [1995]. Disponível em: https://www.planalto.gov.br/ccivil_03/LEIS/L8987cons.htm. Acesso em: 19 set. 2020.

BRASIL. *Lei n. 8.666, de 21 de junho de 1993*. Regulamenta o art. 37, inciso XXI, da Constituição Federal, institui normas para licitações e contratos da Administração Pública e dá outras providências. Brasília, DF: Presidência da República, [1993]. Disponível em: http://www.planalto.gov.br/ccivil_03/leis/l8666cons.htm. Acesso em: 18 set. 2020.

BRASIL. Superior Tribunal de Justiça. *Agravo em Recurso Especial 471.572*. Processual civil, civil, administrativo e constitucional. Recurso de agravo. Ação indenizatória. Obra pública. Descabimento. Teoria da imprevisão. Descabimento [...]. Agravante: Engemaia e Companhia Ltda. Agravado: Distrito Estadual de Fernando de Noronha. Relator: Ministro Og Fernandes. Julgado em: 08.04.2014. *DJe*: 24.04.2014. Disponível em: https://processo.stj.jus.br/processo/revista/documento/mediado/?componente=M

ON&sequencial=34814813&tipo_documento=documento&num_registro=201400237923&data=20140424&formato=PDF. Acesso em: 21 maio 2021.

BRASIL. Tribunal de Contas da União. *Processo/Desestatização 002.469/2018-9. Acórdão 1.096/2019.* Desestatização. Agência Nacional de Transportes Terrestres (ANTT). Acompanhamento. Primeiro estágio de concessão do lote rodoviário que compreende os segmentos das rodovias BR-364/365/GO/MG entre os municípios [...]. Interessado: Ministério da Infraestrutura. Relator: Bruno Dantas. Data da sessão: 15.05.2019. Plenário. Disponível em: https://pesquisa.apps.tcu.gov.br/#/documento/acordaocompleto/1096%252F2019/%2520/DTRELEVANCIA%2520desc%252C%2520NUMACORDAOINT%2520desc/0/%2520?uuid=f110d460-fa6e-11ea-914b-478010ad44a9. Acesso em: 20 out. 2020.

BRASIL. Tribunal de Contas da União. *Processo/Representação 012.831/2017-4. Acórdão 1.473/2017.* Representação com proposta de medida cautelar. Supostas irregularidades praticadas pela agência reguladora na revisão tarifária de contrato de concessão rodoviária. Cautelar concedida. Agravo. Conhecimento. Rejeição. Restituição à unidade técnica. Interessados: Agência Nacional de Transportes Terrestres e ECO 101 Concessionária de Rodovias S.A. Relator: Augusto Nardes. Data da sessão: 12.07.2017. Plenário. Disponível em: https://pesquisa.apps.tcu.gov.br/#/documento/acordaocompleto/1473%252F2017/%2520/DTRELEVANCIA%2520desc%252C%2520NUMACORDAOINT%2520desc/0/%2520?uuid=f110d460-fa6e-11ea-914b-478010ad44a9. Acesso em: 20 set. 2020.

BRASIL. Tribunal de Contas da União. *Processo/Representação 012.831/2017-4. Acórdão 1.461/2018.* Representação com proposta de medida cautelar. Supostas irregularidades praticadas pela agência reguladora na revisão tarifária do contrato de concessão da rodovia BR-101/ES/BA. [...]. Interessados: Agência Nacional de Transportes Terrestres e ECO 101 Concessionária de Rodovias S.A. Relator: Augusto Nardes. Data da sessão: 26.06.2018. Disponível em: https://pesquisa.apps.tcu.gov.br/#/documento/acordaocompleto/1461%252F2018/%2520/DTRELEVANCIA%2520desc%252C%2520NUMACORDAOINT%2520desc/0/%2520?uuid=f110d460-fa6e-11ea-914b-478010ad44a9. Acesso em: 12 out. 2020.

BRASIL. Tribunal de Contas da União. *Processo/Desestatização 028.343/2017-4. Acórdão 1.174/2018.* Desestatização. Agência Nacional de Transportes Terrestres (ANTT). Acompanhamento. Primeiro estágio de concessão do lote rodoviário denominado Rodovia de Integração do SUL – RIS [...]. Interessado: Agência Nacional de Transportes Terrestres. Relator: Bruno Dantas. Data da sessão: 23.05.2018. Plenário. Disponível em: https://pesquisa.apps.tcu.gov.br/#/documento/acordao-completo/1174%252F2018/%2520/DTRELEVANCIA%2520desc%252C%2520NUMACORDAOINT%2520desc/0/%2520?uuid=f110d460-fa6e-11ea-914b-478010ad44a9. Acesso em: 20 set. 2020.

BRASIL. Tribunal de Contas da União. *Processo/Representação 012.831/2017-4. Acórdão 290/2018.* Representação com proposta de medida cautelar. Supostas irregularidades praticadas pela agência reguladora na revisão tarifária do contrato de concessão da rodovia [...]. Interessados: Agência Nacional de Transportes Terrestres e ECO 101 Concessionária de Rodovias S. A. Relator: Augusto Nardes. Data da sessão: 21.02.2018. Plenário. Disponível em: https://pesquisa.apps.tcu.gov.br/#/documento/acordao-comple

to/%2520290%252F2018/%2520/DTRELEVANCIA%2520desc%252C%2520NUMACORDAOINT%2520desc/0/%2520?uuid=f110d460-fa6e-11ea-914b-478010ad44a9. Acesso em: 20 set. 2020.

BRASIL. Tribunal de Contas da União. *Processo/Relatório de Auditoria 023.204/2015-0*. Interessados: CONCER/Companhia de Concessão Rodoviária Juiz de Fora – Rio; Procuradoria da República no Município de Petrópolis; Agência Nacional de Transportes Terrestres; Congresso Nacional. Relator: Ministro Walton Alencar Rodrigues. Disponível em: https://pesquisa.apps.tcu.gov.br/#/documento/processo/023204/%2520/DTAUTUACAOORDENACAO%2520desc%252C%2520NUMEROCOMZEROS%2520desc/5/%2520?uuid=f110d460-fa6e-11ea-914b-478010ad44a9. Acesso em: 12 out. 2020.

BRASIL. Tribunal de Contas da União. *Processo/Relatório de Acompanhamento 014.689/2014-6*. Interessados: CONCER/Companhia de Concessão Rodoviária Juiz de Fora – Rio; Procuradoria da República no Município de Petrópolis; Agência Nacional de Transportes Terrestres. Relator: Ministro Walton Alencar Rodrigues. Disponível em: https://pesquisa.apps.tcu.gov.br/#/documento/processo/014689/%2520/DTAUTUACAOORDENACAO%2520desc%252C%2520NUMEROCOMZEROS%2520desc/6/%2520?uuid=f110d460-fa6e-11ea-914b-478010ad44a9. Acesso em: 12 out. 2020.

BRASIL. Tribunal de Contas da União. *Processo/Prestação de Contas 008.403/1996-6. Acórdão 1.876/2007.* Recursos de reconsideração em processo de prestação de contas. Questões relacionadas a licitações e contratos. Dispensas fundamentadas em situação de emergência. [...]. Interessado: Renato Basco Visco e Benco Alta Tecnologia em Construções Ltda. Relator: Aroldo Cedraz. Data da sessão: 12.09.2007. Disponível em: https://pesquisa.apps.tcu.gov.br/#/documento/acordao-completo/1876%252F2007/%2520/DTRELEVANCIA%2520desc%252C%2520NUMACORDAOINT%2520desc/0/%2520?uuid=f110d460-fa6e-11ea-914b-478010ad44a9. Acesso em: 19 set. 2020.

BRASIL. Tribunal de Contas da União. *Processo/Tomada de Contas Simplificada 475.104/1998-6. Acórdão 215/1999.* Tomada de contas simplificada relativa ao exercício de 1997. Constatação de impropriedades e irregularidades. Audiência. Razões de justificativa satisfatórias. Contas regulares com ressalva e determinação. Quitação aos responsáveis. Responsáveis: Leonardo Moura Teixeira, Hermes Ferreira Barbosa e outros. Relator: Adhemar Paladini Ghisi. Data da sessão: 17.11.1999. Plenário. Disponível em: https://pesquisa.apps.tcu.gov.br/#/documento/acordao-completo/215%252F1999/%2520/DTRELEVANCIA%2520desc%252C%2520NUMACORDAOINT%2520desc/0/%2520?uuid=f110d460-fa6e-11ea-914b-478010ad44a9. Acesso em: 19 set. 2020.

BRASÍLIA. Secretaria de Economia do Distrito Federal. Centro Administrativo. Disponível em: http://www.fazenda.df.gov.br/area.cfm?id_area=1319. Acesso em: 19 maio 2019.

CAMACHO, Fernando Tavares; RODRIGUES, Bruno da Costa Lucas. Regulação econômica de infraestruturas: como escolher o modelo mais adequado? *Revista do BNDES*, Rio de Janeiro, n. 41, p. 257-287, jun. 2014.

CAMINHA, Uinie; LIMA, Juliana Cardoso. Contrato incompleto: uma perspectiva entre direito e economia para contratos de longo termo. *Revista Direito GV*, São Paulo, jan.-jun. 2014.

CRETELLA JR., José. *Licitações e contratos do Estado*. 2. ed. Rio de Janeiro: Forense, 1999.

DI PIETRO, Maria Sylvia Zanella. *Parcerias na Administração Pública*. São Paulo: Forense, 2002.

DISTRITO FEDERAL. *Relatório de Auditoria Especial 01/2017 – DINCP/Coapp/Cogei/SUBCI/CGDF*. Controladoria-Geral do Distrito Federal. Brasília, [2017]. Disponível em: http://www.cg.df.gov.br/wp-conteudo/uploads/2018/02/65.pdf. Acesso em: 19 maio 2019.

FUX, Luiz; MAGALHÃES, Andréa. Imprevisão, incompletude e risco: uma contribuição da teoria econômica aos contratos administrativos. *In*: WALD, Arnoldo; JUSTEN FILHO, Marçal; PEREIRA, Cesar Augusto Guimarães (org.). *O direito administrativo na atualidade*: estudos em homenagem ao centenário de Hely Lopes Meirelles (1917-2017): defensor do estado de direito. São Paulo: Malheiros, 2017. p. 760-784.

GARCIA, Flávio Amaral. Mutabilidade nos contratos concessionais: aspectos endocontratuais e procedimentais. *In*: WALD, Arnoldo; JUSTEN FILHO, Marçal; PEREIRA, Cesar Augusto Guimarães (org.). *O direito administrativo na atualidade*: estudos em homenagem ao centenário de Hely Lopes Meirelles (1917-2017): defensor do estado de direito. São Paulo: Malheiros, 2017. p. 426-441.

HART, Oliver. Incomplete Contracts and Public Ownership: Remarks, and an Application to Public-Private Partnerships. *The Economic Journal*, v. 113, n. 486, Conference Papers, mar. 2003.

JUSTEN FILHO, Marçal. Ainda a questão da mutabilidade dos contratos administrativos. *In*: BICALHO, Alécia Paolucci Nogueira; DIAS, Maria Tereza Fonseca (coord.). *Contratações públicas*: estudos em homenagem ao professor Carlos Pinto Coelho Motta. Belo Horizonte: Fórum, 2013. p. 89-100.

JUSTEN FILHO, Marçal. *Teoria geral das concessões de serviço público*. São Paulo: Dialética, 2003.

LIBERAL, Edilson Gonçales. *Elementos orçamentários e fiscais nas PPPs sociais*: o caso das escolas infantis de Belo Horizonte. 2020. 166 f. Dissertação (Mestrado Profissional) – Fundação Getulio Vargas, Escola de Direito de São Paulo, São Paulo, 2020. Disponível em: http://bibliotecadigital.fgv.br/dspace/bitstream/handle/10438/29876/Mestrado-FGV-SP-Edilson-Goncales-Liberal-2020-Vers%c3%a3o-Final-Corrigida.pdf?sequence=3&isAllowed=y. Acesso em: 29 dez. 2020.

MATO GROSSO DO SUL. Escritório de Parcerias Estratégias. *Documentos Concorrência n. 001/2019*. Mato Grosso do Sul. Disponível em: http://www.epe.segov.ms.gov.br/?page_id=6153. Acesso em: 12 out. 2020.

MATTOS, Mauro Roberto Gomes de. *O contrato administrativo*. 2. ed. São Paulo: América Jurídica, 2002.

MAXIMILIANO, Carlos. *Hermenêutica e aplicação do direito*. 18. ed. Rio de Janeiro: Forense, 2000.

MINAS GERAIS. Companhia de Saneamento de Minas Gerais. Notas Explicativas às Demonstrações Financeiras – Exercícios findos em 31 de dezembro. *Diário Oficial do Estado de Minas Gerais*: 11.03.2016. Disponível em: https://www.jusbrasil.com.br/diarios/111242021/doemg-executivo-11-03-2016-pg-64. Acesso em: 14 maio 2021.

MINAS GERAIS. Instituto Mineiro de Gestão de Águas. *Portaria Igam n. 15, de 8 de abril de 2015*. Declara a situação crítica de escassez hídrica superficial na porção hidrográfica localizada no reservatório Vargem das Flores e sua bacia de contribuição. Minas Gerais, BH [2015]. Disponível em: https://cdn.agenciapeixevivo.org.br/files/images/arquivos/legislacaoambiental/minas/Portaria_IGAM_015_-_Situacao_Escassez_Vargem_das_Flores.pdf. Acesso em: 21 maio 2021.

MINAS GERAIS. Governo do Estado de Minas Gerais. *Ampliação do Sistema Rio Manso*. 19.05.2014. Disponível em: www.ppp.mg.gov.br/component/content/article/114-as ultimas-noticias/contratos-assinados/580-ampliacao-do-sistema-rio-manso. Acesso em: 13 jun. 2021.

MOREIRA, Egon Bockmann. *Direito das concessões de serviço público*: inteligência da Lei 8.987/1995 (Parte Geral). São Paulo: Malheiros, 2010.

NASCIMENTO, Carlos Alexandre; CASTILHO, Rafael (coord.). *Guia prático para estruturação de programas e projetos de PPP*. Implementadores: LSE Enterprise, Fundação Escola de Sociologia e Política de São Paulo e Radar PPP. São Paulo: 2014.

NÓBREGA, Marcos. Contratos incompletos e infraestrutura: contratos administrativos, concessões de serviço público e PPPs. *Revista Brasileira de Direito Público – RBDP*, Belo Horizonte, ano 7, n. 25, p. 81-97, abr.-jun. 2009.

PEREIRA, Caio Mário da Silva. *Instituições de direito civil*. Rio de Janeiro: Forense, 2011. v. I.

PINTO, Gabriela Miniussi Engler. O caso da anulação dos aditivos de 2006 pela Artesp: seria diferente à luz da nova Lei de Introdução às Normas do Direito Brasileiro? *Portugal Ribeiro Advogados*, São Paulo, 18.06.2018. Disponível em: http://www.portugalribeiro.com.br/o-caso-da-anulacao-dos-aditivos-de-2006-pela-artesp-seria-diferente-a-luz-da-nova-lei-de-introducao-as-normas-do-direito-brasileiro/. Acesso em: 20 set. 2020.

PINTO, Gabriela Miniussi Engler. A revolução silenciosa: o fim dos limites à mutabilidade dos contratos de concessão. *Revista Colunistas – Direito do Estado*, Rio de Janeiro, 28 jul. 2017. Disponível em: http://www.direitodoestado.com.br/colunistas/gabriela-miniussi-engler-pinto/a-revolucao-silenciosa-o-fim-dos-limites-a-mutabilidade-dos-contratos-de-concessao. Acesso em: 19 maio 2019.

PINTO, Gabriela Miniussi Engler. O advogado e a estruturação de projetos de concessão e PPP. *In*: MARCATO, Fernando S.; PINTO JR., Mario Engler (org.). *Direito da infraestrutura 1* (Série GVlaw). São Paulo: Saraiva, 2017. v. 1. p. 196-251.

PINTO, Gabriela Miniussi Engler; RIBEIRO, Mauricio Portugal. Pode o concessionário se opor à imposição de novos investimentos em contratos de concessão e PPP? Em quais circunstâncias? *Portugal Ribeiro Advogados*, São Paulo, 2017. Disponível em: https://www.portugalribeiro.com.br/wpp/wp-content/uploads/pode-o-concessionario-se-opor-a-novos-investimentos-1.pdf. Acesso em: 19 maio 2019.

REALE, Miguel. *Lições preliminares de direito*. 25. ed. 22. tir. São Paulo: Saraiva, 2001.

RIBEIRO, Mauricio Portugal. Dimensionamento do desequilíbrio de contratos de concessão e PPP: quando se deve usar dados projetados e quando se deve usar dados reais. *Portugal Ribeiro Advogados*, São Paulo, 13.10.2019. Disponível em: http://www.portugalribeiro.com.br/dimensionamento-do-desequilibrio-de-contratos-de-concessao-e-ppp-quando-se-deve-usar-dados-projetados-e-quando-se-deve-usar-dados-reais-2/. Acesso em: 10 jan. 2020.

RIBEIRO, Mauricio Portugal. Aleatoriedade em processos de reequilíbrio de contratos: o uso de estimativas de demanda para definir o valor da compensação às partes e para medir o valor do desequilíbrio. *Portugal Ribeiro Advogados*, São Paulo, 03.04.2016. Disponível em: https://portugalribeiro.com.br/wp-content/uploads/equilibrio-e-aspectos-aleatorios-publicado.pdf. Acesso em: 21 maio 2021.

RIBEIRO, Mauricio Portugal. Reequilíbrios incompletos de contratos de concessão e PPP: reequilíbrio econômico (que não caracteriza reequilíbrio financeiro) e reequilíbrio financeiro (que não caracteriza reequilíbrio econômico). *Portugal Ribeiro Advogados*, São Paulo, 1º.11.2015. Disponível em: http://www.portugalribeiro.com.br/reequilibrios-incompletos-de-contratos-de-concessao-e-ppp-reequilibrio-economico-que-nao-caracteriza-reequilibrio-financeiro-e-reequilibrio-financeiro-que-nao-caracteriza-reequilibrio-economico/. Acesso em: 19 maio 2019.

RIBEIRO, Mauricio Portugal. Devemos proibir que recomposição do equilíbrio econômico-financeiro altere a distribuição de riscos originária do contrato? *Portugal Ribeiro Advogados*, São Paulo, 20.09.2015. Disponível em: http://www.portugalribeiro.com.br/devemos-proibir-que-recomposicao-do-equilibrio-economico-financeiro-altere-a-distribuicao-de-riscos-originaria-do-contrato/. Acesso em: 20 set. 2020.

RIBEIRO, Mauricio Portugal; MANDEL, Denise Nefussi. O atraso em reequilibrar contratos de concessão e PPP pode ser enquadrado como improbidade administrativa? *Portugal Ribeiro Advogados*, São Paulo, 13.09.2015. Versão preliminar para discussão. Disponível em: https://portugalribeiro.com.br/wp-content/uploads/o-atraso-em-reequilibrar-concessoes-e-ppp-como-improbidade-administrativa-publicado2-em-13-09-2015.pdf. Acesso em: 13 jun. 2021.

RIBEIRO, Mauricio Portugal; PINTO, Gabriela Miniussi Engler. Veto à exigência da LDO de uso do SICRO e SINAPI: quais os seus efeitos? *Revista Zênite de Licitações e Contratos – ILC*, v. 21, p. 490-498, 2014.

RIBEIRO, Mauricio Portugal; PRADO, Lucas Navarro. Alteração de contratos de concessão e PPP por interesse da Administração Pública – Problemas econômicos, limites teóricos e dificuldades reais. *Revista de Contratos Públicos – RCP*, Belo Horizonte, ano 2, n. 2, set. 2012/fev. 2013.

RIO DE JANEIRO (Estado). Agência Reguladora de Serviços Públicos Concedidos de Transportes Aquaviários, Ferroviários e Metroviários e de Rodovias do Estado do Rio de Janeiro. Contratos de Concessão. *8º Termo Aditivo ao Contrato de Concessão SuperVia, de 29 de novembro de 2010*. Disponível em: http://www2.agetransp.rj.gov.br/documents/10181/37991/8%C2%BA+Termo+Aditivo+ao+Contrato+de+Concess%C3%A3o+SuperVia+de+29+de+novembro+de+2010.pdf/598ed347-0823-4a7d-92cc-8eb7e72a4b71. Acesso em: 18 maio 2021.

RIO DE JANEIRO (Estado). Procuradoria-Geral do Estado do Rio de Janeiro. Enunciados. Enunciado n. 20. *Diário Oficial do Estado do Rio de Janeiro*: 07.05.2009. Disponível em: https://pge.rj.gov.br/entendimentos/enunciados. Acesso em: 20 out. 2020.

RIO DE JANEIRO (Estado). *Sexto termo aditivo ao contrato de concessão para exploração dos serviços públicos de transporte metroviário de passageiros, que entre si fazem o Estado do Rio de Janeiro e a Opportrans Concessão Metroviária S.A.* Rio de Janeiro, 2007. Disponível em: http://www2.agetransp.rj.gov.br/documents/10181/54877/6o+termo+aditi

vo+-+27-12-2007_Metr%C3%B4Rio.pdf/d9782b0b-6dc5-419d-81b1-36565b8f7a98. Acesso em: 20 out. 2020.

RITTNER, Daniel. Novas obras em rodovias podem ter R$ 25 bilhões. *Valor Econômico*, 22.05.2020. Disponível em: https://valor.globo.com/empresas/noticia/2020/05/22/novas-obras-em-rodovias-podem-ter-r-25-bilhoes.ghtml. Acesso em: 20 set. 2020.

RODRIGUES, Bruno da Costa Lucas. *Avaliação do impacto da utilização de parceria público-privada para a construção e operação de unidades municipais de educação infantil em Belo Horizonte*. 2015. 129 f. Dissertação (Mestrado em Administração Pública) – Escola Brasileira de Administração Pública e de Empresas, Centro de Formação Acadêmica e Pesquisa, Rio de Janeiro, 2015.

SÃO PAULO (Estado). Agência de Transporte do Estado de São Paulo. *Lote Rodoanel Norte*. São Paulo, [2020]. Disponível em: http://www.artesp.sp.gov.br/Style%20Library/extranet/novas-paginas/CustomPage.aspx?page=55. Acesso em: 19 maio 2019.

SÃO PAULO (Estado). Secretaria de Transportes Metropolitanos. *Concorrência Internacional n. 01/2020*. São Paulo, [2020]. Disponível em: https://sis.cptm.sp.gov.br/DataRoom/. Acesso em: 22 dez. 2020.

SÃO PAULO (Estado). *Lei n. 16.933, de 24 de janeiro de 2019*. Estabelece as diretrizes gerais para a prorrogação e relicitação dos contratos de parceria e dá providências correlatas. São Paulo: Assembleia Legislativa do Estado de São Paulo, [2019]. Disponível em: https://www.al.sp.gov.br/repositorio/legislacao/lei/2019/lei-16933-24.01.2019.html. Acesso em: 19 set. 2020.

SÃO PAULO. Prefeitura do Estado de São Paulo. Secretaria Municipal de Esportes e Lazer. Informações sobre o processo licitatório de concessão do Pacaembu. *Concorrência Internacional n. 01/SEME/2018*. Disponível em: https://www.prefeitura.sp.gov.br/cidade/secretarias/esportes/estadio_pacaembu/index.php?p=256256. Acesso em: 19 maio 2019.

SÃO PAULO (Estado). Agência de Transporte do Estado de São Paulo. *Contrato Artesp n. 0352/Artesp/2017. Contrato de Concessão. Concorrência Internacional n. 03/2016*. São Paulo, [06.06.2017]. Disponível em: https://www.parcerias.sp.gov.br/Parcerias/Documento/Download?codigo=26369. Acesso em: 19 maio 2019.

SÃO PAULO (Estado). Secretaria dos Transportes Metropolitanos. *Processo STM n. 000816/2017 – Concessão Linha 15 Prata. Minuta de Contrato de Concessão n. /2017*. São Paulo, [2017], p. 199-200. Disponível em: https://www.google.com/url?sa=t&rct=j&q=&esrc=s&source=web&cd=&ved=2ahUKEwiv-c74kqvsAhWTK7kGHQRMCGsQFjAAegQIAhAC&url=http%3A%2F%2Fwww.parcerias.sp.gov.br%2FParcerias%2FDocumento%2FDownload%3Fcodigo%3D29032&usg=AOvVaw1QfwxgIGOwOASI99sDw4Fr. Acesso em: 10 out. 2020.

SÃO PAULO (Estado). Agência de Transporte do Estado de São Paulo. *Resolução Artesp n. 001, de 25 de março de 2013*. Dispõe sobre o Fluxo de Caixa Marginal para novos investimentos nas concessões. São Paulo, SP: Conselho Diretor da Agência de Transporte do Estado de São Paulo, [2013]. Disponível em: http://www.artesp.sp.gov.br/Shared%20Documents/legislacao/CONSULTA%20P%C3%9ABLICA%2001-2012/Resolu%C3%A7%C3%A3o%20Artesp%20n%C2%BA%2001-13%2025-03-13%20211042-12-1.pdf. Acesso em: 20 set. 2020.

SÃO PAULO (Estado). Agência de Transporte do Estado de São Paulo. Contratos de concessão. Disponível em: http://www.artesp.sp.gov.br/Style%20Library/extranet/transparencia/contratos-de-concessao.aspx. Acesso em: 19 maio 201

SÃO PAULO (Estado). Agência de Transporte do Estado de São Paulo. *Lote Piracicaba-Panorama*. São Paulo. Disponível em: http://www.artesp.sp.gov.br/Style%20Library/extranet/novas-paginas/CustomPage.aspx?page=54. Acesso em: 10 out. 2020.

SILVA, José Afonso da. *Comentário contextual à Constituição*. 8. ed. São Paulo: Malheiros, 2012.

SUNDFELD, Carlos Ari. *Pareceres*: direito administrativo contratual. São Paulo: Revista dos Tribunais, 2013. v. II.

SUNDFELD, Carlos Ari; CÂMARA, Jacintho Arruda; SOUZA, Rodrigo Pagani de. Concessão de serviço público: limites, condições e consequências da ampliação dos encargos da concessionária. *In*: OLIVEIRA, Farlei Martins Riccio (coord.). *Direito administrativo Brasil-Argentina*: estudos em homenagem a Agustín Gordillo. Belo Horizonte: Del Rey, 2007. p. 25-44.

SUNDFELD, Carlos Ari. Guia jurídico das parcerias público-privadas. *In*: SUNDFELD, Carlos Ari. *Parcerias público-privadas*. São Paulo: Malheiros, 2005.

SUNDFELD, Carlos Ari. *Parcerias público-privadas*. São Paulo: Malheiros, 2005.

SUNDFELD, Carlos Ari; ROSILHO, André. Onde está o princípio universal da licitação? *In*: SUNDFELD, Carlos Ari; JURKSAITIS, Guilherme Jardim (org.). *Contratos públicos e direito administrativo*. São Paulo: Malheiros, 2015. p. 19-38.

VIANA, Felipe Benedito; SOUZA, Henrique Carvalho de; BRANDÃO, Renan. A utilização de plano de negócios como ferramenta de reequilíbrio econômico-financeiro em contratos de concessão de rodovias. *Revista do BNDES*, Rio de Janeiro, n. 46, p. 163-210, dez. 2016.

WALD, Arnoldo. O direito da regulação, os contratos de longo prazo e o equilíbrio econômico-financeiro. *Direito Público*, n. 8, p. 113-128, abr.-maio-jun. 2005.